科研单位开展农技推广探索与实践

郭瑞华　主编

中国农业出版社

主　　编： 郭瑞华

副 主 编： 李仕宝　孙洪武　聂善明

编写人员：（按姓氏笔画排序）

马冬君　王之岭　田东良　闫文义

刘志全　安国民　孙洪武　李仕宝

佟瑞平　张　凯　张运栋　周建涛

柏志安　侯锡学　耿东梅　聂善明

徐　哲　徐世艳　郭瑞华　敬甫松

傅大平　路立平　熊　炜　蔡彦虹

前　言

农业科研单位是我国农业科技成果产出的重要源头，是农业新技术应用和传播的先导者，是多元化农技推广体系中的新兴力量。农技推广是农业科技活动的重要环节，是科技创新的落脚点和归宿，是农业科研单位和科技人员服务生产、服务农民的重要途径。

1993年施行的我国《农业技术推广法》明确规定，农业科研单位和有关学校应当适应农村经济建设发展的需要，开展农业技术开发和推广工作，加快先进技术在农业生产中的普及应用。2006年《国务院关于深化改革加强基层农业技术推广体系建设的意见》指出，要逐步构建起农业科研、教育等单位和涉农企业广泛参与、分工协作、服务到位、充满活力的多元化基层农业技术推广体系。积极支持农业科研单位、教育机构、涉农企业、农业产业化经营组织、农民合作经济组织、农民用水合作组织、中介组织等参与农业技术推广服务。

在国家大政方针指引下，各级、各类科研单位也积极深入到农业生产第一线，不断创新灵活多样的农技推广方式，广大农业科技人员进村入户，深入田间地头，通过科技示范、整村帮扶、科技特派员、科技大篷车、科技扶贫等一系列科技服务生产方式，为保障农业生产、提高农民收入作出了重要贡献，在广阔的农村天地谱写了一曲又一曲科技助推农业生产力发展的颂歌。

随着我国农业进入新的发展阶段，农业的开放度不断提高，城乡经济的关联度显著增强，气候变化对农业生产的影响日益加大，促进农业生产上新台阶的制约因素越来越多，保持农民收入较快增长的难度越来越大，转变农业发展方式的要求越来越高，农业发展对农业科技进步和创新的需求比以往任何时候都更加强烈。为推进农业科技与农业生产更加紧密地结合，将农业科技创新与农技推广密切衔接，农业部科技教育司在2009年《农技推广体系改革试点专项》中，专门设立《组织科研单位开展农技推广工作，总结农技推广机制创新》项目，以期通过开展科研单位推广试点、示范和调研，探索新形势下科研单位开展农技推广工作的机制和模式，引导农业科研单位加大农技推广工作力度，推动农业科技创新与成果应用一体化发展，更加有效支撑和引领现代农业建设。

本书汇聚了国内外关于农技推广最新的理论与思考，对近年来我国农业科研单位开展农技推广工作的主要模式和做法进行了归纳总结，结合发达国家的农技推广做法和我国科研单位的实际，提出了提高科研单位农技推广绩效的政策建议。希望本书能够进一步引起农业科研单位对农技推广工作的重视，从适应经济社会发展、提升为“三农”服务能力和自身发展能力出发，积极响应国家号召，完善自身组织结构和人才队伍结构，加快调整科技力量布局，大力引导广大农业科技人员投身到农业技术推广事业中去，真正做到“论文写在大地上，成果留在农民家”，为构建具有中国特色的新型多元化农技推广体系绘就新的篇章。

编　者

2010年11月

目　　录

第二篇 探索和总结

第三篇　实践案例

第一篇

理论与思考

第一章

农业技术推广的理论基础和内涵

2010年，中央1号文件再次关注“三农”，这是中央从2004年以来连续第七年将1号文件锁定“三农”问题，也是中国最高决策层自新中国成立以来对“三农”的最长关注周期。我国作为世界上的农业大国，农业的稳定与发展关系到人民生活的改善、社会的稳定和国家的长治久安。只有解决好“三农”问题，我国经济的长久稳定发展才能有所保障，形成以内需拉动为主导的经济模式才有坚实的基础。农业的发展水平、发展状况直接影响到国家经济、社会、政治的各个方面，而与当地资源禀赋和生态条件一致的技术进步是农业发展的重要源泉和经济增长的基础，是农户由传统小农向现代化农民转化的必经之路。

2010年的中央1号文件强调指出要“建立健全农业社会化服务的基层体系”、“把发展现代农业作为转变经济发展方式的重大任务”、“把建设社会主义新农村和推进城镇化作为保持经济平稳较快发展的持久动力”、“把稳粮保供给、增收惠民生、改革促统筹、强基增后劲”作为抓好农业农村工作的基本思路。建设社会主义现代化农业，其核心内容就是不断地用现代生产要素替代传统生产要素，将传统农业改造为现代农业。而将现代生产要素植入到现代农业生产生活中必须要依托农业科技创新体系，在农业科技创新体系中，基础研究、应用研究和推广应用缺一不可。农技推广的主要作用是将各种先进的农业实用技术通过试验、示范、宣传、培训等方式向农业生产领域转移和扩散。《中华人民共和国农业技术推广法》将农业技术推广定义为：农业技术推广，是指通过试验、示范、培训、指导以及咨询服务等，把农业技术普及应用于农业生产产前、产中、产后全过程的活动。同时将农业技术定义为应用于种植业、林业、畜牧业、渔业的科研成果和实用技术，包括良种繁育、施用肥料、病虫害防治、栽培和养殖技术，农副产品加工、保鲜、贮运技术，农业机械技术和农用航空技术，农田水利、土壤改良与水土保持技术，农村供水、农村能源利用和农业环境保护技术，农业气象技术以及农业经营管理技术等。

农业科学技术要经过技术推广环节，才能转化为现实生产力，农业科技进步对农业生产的影响只有通过技术推广才能实现。农业科研人员要及时了解农民的技术需求，很多时候也要通过推广人员，因此可以说，技术推广是联系农业技术研发与农业生产实践的纽带。

据有关部门统计，在过去 50 多年的时间里，我国农业科研领域共获得科研成果 10 万多项，每年都有 6 000 多项成果通过鉴定。从 1979—2005 年，在农业科研领域共取得部级以上重大科研成果奖励 8 500 多项。然而，我国农业科技成果转化率一直很低，获奖成果中仅有 30％～40％转化为现实生产力。现实中的农业科技成果不能被转化为现实生产力是一种极大的浪费，农业技术的扩散速度和扩散效率是造成这种现象的重要原因之一。因此，如何促进农业科研与生产实践相结合，推动农业技术的快速扩散，实现农业科技成果的供给与现实需求相一致，成为推动我国农业生产发展和农业科技进步的关键问题。

一、农业创新扩散原理

罗杰斯（1962）指出创新的扩散是指某项创新在一定的时间内，通过一定的渠道，在某一社会系统的成员之间被传播的过程。农业科技本身是一种科技创新，科技创新转化为科技成果之前需要有一个创新扩散、传播的过程，农业科技活动的主要内容就是农业科技创新的扩散和农业科技成果的转化应用，通过正确干预和诱导，促使农业生产者行为的转变。由此可见，创新的扩散是农业科技推广的一个基础问题，也是核心问题。农业创新扩散所遵循的规律也是农业科技推广的基本规律。

（一）农业的创新与采用

美籍奥地利经济学家约瑟夫·阿洛伊斯·熊彼得（J. A. SchumPeter），1939 年在他的名著《资本主义、社会主义和民主主义》中，首次提出了著名的创新理论。按照他的观点，创新就是建立一种“新的生产函数”，生产函数即生产要素的一种组合比率 $P=f\ (a,\ b,\ c,\ \cdots,\ n)$，即是将一种从来没有过的生产要素和生产条件的“新组合”引入生产体系。熊彼特还将“创新”和“发明”这两个概念严格区分，发明是新技术的发现，而创新则是将发明应用到经济活动中，为当事人带来利润。他认为有五种存在形式构成了创新：一是引进新产品或提供一种产品的新质量；二是采用新技术或新生产方法；三是开辟新市场；四是获得原材料的新来源；五是实现企业组织的新形式。在农业科技推广的创新实践中，新的技术、品种、产品或设备，新的方法或思想变化、信息都可以称之为创新，但在学术研究中，农业创新扩散则多是指技术创新。

农业创新的采用，通常是指农民群众从获得农业创新信息到最终采用创新成果的心理、行为变化过程。我国学者从心理学和行为学的视角出发，研究农民采用农业科技创新的过程，并将其分为 5 个阶段：

（1）认识阶段。也称为感知阶段。农民从各种途径获得信息，与本身的生产发展和生活需要相联系，从总体上初步了解某项创新。

（2）兴趣阶段。农民在初步认识到某项创新可能会给他带来一定好处的时候，其行为就会发展到感兴趣。

（3）评价阶段。农民根据以往资料对该项创新的各种效果进行较为全面的评价。农民在邻居、朋友或推广人员的协助下进行评价，得出肯定或否定的结论。

（4）试用阶段。也称为尝试阶段。农民为了减少投资风险，防止盲目应用，估计效益高低等。在正式采用之前要先进行小规模的采用即试用，为今后大规模采用做准备。

（5）采用阶段。也称为接受阶段。通过试用评价得出是否采用的决策，如果该项创新较为理想，农民便根据自己的财力、物力等状况，决定采用的规模，正式实施创新。

罗杰斯（1962）通过玉米杂交创新过程中农民采用时间和采用人数之间的关系，发现采用人数是随着采用时间的变化而呈正态分布（图 1－1），他利用数理统计方法计算出不同时间的采用者人数的比例，并根据采用时间早晚，把不同时间的采用者划分

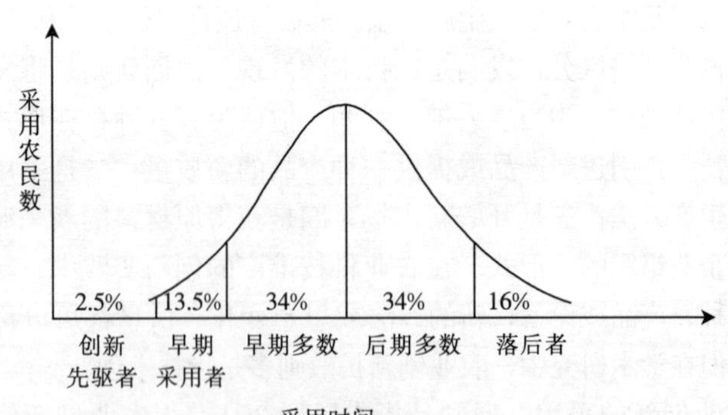

图 1－1　创新采用者分类及其分布曲线

（资料来源：杨士谋．《农业推广教育概论》，1987）

为 5 种类型并加以命名。第一种类型叫“创新先驱者”；第二种类型叫“早期采用者”；第三种类型叫“早期多数”；第四种类型叫“后期多数”；第五种类型叫“落后者”。

（二）农业创新的扩散

创新的采用是分析个体如何采用一项农业创新的过程，这个个体称之为创新者。创新的扩散则是指一项创新由最初采用者或采用区域向外扩散，扩散到更多的采用者或采用区域，可以说创新的扩散是一个普及应用的过程。在一个社会系统中首先采用某项创新的人通常需要面临承担创新风险和受所在社会系统排斥的双重压力。从创新者最初采用创新到社会系统越来越多的成员改变认识并逐步使用创新，是一个极其复杂的过程。这种扩散可以分为由少数人向多数人扩散和由一个单位或区域向更多的单位或区域扩散。农民在农业创新的过程中，作为扩散的载体，其心理、行为变化的过程，是驱动力与阻力相互作用的过程。当驱动力大于阻力时，创新就会扩散开来。以往的研究表明，典型的创新扩散过程具有明显的规律可循，一般要经历突破、关键、自我推动和浪峰减退 4 个阶段，把扩散规模看成是采用者的非累计数量和百分率，则可以画出一条波浪形的反映采用者分布频率的扩散曲线（图 1－2）。

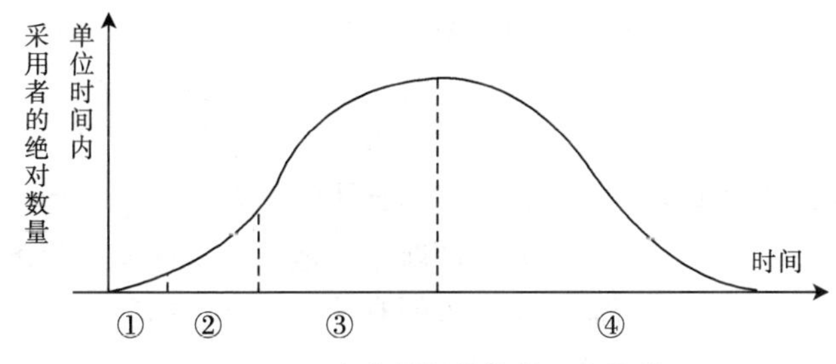

图 1－2　农业创新扩散的 4 个阶段

①突破阶段；②关键阶段；③自我推动阶段；④浪峰减退阶段。

（资料来源：高启杰．《农业推广学》，2003）

扩散曲线可以形象地表示创新的扩散过程。扩散曲线是一条以时间为横轴，以一定时间内的扩散规模（通常情况下是用采用者的数量或百分比来表示）为纵轴画出的曲线。在一般情况下，扩散曲线呈S形（图1－3），它说明创新在扩散的初期采用率很低，后来逐渐提高，创新一旦被该社会系统里许多成员采用，采用率再度下降直至终结。

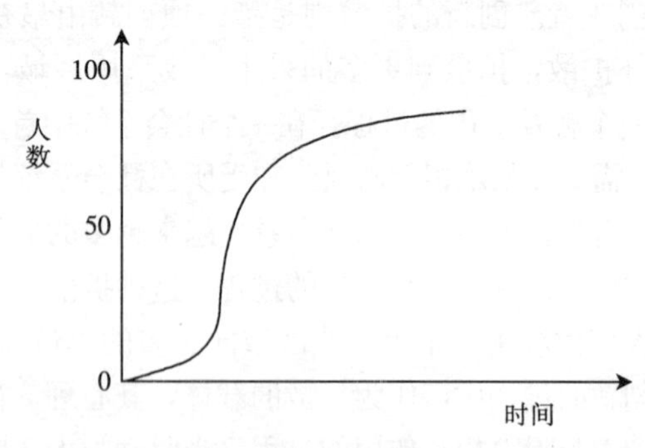

图1－3　S形扩散曲线

（资料来源：张仲威.《农业科技推广学》，1996）

需要注意的是，S形扩散曲线是一条典型的理论曲线，它需要在没有外力影响（如推广诱导等）的情况下，依赖社会内部的人际沟通来完成创新行为的产生。S形扩散曲线根据其形状可以看出两个特征：一是早期的采用者人数少，使少数采用者和早期采用者获利；二是经过相当长的时间后，才有多数人加入采用行列，后采用者获利少，甚至出现亏损，通常采用者的比率达不到百分之百曲线就会提前终止。某项具体的创新扩散往往受各方面因素影响，比较复杂，诸如：创新对当地自然条件及经营条件的适应性、创新采用所需物质投入的有效性、创新扩散的社会文化环境、创新本身的效果、采用者的状况、推广工作的策略与方法、产品的市场状况、促进创新扩散所需的人员与费用及其可获得性等。农业科技推广不但是研究创新的扩散，关键是要研究如何干预扩散，解决影响扩散的因素问题。如何克服不利因素影响，使农业创新扩散向着获得较高技术效益和经济效益的方向发展，这才是农业科技推广的真正目的。因此，推广人员应深入分析相关的因素，为采用者提供咨询服务，确定最佳的扩散速度和扩散规模，提高创新扩散的效率。

二、农业科技成果转化

农业科技成果转化是一个将新知识、新技术推广应用到农业生产实践，不断提高农业生产、生态效益、增强农业发展可持续性的过程。一项农业科技成果能够实现多大的推广度、能否被转化，农业科技成果本身的品质无疑是最根本的因素。我国农业科研、农业教育和农业推广分属于不同的部门，相互之间有着明确的分工。而成果的受体——农民与三者又有着相当远的距离，且科研成果距离农民直接采用还有实际困难，必须有一个熟化和转化的过程。我国每年有 6 000～7 000 项农业科技成果面世，但成果的转化率仅为 30％～40％，形成产业化规模的不到 20％；远低于发达国家 70％～80％的水平。

（一）农业科技成果

《中华人民共和国促进科技成果转化法》把科技成果转化定义为："为提高生产力水平而对科学研究与技术开发所产生的具有实用价值的科技成果所进行的后续试验、开发、应用、推广直至形成新产品、新工艺、新材料，发展新产业等活动"。农业部 88 农科字 31 号《农业科技成果鉴定办法（试行）》指出，农业科技成果是"在农业各个领域内，通过调查、研究、试验、推广应用，所提出的能够推动农业科学技术进步，具有较明显经济效益、社会效益并通过鉴定或为市场机制所证明的物质、方法或方案"。根据这一定义农业科技成果主要包括：为阐明农业生产中一些自然现象、特性或规律取得的具有一定学术价值和理论意义的基础性科技成果；为了解决某一农业科学技术问题而取得的具有一定新颖性、先进性和实用性的应用科技成果；在重大农业科学技术问题研究过程中取得的有一定创新性、先进性和独立应用价值或学术意义的阶段性科技成果；引进、消化、吸收国外先进农业技术取得的科技成果；农业科技成果推广应用过程中取得的成果；为农业管理、预测规划、决策服务的软科学成果；发明专利，实用新型专利等。

有学者将农业科技成果转化分为突破性转化和飞跃性转化两个阶段（图 1-4），由下图可以看到，农业科技成果实际上是农业科技工作者采用相关科学技术，将基础性研究成果的基本理论向应用性拓展的科技劳动过程，包括应用性科技物质产品或技术的合成，为实现这种合成而进行的理论探讨，应用性科技物质产品或技术的开发利用等。其实质是基础成果向应用性成果转化，它包括应用性技术成果的产出、传播扩散及在生产中被广泛应用并产生效用的全过程。可见，农业技术推广是农业科技成果在更大地域范围内的传播过程，是农业科技成果转化的一部分。

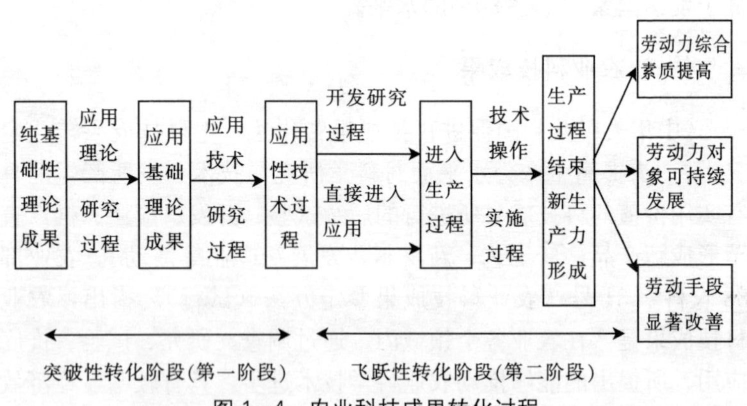

图 1-4　农业科技成果转化过程

（资料来源：高启杰．农业推广学，2003）

（二）农业科技成果转化的基本环节

农业科技成果转化包含着农业科技成果被创造、传播和为用户所使用从而变成现实生产力的过程。如图 1－5 所示，可以把农业科技成果转化的基本环节划分为三大部分。农业科研机构和高校属于第一部分，承担着创造农业科技成果的任务，这种功能简称为成果供给。成果供给实际上就是农业科研活动过程，其本身也是一个复杂的系统，包含着承担不同研究任务或行政等级的农业科研机构、高校。从科学研究的一般性质来看，其内部农业科研活动可以分为基础研究、应用研究和开发研究三个阶段。在不同阶段，也都有相应的科研成果产生。一般来说，前两个阶段所产生的主要是理论研究成果，只有开发研究才产生应用性成果。如前所述，从一般意义上来说，只有应用研究和开发研究才可以称为农业科技成果转化的组成部分。但是，由于基础研究和应用研究之间并没有一个明确的界限，而且基础研究从根本上决定着后续的应用研究和开发研究。

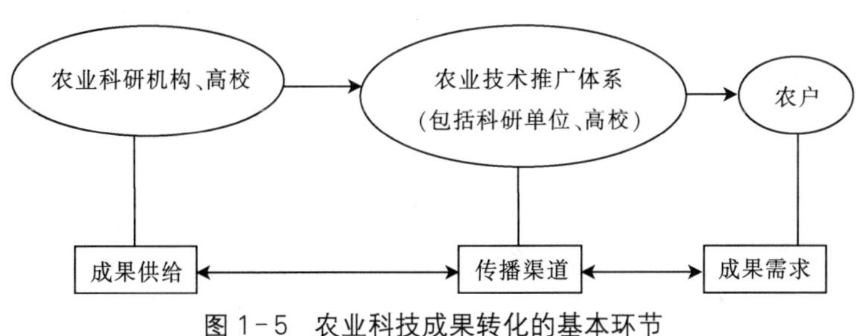

图 1－5　农业科技成果转化的基本环节

（三）农业科技成果的特点

根据农业科技成果形成过程中相互关联的不同发展阶段及其社会职能与生产的联系程度，并与科学研究的分类相对应，农业科技成果可分为基础性研究成果、应用性研究成果和开发性研究成果三大类；根据形态的不同来划分，农业科技成果又可以分为物化类有形科技成果和技术方法类无形科技成果两大类。总的来看，农业科技成果具有如下特点：

1. 商品性

农业科技成果尤其是物化类有形成果有较强的商品性。物化成果本身既有科技含量和应用价值，又有物质含量和一般商品价值。

2. 时效性

任何一项农业科技成果的科学性、先进性都是相对的，随着科技的不断发展，新的科技成果必将代替旧的成果。

3. 区域性

农业生产受到农业自然和农业市场双重因子的制约。我国幅员辽阔，不同地区地理位置，地形、地貌不同，光、热、水、土等自然环境条件差异甚大，很难出现通用型的成果，这是农业成果与工业成果的最大区别。

4. 不确定性

农业生产是一个露天工厂，处于开放的系统中，具有明显的季节性，在漫长的生长发育期间，可能受到偶然的多种不可控气象因素的影响，技术效果不像封闭系统的工业成果那样稳定，常出现“同因异果”或“异因同果”现象。

5. 综合集成性

农业科技成果的应用可以是单项技术措施，也可以是多项技术组装集成的综合技术，综合技术效果的总和一般低于各单项技术效果的简单累加，但任何一项单项技术都不能像综合技术那样使农业生产提高到一个崭新的高度。

6. 相对稳定性

在应用时间上有较长的持续性，当某项技术成果，经过反复试验、示范，被人们认可并采用后，随着对各技术环节掌握程度的逐渐提高，相关工具相继配套，技术的最大潜在效果可以得到最有效的发挥，该技术在当地将会持续使用较长时间，一般很难被其他更先进的技术取代。有时也会将新技术关键创新部分移植嫁接到原技术中，使原技术更为完善，并继续在生产过程中发挥作用。在技术效果和表现方面，它不仅表现在当季或当年，而且往往会体现在参与生产过程后的若干年。

（四）农业科技成果转化的运行机制

农业科技成果转化的运行机制可定义为：农业科技成果转化体系所具有的，使系统整体保持正常运行所涉及各种功能的有机组合，以及综合功能得以发挥的规则、秩序和相互协调统一的调控、制衡方法和措施。其实质是将政府、科技、推广、农民等各种行为在科技成果转化这一领域内的动力激励功能、整体调控功能、定向发展等功能的有效统一。

1. 科、教、推相结合

科、教、推三结合的运行机制是在计划经济条件下经过几十年的探索和建设，逐步完善起来的与计划经济体制相适应的转化机制。主要模式是从中央到各地级市，层层设立农业科学院（所），这些机构构成了农业科研的主力军，其根据农业生产的需要，在中央及农业部的宏观指导下，确立各自的研究方向，制定长、中、短期研究规划，组织开展各种研究工作。在成果产出后以无偿的形式交给以政府为主体的推广机构，有时也以承担项目的形式参与推广，但仅作为一种辅助。各级农业大专院校，主要以培养人才为主，在为科研、推广、教学和管理部门输送不同类型人才的同时，教学部门还充分发挥人才和设备优势，承担一些科研和推广任务，以促进教学质量的提高。推广部门作为政府农业推广的主渠道，主要将应用性科技成果，按照试验、示范、推广三结合的程序，将新技术传播给农民，对生产过程进行全程指导，并将生产中发展的问题及时反馈给科研、教学部门，作为科研、教学的选题依据。

计划经济条件下产生的科研、教育、推广三结合的运作机制，符合农业科技成果转化规律，被我国的科技成果转化实践所证明，在计划经济时代对我国农业经济的快速发展起到了巨大的推动作用，取得了辉煌的成就。目前，在实行社会主义市场经济体制下仍然使用这种运行机制就难免导致一些问题出现：原体制下的无偿转让技术规则使得知识产权得不到保护；机构设置和管理条块分割，从业人员缺乏激励、竞争机制，由此带来效率低下，机构臃肿；行政干预的随意性带来的不良后果逐渐显现出来。科研单位和大专院校为适应市场经济新体制以及自身发展的需要，开始走产、学、推一体化的道路，推广系统不但在服务空间上受到挤压，技术源头也日趋狭窄，出现了推广系统的推广技术老化、不适用、农民不接受，生产效果不明显，而科教单位新技术推广覆盖面不大，有需求无供给现象。因此，原有的运行体制机制急需深化改革，在深层次上加快融合，在实质上加快结合，建立起与社会主义市场经济体制相适应的农业科技转化新机制，并继续为我国的农业科技成果转化发挥主体作用。

2. 科技攻关联合体

国家在一些涉及对国民经济产生重大影响的重点项目时，常采用科技攻关联合体的形式进行转化。方法为国家在每 5 年 1 次的国民经济发展宏观规划的总体投资框架内，重点安排一批科技攻关专项课题（另有一些成果转化专项等）；由科技部组织有关专家研究制定详细的研究方向、开发内容、具体的任务指标阶段进度和管理方式等。这一方式打破了不同学科间、不同部门间、不同所有制间的界限，实现了某个具体领域从应用研究到开发示范整个产业链条中多种智力的聚合。这种形式的好处就是各个参与主体能够各尽其能，优势互补，充分利用各自的经验，交流不足，及时调整工作方法或技术路线，保证技术、人才、资金的高度集中，在应用成果的生产和示范推广两个层面上的转化效率均较高。而不足之处则是组织的稳定性较差，难以形成长效的合作交流机制，且需要在各个独立研究或生产单位具备专门的人才和设备才能实现这种联合。

3. 农业高新技术园区

农业高新技术园区是国家为了促进传统农业向现代农业的快速过渡，在我国传统农业创新技术已经基本上被广大农民群众所掌握，而以现代生物工程技术、自动化设施栽培技术为核心的现代农业技术尚未得到应用普及之际，借鉴我国传统农业技术推广阶段所采用的试验（示范）点、样本田，及国外工业孵化器的经验，在“九五”期间涌现的新的组织形式。农业高新技术园区从事的大多是苗木工程、生物制剂、绿色农产品等方面的以生物工程为核心的现代化生物技术的开发和应用，科技含量高，产业特色鲜明，示范带动作用明显，是农业科技成果转化的崭新机制，展现出旺盛的生命力。

建立农业高新技术园区体现了国家快速提高农业现代化水平的意志。各级科技园的建设一般由政府出资，建成后交由具有独立法人主体地位的企业集团管理，按照自主经营、自负盈亏的机制进行运作。园区在研发经营过程中能够视市场需求及时调整研发和生产方向，受行政干预少，具备灵活应对市场风险的基础，在人才聘用和利益分配方面利用企业管理办法，引入市场竞争机制与责权统一的奖惩激励机制，调动了职员的积极性，工作效率得到大大的提高，是与市场机制相适应的转化机制，发展前景广阔。但以当前的现状来看，存在着创新人才不足、研发效益不高、资金缺口往往需政府扶持等不足之处，还需要进一步完善。

4. 企业、基地、农户相结合

企业、基地与农户结合的机制是随着我国农产品由供给不足，到供给基本需求平衡，再过渡到部分产品结构性过剩的变化过程中，借鉴计划经济时代外贸单位对某些产品进行产业一体化生产经验的基础上逐步发展起来的。当农产品供给严重不足时，农民从事农业生产的主要目的是为了自给和国家计划性调拨，产品的商品率极低，小规模分散经营成本高，质量无保障，效率低，流通不畅等固有缺陷表现不突出；当农产品的供求关系发生根本变化后，农民从事农业生产不再是为了自给，而变成了一种经营，追求利润的最大化，农产品的商品化率得到大幅度的提高。以专业化生产为特色的企业为龙头，聚集带动众多分散生产单元走规模化、标准化、专业化生产经营的道路，是提高商品率和经营效益的有效途径。

这种运行机制的优点是：一是解决了我国长期以来存在的小生产与大市场的矛盾，通过订单农业，解决了产、供、销分离的问题，提高了规模效益和产品的商品率；二是通过订单生产，企业与农户结成了风险共担、利益共享的共同体，相互协作的紧密程度得到了大大的提高，既延伸了农业生产的产业链条，增加了农产品的附加值，又调动了产业链中不同利益集团的生产积极性和责任心。不足之处是这种运作机制良好运行的基础是良好的市场供求条件，受制于市场机制的影响过大。当契约价格高于或低于市场价格时，农户与企业都有违约的动机，当这种市场溢价高于违约成本时，则难免会有违约出现；此外，农民受限于个体素质、能力、信息等多方面的因素，在产业链中常常处于被动地位，在农产品质量的界定和价格约定时常受制于企业方，所获得经济利益过小，经济利益分配过小则容易导致这种合作机制的不稳定。

三、农业技术推广衍变

狭义的农业推广在国外起源于英国剑桥的“推广教育”和早期美国大学的“农业推广”，其含义是：把大学和科学研究机构的研究成果，通过适当的方法介绍给农民，使农民获得新的知识和技能，并且在生产中采用，从而增加其经济收入。这是一种单纯以改良农业生产技术为手段，提高农业生产水平为目标的农业推广活动。狭义的农业推广是农业推广最为基础的含义。早期的农业技术推广是为了促进农业生产的目标而产生和发展的，世界上一些发展中国家的农业推广都属于狭义的农业推广。我国长期以来沿用农业技术推广的概念，也属此范畴。

随着农业发展水平的提高，农产品产量已满足或已过剩，推广的目标由单纯地追求增产增收发展到促进农村、农业、农民生产的发展与生活的改善，市场因素成为农业生产和农村发展的主导因素，提高生活质量成为人们追求的目标产物。这个时期的农业推广已不单纯指推广农业技术，还包括教育农民、组织农民以及改善农民实际生活等。这类推广工作的重点包括：对成年农民的农事指导，对农家妇女的家政指导，对农村青年的“手、脑、身、心”教育，即“4H 教育”（Hands，Head，Health，Heart）。推广的内容由狭义的农业技术推广拓展到农村生产与生活的综合咨询服务，推广的目标由单一的增产、增收发展到促进农村、农业、农民生产的发展与生活的改善，推广的指导理论更强调以沟通为基础的行为改变和问题解决原理，推广的策略方式更重视由下而上的项目参与方式，推广管理趋于科学化、法制化，推广研究更加注重定量方法和实证方法。

世界上许多摆脱贫困国家的农业推广，都是指广义的农业推广，其工作范围包括：①有效的农业生产指导；②农产品运销、加工、贮藏的指导；③市场信息和价格的指导；④资源利用和环境保护的指导；⑤农家经营和管理计划的指导；⑥家庭生活的指导；⑦乡村领导人的培养与使用指导；⑧乡村青年的培养与使用指导；⑨村团体工作改善的指导；⑩公共关系的指导。

随着社会经济的发展，农业逐渐实现了现代化、企业化和商品化，农民文化素质和科技知识水平也有了极大提高，农产品产量大幅度增加，农民在激烈的生产经营竞争中，不再满足于生产和经营知识的一般指导，更重要的是需要提供科技、市场、金融等方面的信息和咨询服务。可见，农业技术推广的服务内容是与一个国家的经济发展水平相一致的。随着近年来我国社会经济发展水平的提高，经济全球化的到来给我国农业生产带来了诸多挑战，我国原有的农业技术推广体系也要适应环境的变化，一方面需要根据我国特殊的国情和农业生产经营实际；另一方面要借鉴国外先进的农业技术推广经验，探索出具有国情特色和产业特点的农业推广模式。

第二章

国内外农技推广概况

一、国外农业技术推广模式及其启示

（一）世界主要的农技推广模式

由国家建立农业推广体系和推广工作的正规化始于 20 世纪初，其发展壮大则是在第二次世界大战以后。根据联合国粮农组织对全球 113 个国家中 200 个国家级农业推广机构的调查，1910 年以前，全世界仅建立了 14 个国家级推广机构，占现有国家级推广机构数的 7%，且主要在英国、美国和一些发达国家；第二次世界大战以前，全世界建国家级推广机构约 48 个，占现有数的 20%左右，主要在一些中等发达程度的国家；第二次世界大战以后，一方面由于已建的推广组织发挥了巨大的作用；另一方面也由于一些发达国家的援助，加上一些发展中国家试图通过农业推广解决粮食的短缺问题，便纷纷开始建立推广组织。世界上约 150 个国家级推广组织（约 80%）都建立于第二次世界大战以后。

全球农业推广体系按照其组织形式可分为以下六类：①以政府农业行政主管部门（农业部）为基础的农业技术推广体系。这类推广体系的特征是，整个推广体系隶属于农业部领导，农业部下属的推广局和推广站（中心）负责组织、管理和实施全国的农业推广工作。这一种推广体系占全球农业推广体系的绝大部分，约占 81%；②非政府性质的推广体系。这类推广体系是指一些协会和宗教组织所属的推广机构，如英国、法国等国农民协会和一些宗教组织经常从事社会经济和家政等方面的推广工作。这种推广体系约占 7%；③私人农业推广体系。这类推广体系是指一些私人企业为推销产品所组建的产品推销部门。如英国、法国等国的一些农药、化肥、种子生产企业为推销产品而成立的推销部，以这种推广方式为主的比例约为 5%；④附属性的农业推广体系。这类推广体系是指一些商品生产组织或一些开发机构所附属的推广体系。如马来西亚的橡胶生产和咖啡生产组织等都建有自己独立的推广体系，这类推广体系占比约为 4%；⑤以大学为基础的农业推广体系。这类推广体系的典型代表是美国，其特点是农业教育、科研、推广三位一体，大学建立农业推广站（中心），大学的推广部门负责组织、管理和实施基层推广工作。一些曾接受过美国援助的国家，如菲律宾、印度等也部分地采用了这种推广体系，利用这种模式的比例约为 1%；⑥其他形式。这类推广体系是指在欧洲一些国家的青年组织和妇女组织。他们以农村青年和妇女为推广对象，向他们推广一些实用的农业技术、健康、保健等知识，这部分比例约为 2%。

1. 美国模式——院校式代表

政府领导、农业院校参与的农技推广体系以美国最为典型，其主要特点是农业教育、科研、推广三位一体，各院校建立农技推广站或中心，并负责组织、管理和实施基层推广工作。

1776 年美国独立后，随着农业开发和农业资本主义经济的日渐发达，特别是西部开发运动对农业教育、农业科学试验和农业推广的需求日益迫切，因而相继通过立法程序，建立农业教育、科研、推广相结合的合作推广制度，使美国的农业推广迅速兴起。1862 年 7 月 2 日，美国总统林肯签署了《莫里哀法》，亦称赠地学院法。该法案规定：拍卖拨给各州一定面积的联邦公有土地来筹集资金，用于每州至少成立一所开设农业和机械课程的州立学院。这个法案促进了农业教育的普及。1877 年，美国国会通过《哈奇法》(Hatch Act of 1877)。该法规定：为了获取和传播农业信息，促进农业科学研究，由联邦政府和州政府拨款，建立州农业试验站。试验站为农业科研机构，属美国农业部、州和州立大学农学院共同领导，以农学院为主。农学院的教师在同农民的接触中，了解到农民对技术和信息的渴求，促使 1890 年美国大学成立了推广教育协会。1914 年 5 月 8 日，威尔逊总统签署了《史密斯——利弗法》即合作推广法。该法案规定，由联邦政府拨经费，同时州、县拨款，资助各州、县建立合作推广服务体系。推广服务工作由农业部和农学院合作领导，以农学院为主。这一法案的执行，奠定了延续至今的美国赠地学院教学、科研、推广三位一体合作推广体系的基础。

美国模式实行联邦政府领导、州立大学农学院为主体、县政府参与的农技推广体系。其中联邦政府农业部下设推广局，主要职能是管理和领导农技推广工作，不直接从事农技推广工作。农业教育、科研和推广三者结合的纽带在农学院，即农学院同时承担农业教学、科研与推广工作，由农学院统管全州的农业教育、科研和推广业务，农学院的教授们同时负责教学、研究和推广三项工作，农学院院长或副院长兼任推广站站长。县级推广组织是联邦和州农技推广组织的代理机构，每个县设一个推广办公室，人员由院校推广站组织评审小组并按聘用条件择优聘用。所有农技推广活动全部由州立大学技术推广站与县级推广办公室负责。

美国所辖各州（区）都设有一个州级农业技术推广站，州合作推广站归属于各州赠地大学农学院，主要职能是帮助县推广办公室履行其职责，作为县推广办公室的补充，主要工作为组织推广服务，选聘县农业技术推广人员及对他们进行培训和管理，制定州推广计划，评估推广工作业绩，分配推广资金，协调赠地大学和县推广办公室的工作，在需要时向县推广员提供技术和信息方面的帮助，并给予指导。州合作推广站上对赠地大学农业学院和全国农业技术推广服务中心负责，下对本州农场及公众负责，是美国合作推广体系的真正核心。县级农业技术推广机构是农业技术推广合作体系的最基层组织，正是它们在这里制定具体推广计划并实施农业技术的推广教育工作。目前在美国专业推广人员中，70%以上都是在县一级开展工作。

在这种院校式推广模式下，高校教师有机会通过深入生产实践，可直接发现和收集生产中存在的实际问题，且高校教师的研究工作可以丰富其教学和推广工作的内容。因此，高校教师搞推广不仅保证了新技术及时应用于生产，而且保证了研究课题的实用性。同时，从事推广工作可直接把最新科技成果传授给农场主，使其及时掌握最新技术，使科技成果及时转化为生产力。

当今美国农业人口很少，劳动生产率很高，这与早在140年前就开始建立的集教学、科研、推广、科技服务等多功能于一身的科技支持制度的农业推广服务体系是密不可分的。

2. 日本模式——双轨推广制

日本农业推广实行的是政府和农协双轨推广制。这种推广模式的主要特点是推广体系隶属政府农业部门由农业部门下属的推广组织（如推广局、推广站）负责组织、管理和实施相应级别的农技推广工作。农技推广在日本称之为“改良普及事业”。在各都、道、府、县政府的农政厅均设有专业从事农技推广的“普及教育课”或者“普及推进课”。县以下分区域设立“农业改良普及中心”，中心的技术推广人员为改良普及员，全部为国家的公务员。此外，日本的农户绝大多数是专业农协或者综合农协的会员。日本农业协同组织是依据1947年公布的《农协法》而成立的自主性的农民组织，一般设有总务部、金融共济部、营农部、生活部、事业部等机构。这些机构共同负责对农民的生产和生活进行一般性的技术指导。在《农协法》第十条中特别指出，农协要办理营农指导事业，即与农业技术和经营改善有关的教育活动、农村文化和生活改善的相关措施。因此，农协的营农指导和政府农业普及活动工作方向相差不大，主要差别是事业主体不同，指导员的工作特点和方法不同。按照农协的业务内容和规模的不同，生产指导活动的组织机构主要可分为两种，即专门性指导机构和综合性指导机构。专业农协是指专门从事畜牧业、园艺、蚕桑等领域的农民专业协会，综合农协是指从事供销、金融、保险等综合性业务的农民专业协会。专业农协或者综合农协均有专门从事农技推广活动的营农指导员从事农技推广工作。日本的农业推广不是简单的技术推广，而是政府管理、开发农村、教育、培养新型农民的行政手段，除了“促进农业新技术、新材料、新品种的引进，提高农业效率和农民收入”这种物质方面的推广外，更重要的目的在于人的教育和农业、农村的可持续发展。因此，战后日本农业推广也被人称为“教育推广事业”。

日本的农业普及事业是由国家和都、道、府、县在技术、资金、物资、政策等方面协调统一的，并作为双方的共同事业予以推进和实施的，所以被称为协同农业普及事业。它和农协一起，是连接农业科研机构与农家之间的纽带和桥梁，对农业生产改良和农民生活改善等，有着积极作用和巨大效益，推动了日本农业的发展。

3. 荷兰模式——逐步商业化的农业推广机制

荷兰的农业推广工作是一个逐步商业化的过程，中间经历了政府全额拨款，政府部分拨款、农业推广组织营业创收，到最后部分科研单位自收自支。1990 年前，荷兰政府对政府推广部门是全额拨款的，推广部门的职责是向农民提供技术指导和解释政府的农业政策。荷兰政府在每个省设有若干地区咨询中心。在这些部门中都有一批学科专家和专业推广人员从事相关科研、推广服务。从 1993 年起，由于经费紧张，政府要求农业经营者开始逐步分担推广费用，在保留部分政府拨款（逐年递减）的同时，原有的农业推广组织必须在向社会提供服务的基础上取得收入、维持运转。从 1996 年开始，荷兰实行了农业知识体系改革，目的是使一部分科研机构从政府的全额支持中逐渐脱离出来，以最终实现自收自支，一些基础性研究、公益性研究机构以政府项目委托的形式择优赋予研究任务。

荷兰农业推广工作的改革是与农业市场化和规模化经营相适应的，荷兰农业多以家庭为生产单位，随着农业信息化、机械化、集约化程度的提高，生产资料向种植大户集中，农户用地的平均规模已从 1990 年的 16 公顷发展到 2003 年的 225 公顷。目前荷兰 25%的农户生产了全国 2/3 的农产品。农民的高度组织化是荷兰农业科研和推广走向私有化的重要原因。为了壮大市场操作能力，荷兰许多农场主联合起来组成适应市场需要的合作组织——农业生产合作社和农业协会，各农业协会设有完善的组织结构，具备面对强有力市场能力和全程服务机制，是沟通农业生产资料生产厂家和销售商的有效渠道。农业生产合作社是沟通政府与农民的有效渠道，它们在产业发展中积极涉足农业科普工作，起着连接政府和农民的“中间人”的重要角色。由生产者、工业委员会和商业委员会组成的合作社（或称农业协会）是政府与农业企业合作的重要形式，在发展荷兰现代农业的过程中发挥了非常重要的作用。荷兰的农业合作社遍及农业生产的各个领域，差不多每个生产环节上遇到的问题均可通过加入合作社得到解决，如种子的培育，饲料肥料的供应，农产品的销售等。

4. 丹麦模式——雇佣式农技推广机制

丹麦是一个农业十分发达的国家，丹麦的农业推广活动被称之为农业咨询服务。丹麦的农业咨询服务工作，是从 19 世纪 70 年代开始的。开始时，绝大部分的咨询专家是专业性的，由国家雇用。但不久，国家就采取了只是给予一部分财政资助的办法，而把雇用的咨询专家和管理咨询服务机构的工作交给了“农场主联合会”和“家庭农场主协会”两个农民组织。现在，大部分的咨询专家由这两个农民组织雇用，国家只为咨询专家及助理员支付70%的工资和差旅费。咨询专家根据官方制订的规章制度，开展农业咨询服务工作。地区农民组织雇用的咨询专家，根据当地农业生产需要，从事各个不同的专业领域，有一般性的咨询专家，也有单一专业的咨询专家。随着时间的推移，各个不同的专业都逐步发展起来，并逐步取得立足地位。各种专业咨询项目形成的年代如下：19 世纪 70 年代，乳牛业；19 世纪 80 年代，畜牧业；20 世纪初，种植业；20 世纪 10 年代，农业会计专业；20 世纪 20 年代，家庭经济；20 世纪 40 年代，建筑与机械和青年工作；还有如园艺、果品、皮毛生产以及其他小项专业咨询专家，都受雇于与其专业相同的生产机构。至今，虽然各种专业有所变动，但咨询服务的形式仍保留下来，并不断得到丰富和加强。

（二）不同模式产生的背景与动因

由以上国家农业技术推广体系的案例我们可以发现，任何制度安排都不过是宏观条件约束的结果。生产关系一定要适应当时的生产力，每个国家或地区的具体情况不一样，例如政治、经济发展阶段、科技能力、文化规范等，因而推广体系与模式的设计必须符合特定的条件。农技推广模式并非各国相同，也非一成不变，其产生与国家特定历史阶段密切相关，并随着时代的变迁和农业发展的需要适当进行调整。

第一，推广体制与一个国家的资源禀赋有密切关系。如果美国不是移民国家，没有西部大开发，也就不会有赠地法案及赠地学院的建立。在赠地学院建立的基础上，才可能建立农业试验站（类似农科院），也才会有科研、教育、推广三位一体的推广模式。

第二，推广体制与一个国家的政府在本国经济发展战略中扮演的角色有关。日本是一个市场经济国家，但是鉴于农业资源禀赋缺乏，日本政府非常重视对农业生产技术普及推广和农业的保护管理。与干预土地调整的政策相对应，日本建立由各级农业主管部门直接领导的农技推广机构，也显得顺理成章，理所当然。

第三，农技推广制度一直处在动态演变之中。荷兰农技推广逐步商业化的过程，说明一个国家的农业技术推广方式并不是一成不变的，还可能随着本国的土地经营规模、劳动力和工业化水平以及农民组织化程度等因素进行变革。变革的结果并没有完全改变自己原本的特点，只是由于制度环境发生了变化，才不得不在组织治理制度上作出反应。

第四，一个国家的农技推广制度与其民族传统文化密不可分。丹麦是个面积小、种族单一、人口不多的国家，且素有社会平等的传统，由于民族性格的关系，丹麦政府具有很高的效率，丹麦人能迅速而稳定地接受政府的政策和执行方式。丹麦人还十分喜欢弹性工作制，或者按照他们自己的说法，就是“弹性保障制度”(felxicurity)。这种工作制度使雇主得以方便地雇佣和解雇员工，这种特有的传统导致了丹麦雇佣制农技推广制度的产生。虽然农技推广服务的专业内容随着时代的发展已有很大的改变，但是农技推广的精髓——雇佣制度，却继承了下来，继续为丹麦的农业生产发挥不可或缺的作用。

第五，农技推广人员进入国家农业推广部门有较高的“门槛”。美国的农技推广人员则至少是大学本科毕业。荷兰的推广部门招收新推广人员时，采用先面试后签一份两年期合同的形式，在履行合同的第一年，新推广员必须在指定的老推广员的带领下从事各种推广工作，要参加一个推广基础理论的培训班，学会各种推广方法。两年以后，由上级部门和推广站长再次联合考核，合格者才能转为正式的推广员。而日本基层的改良中心的改良普及员要通过公务员录用考试和普及员资格考试，并经两次考试才能录用，而且参加普及员资格考试的人员还有相关工作经验的限制。

此外，这些国家的研究与推广机构有一个统一的领导，不存在管理“分割”的问题。美国的赠地学院体制的主要特点是农业教育、科研、推广三位一体，各院校建立农技推广站或中心。日本的推广体系的县级实验站和推广机构都是由县政府的农业局领导的，因而它们之间保持着密切的合作。很多时候，高级推广专家往往作为长期工作人员留在实验站中。荷兰的国家推广体系主要推广力量分布在地方，地区推广站的经费直接由农渔部拨给，行政上也由农渔部直接领导。

（三）国外农技推广对我国的启示

农业技术推广制度的设计，一方面要考虑治理的成本和收益，即治理效率；另一方面要考虑具体的经济技术和制度环境，即国情和组织的具体情况。推广制度并没有世界通用的模式，离开一个国家的发展阶段及其制度与习俗的历史，去评判每种治理模式的优缺点，是没有什么意义的。在设计农技推广治理结构的时候，必须具体地确定每种治理结构模式的运作所需的特定条件。在不同的具体情况和条件下，应针对特定的问题，采取特定的制度安排。我国目前的政府农技推广机构及从上到下的推广模式是特定历史条件的产物，是我国的资源禀赋、重工业发展战略和意识形态偏好等因素共同作用的结果，其发展历程深受政治气候的影响。因此，新时期的改革必须考虑这一点，新的农技推广体制绝不可能在完全摒弃固有的推广形式的情况下构建。

1. 农村土地集体所有制将长期存在，公共农技推广组织必须发挥主导作用

我国人多地少、农业人口占多数的局面短期内不会改变，我国的土地肩负着生产资料与保障农民基本生活的双重功能，在农村社会保障体系没有完全建立以前是不能对土地进行私有化的。兼之我国农村经济发展具有很强的区域特性，小农户对农业技术的需求呈现出多样化、多层次的特点，从功能视角出发，公共农技推广组织必将长期存在并发挥作用。

2. 农技推广模式不应固守其成，而是要与时俱进

随着时代的变迁和农业发展的需要适当进行调整。现行农技推广体制仍然只是人民公社时期供给体制的继承，而我国家庭经营的制度变迁发生在我国社会产生重大转折的历史时期，既缺乏系统的理论准备和制度设计，也不是自上而下有组织、有计划地实施的，这就决定了制度本身的不完善和发展变迁的长期性。近年来民营经济的发展既意味着提高农业技术传播效率的途径增加了，也为变革农技推广体制提供了可能和需要。

3. 农技推广改革应实事求是，循序渐进

回顾政府推广机构的发展历程，其治理结构有一个历史沿革过程，这一过程的路径依赖色彩是明显的。所以我国在进行新的农技推广工作的探索时要遵循路线依赖性①。我国农业推广体系在结构、财政及管理体制方面的改革，主要取决于国家的宏观农业发展目标，后者又取决于政治、经济、机构及技术问题。在微观方面，要考虑到分散的小农的数量与百分比、政府的财政负担与压力、推广机构的能力及地方的专门技能潜力以及相关利益者在推广决策过程中的参与状况。

我国的农技推广机构是由计划经济时期的行政机关改制而来的。由于历史的路径依赖和社会体制的影响，造成了政府事业单位管理体制和职能的“政事不分”。但是，政府完全退出农技推广活动，私人公司的活动在某些推广项目上不一定更有效率，关键在于根据其所处的具体的制度环境设计其治理结构，实现科研、推广组织成员和农民激励相容约束下的目标一致，所以在制定相关的政策时必须要同时考虑历史造成的初始条件对制度的影响、执行成本及其外部性对制度的影响以及政府自身的政策选择。

---

① 由道格拉斯·C. 诺斯教授提出，主要是描述过去的制度对现在和将来所实施的制度、人们过去的行为对在和将来的行为产生影响的过程和机制。

二、我国农业技术推广的历史变革与发展

（一）历史变革

自从有了农业就会有农业技术推广，我国的推广实践从“后稷教民稼稷”起已有几千年的历史。历史上历代封建统治者均有“劝农课桑”的记载，这些农业技术推广活动多为提倡，仅是一种简单意义上的“教育与行政相结合”农业技术推广传统。从事推广现代先进的农业科学技术是从19世纪后期的清末洋务运动时期才见萌芽，清末至中华民国时期，洋务派和维新派开始向欧、美、日等国学习，创建农务学堂、农事试验场和农村讲习所。清末的农业推广是从推广优良种子开始的。当时张之洞在1892年请人在美国选择棉花良种，寄至湖北试种。20世纪20年代，很多高等院校学习美国赠地学院模式，设立农业推广部。国民党政府时期开始建立各级农技推广机构，由于历年战乱的缘故，推广工作仅限于高等院校及少数一些地区。当时的金陵大学农林科在1920年成立棉作推广站，并且聘请美国农业部的一位棉花专家进行指导，从事中棉育种和美棉驯化工作，之后于1924年成立推广部，推广爱字棉，受到了农民的欢迎，为后来在该地成立农业推广实验区打下了基础。这个时期译自美国英语“agricultural extension”的“农业推广”，标志着我国开始进入现代农业技术推广时代。新中国成立后，党和政府很重视农业技术推广体系建设。大致经历了五个发展时期：

1. 1951—1957年

1951年首先在东北地区试办农业技术推广站。1953年农业部颁布了《农业技术推广方案》（草案），要求各级政府设立专业机构，配备专职人员，逐步建立起以农场为中心，互助组为基础，劳模和技术员为骨干的技术推广网。1954年农业部正式颁发了《农业技术推广站工作条例》，对农业技术推广站的性质、

任务等做了具体规定。到1954年底，全国已建立农业技术推广站4 549个，配备干部32 740人，涉及全国55%的县和10%的区。到1957年，全国共建农业技术推广站13 669个，有农技人员9.5万人，这一时期的农业技术推广工作为恢复新中国成立初期的农业生产、发展农村经济作出了重要的贡献。

2. 1958—1978年

这一时期，随着农业集体化的发展和人民公社的建立，乡农业技术推广站改为公社农业技术推广站。但受“左倾”思想影响及五六十年代之交的三年困难时期影响，农业技术推广工作受到了严重影响，农业技术人员被下放回乡，农技推广体系受到第一次冲击。随之而来的后果就是，全国粮食总产量急剧下降，1960年仅14 350万t，还不及1951年的水平。这一状况直到1962年才得到改观，中央政府开始在县级建立农业技术推广站，隶属县农业局领导。随着农业生产的发展，很多县在农业技术推广站的基础上发展成了植保站、土肥站、畜牧站、配种站等专业技术站。这些专业技术站在指导公社农技站、推广新技术成果、培训乡村干部、农情监测等方面发挥了很大作用。1965年全国粮食总产达到19 453万t，恢复农业技术推广站14 460个，有农业技术推广人员76 560名。

但是在“文化大革命”时期，农技推广体系受“左”的思潮影响，再次受到冲击，我国的农业技术推广体系基本瘫痪。1969年湖南省华容县在动乱的环境下创造了“县办农科所、公社办农科站、生产大队办农科队、生产队办农科小组”的四级农科网络农技推广模式，受到了农林部的充分肯定。1974年国务院号召学习湖南省华容县建立四级农科网的经验，即县办农科所，公社办农科站、大队办农科队，小队办实验小组。到1975年全国已有1 140个县建立了农科所，26 872个公社建立了农科站，332 233个大队建立了农科队，224万个生产队建立了农科组，四级农科网总人数达1 100多万人。四级农科网当时虽受“左”

的思潮影响，过分强调群众搞科研，脱离了科研的理论基础，贬低了科研机构的基础作用，但在当时对农技推广体系的恢复和新技术推广起了一定作用。

3. 1978—1989 年

1978 年，党的十一届三中全会召开，我国农业进入一个历史性的转折期，随着人民公社的解体，农村家庭承包经营开始推行，“四级农科网”也相应解体。为了探索新形势下的农技推广体系的框架，农业部 1979 年率先在 29 个县试办了农业技术推广中心。这一工作得到国家的重视，国家计委列专项投资给以支持。1980 年中共 1 号文件决定“要恢复和健全各级农业技术推广机构，重点办好县一级机构，逐步把技术推广、植保、土肥等农业技术推广机构结合起来，实行统一领导”。1982 年中共中央 1 号文件号召在全国范围内加强县农业技术推广中心建设。这标志着农技推广体系建设进入了一个大发展时期。1985 年全国建立县农业技术推广中心 500 个，1989 年全国共成立县级农业技术推广中心 1 003 个，畜牧技术服务中心 198 个，水产技术推广服务中心 198 个。1982 年农牧渔业部组建了全国农业技术推广总站，对全国农技推广体系进行管理和指导。1983 年农牧渔业部颁发《农业技术推广条例》（试行），对农技推广工作的机构、任务、编制、队伍、设备、经费和奖惩做了具体规定。1984 年农牧渔业部颁发了《农业技术承包责任制试行条例》，号召广大农技人员开展技术承包，用经济手段推广技术。经过几年的努力，到 20 世纪 80 年代末全国的农技推广体系基本形成。1989 年国务院发布了《关于依靠科技进步振兴农业加强农业科技成果推广工作的决定》。这个《决定》为农技推广体系的改革和发展起了很大作用。此后，技物结合、系列化服务在全国普遍兴起。

4. 1990—2003 年

这一时期伴随着两次“三权”（人事权、财务权、管理权）

的下放，农业技术推广经历了一波三折的发展过程。商业化初期，受庞大队伍带来的财政压力和各行业尝试市场化改革的影响，这时期开始推广山东“莱芜经验”，将乡镇农技站的人、财、物管理权（“三权”）由县下放到乡。同时，国务院发布《关于依靠科技进步振兴农业加强农业科技成果推广工作的决定》，允许农技推广单位从事技物结合的系列化服务后，农技单位均成立了自己的农业生产资料销售部门，从事农业生产资料的经营工作。这在部分解决农技部门当时业已出现的经费紧张的同时，副作用也极其明显。个别地方曾出现对县、乡农技推广机构的“断奶”现象，引起农技推广体系的波动，1992 年有 44%的县和 41%的乡农技站被减拨或停拨事业费，约 1/3 的农技员离开了推广岗位，基层农技推广体系开始出现“网破、线断、人散”的现象。为了发展农业社会化服务体系，国务院 1991 年 11 月发出了《关于加强农业社会化服务体系建设的通知》。1992 年农业部、人事部联合制定了《乡镇农技推广机构人员编制标准（试行)》，为充实乡镇推广队伍提供了政策依据。此后，国务院及农业部等为加强农技部门的服务工作出台了一系列文件，在基层农技推广部门，特别是乡镇农技推广部门开展“定性、定编、定岗”的“三定”工作，同时将下放的“三权”又收回县农业局管理。“三定”政策使全国基层农技推广人员迅速增加，1998 年县乡两级达到 99.8 万人（其中县级 35.8 万人，乡级 64 万人）。然而，由于上述政策的颁布并未得到财政部门的配合，从而导致政府的财政投入跟不上人员膨胀和工资增长的需求，不仅使农技部门的日常活动的开展更为困难，而且让农技部门不得不通过更多的开发创收来弥补投资的不足。

为了加强农业技术推广工作，促使农业科研成果和实用技术尽快应用于农业生产，保障农业的发展，实现农业现代化，1988 年农业部组成《农业技术推广法》专门起草小组。1993 年 7 月，《农业技术推广法》正式颁布实施。它标志着我国推广事业开始走上法制的轨道。与此同时，针对个别地方出现的削弱农技推广体系的情况，农业部、林业部、水利部、人事部、国家计委、财政部联合发出了《关于稳定农业技术推广体系的通知》。这些法律和政策的出台对稳定推广机构发挥了极大作用。《农业技术推广法》颁布后，各省、自治区、直辖市人大常委会分别结合当地实际，制定实施了农技推广法的办法。到1998年年底，共有24个省（区、市）的人大常委会颁布了农技推广法实施办法。这标志着依法管理推广事业的局面在全国初步形成。

1998年6月，中共中央办公厅和国务院办公厅联合发出13号文件，明确对推广体系实行“机构不乱，人员不散，网络不断，经费不减”的政策，并要求推广体系解放思想，强化市场观念和服务意识，逐步完善市场经济条件下的运行机制，增强活力。同年10月，中共中央十五届三中全会作出了《关于农业和农村工作若干重大问题的决定》，提出了“以家庭承包经营为基础，以农业社会化服务体系、农产品市场体系和国家对农业的支持保护体系为支撑”的农村经济体制基本框架，并要求加强县乡村农技推广体系建设。这两个重要文件为稳定推广体系、深化推广工作的改革指明了方向。2000年底，中共中央办公厅和国务院办公厅联合下发《中共中央办公厅、国务院办公厅关于市县乡人员编制精简的意见》（中办发［2000］30号）文件，文件要求乡镇事业单位在人员精简的基础上进行合并，并将乡镇事业单位的人事权、财务权和管理权（简称“三权”）下放到乡政府管理。这一文件下达后，大部分县将乡镇农技推广单位的“三权”（人事权、财务权、管理权）下放到乡镇政府管理。这一措施虽然减轻了县农业行政单位经费的压力，在一定程度上保障了乡镇农技人员工资的发放，但却造成了县乡两级农技推广部门的脱节，乡镇农技人员的工作由以推广工作为主，变为以乡镇“中心工作”为主。同时，乡镇农技人员进一步减少，到2003年县乡两级农技推广人员减少到81.2万人（其中县级33.0万人，乡级48.2

万人）。

5. 2004 年至今

2004 年以来，各地开始了各种改革试点的尝试，国务院于 2006 年下发了《关于深化改革加强基层农业技术推广体系建设的意见》（国发［2006］30 号），要求各地全面开展推进改革。2007 年在编的农技人员已减少到 74 万人。为了解决乡镇农技部门“三权”下放所带来的一系列问题，2003 年农业部、中编办等五部委组织在全国 12 个省份的 12 个县开展农技推广体系改革试点。该项试点改革要求根据当地农业主导产业和特色产业的要求，按照精简、统一、效能的原则和地方财力的实际，选择适宜形式设置乡镇一级国家农技推广机构。建议将相近行业的农技推广机构适当合并成农技推广综合站（即区域站）。通过明确公益性职能、分离非公益性职能和岗位竞争优化农技人员队伍。通过创新推广机制、增加财政投入来提高农技推广的效率。在这一系列改革的过程中，涌现出了一些新的具有一定借鉴价值的改革模式，为解决不同地区的推广难题提供了新的思路。

由我国农业技术推广的历程我们发现，农业技术推广的路子并不是一帆风顺的，基于国情的特殊性，没有完全一样的模式可供复制，而必须要靠自己去在实践中不断摸索。总结新中国成立以来，特别是改革开放 30 多年来，我国农业技术推广工作取得的主要成就就是建立健全了国家农业技术推广体系，尽管我国的农技推广体系经历了坎坷而又艰难的改革过程，但截至目前，我国农技推广体系是世界所有国家中分布最为广泛的农技推广体系，尤其是该体系遍布所有乡镇和边远地区，为加速农业技术推广提供了基层技术体系的保障。其次，在粮食等主要农作物以及家禽水产等生产技术的普及上作出了重要贡献，这为保证国家粮食安全和主要农产品有效供给以及农产品质量安全、农业生态安全等方面起到了至关重要的作用。

（二）最新发展

1. 多元化农业技术推广体系逐渐形成

2010年中央1号文件指出：积极发展多元化、社会化农技推广服务组织。我国的农技服务组织主体是隶属于政府机构，是按行政体系建立的，从中央到地方建立了各级农业技术服务中心、服务站，村级建立了科技组和科技示范户。省级以下的农业技术服务组织受本级政府行政上和上一级推广组织相关职能上的双重领导。随着市场化改革的不断深入，为了适应当前经济发展的新形势、新局面，我国农业社会化服务体系中政府以外的市场化主体得到了迅速的发展，进一步丰富了以政府农技推广部门为主体，科研单位、涉农组织、农业龙头企业等其他力量为补充的农业社会化服务体系。近年来，随着农村供销社系统的市场化改革深入和农产品流通体制的放活，大量非政府组织加入到农业生产资料的供给和农产品的收购、仓储、加工、物流和销售等服务市场，这些组织在市场经济的运行规律下形成一批新型的、适应当前农业发展的、互为补充的农业社会化服务组织，其形式诸如农业产业化龙头企业、农民专业合作社（协会）、科研单位与涉农企业合建的经营性法人单位以及其他以个人或家庭为单位的个体农业社会化服务机构。目前来看，我国多元化的农业技术推广体系已经逐渐形成（图2-1）。

根据农业社会化服务内容和性质的不同，可以将农技推广业务分为三类：纯公益性服务项目、半公益性服务项目和私人产品服务项目。根据看不见的手（市场）和看得见的手（政府调控）相结合的方法，将农技推广工作分门别类。政府公共服务机构向社会和个人主要提供具有非排他性和非竞争性的产品，例如监控技术服务，集成性的技术推广，重大突破性的技术试验示范和公共性的信息服务，其中对动植物检疫和疫情监控，病虫害和农情监测预报，关键性技术的引进示范推广，农业公共信息发布以及

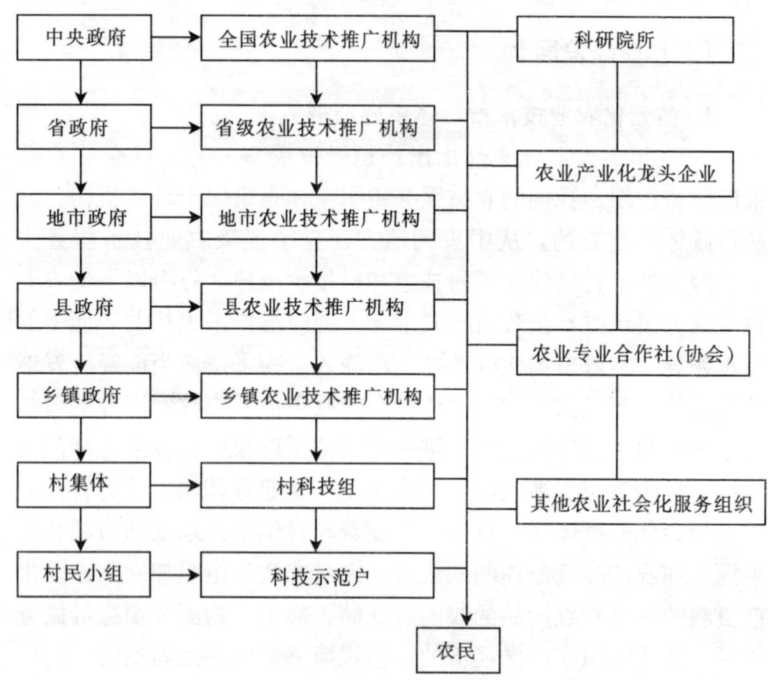

图 2-1 我国多元化的农业技术推广体系

向农民提供技术咨询，随时发现和解决农民生产活动中的技术难题等；一些具有不同程度公益性和私人产品性质的农技推广，需要资费的则可由中介组织进行提供；那些具有排他性和竞争性的产品服务则可以由中介机构、企业个人和其他民间主体来提供。总之，市场能够解决的由市场机制根据资源的稀缺性进行配置，市场解决不了的服务则由公益性的服务机构来提供。随着社会经济的发展，完善的农业社会化服务体系必然是多元的主体来进行共同参与，互补互辅。

2. 推广机制不断创新

（1）农技推广机构人事管理机制创新 一是设置资格准入机制。通过设定不同层级、不同岗位的农技人员进入到农技推广部门的“门槛”，这其中包括进入者的学历、专业、工作经历和内容，工作业绩等要求。二是建立岗位责任制度。将农技推广人员定岗定责，竞争上岗，按需设岗，把最合适的人选拔到推广工作岗位上去。三是设置科学合理的考核制度。建立人员补充和内部流动机制，根据考核结果，对农技推广施行淘汰和流动制，淘汰不合格的人员。四是建立农技人员学习培训制度。对培训内容和方式进行明确，使得培训工作常态化，促进农技推广人员队伍专业素质的提升。

（2）为农服务机制创新　一是探索农民需求反馈机制。对农民技术需求定期进行采集和整理，形成专门针对农民技术需求的信息搜索反馈渠道，并根据整理的信息进行制定和调整工作计划，及时解决农民生产生活中遇到的各种技术问题。二是设立农技人员责任制。根据农技推广地区生产实际，结合推广工作的需要，确定各个推广部门、各个岗位的职责要求，并将推广任务量化分解到各个部门和岗位上，量化分解推广任务要合理，把抽象的目标具体化，把能够定量的目标量化，将不易定量的目标，通过科学的设计转换成可以量化的指标，从而实现农技推广工作的目标管理。三是创新服务方式方法。依托政府公共服务机构的农技推广创新模式。根据当前我国农村经营体制、农业生产和服务对象的特点，选择适合当地的手段和方式，以促进推广活动的有效开展。目前，适宜的推广方式主要有两类：第一种是面上咨询培训。就是利用现代通讯和传播手段开展服务，如农技服务热线电话、网络咨询、手机短信平台、广播电视讲座、技术培训班、技术现场会等。第二种是点上示范指导。就是农技员在农业生产时节到所联系的村组田间地头开展技术指导，实行包村联户。每位农技员都建有工作日志，入户的时间、地点和服务内容都要有记录，作为对其进行考核的重要依据。

（3）科研单位的农技推广创新模式。科研院所依托自身资源，结合新形势下的农技推广需求，探索出一系列农业社会化服务新模式。第一种是建立院地合作科技示范基地。通过围绕区域农业主导产业发展，加强与农业龙头企业、专业合作组织、农业园区的合作，实现科技优势与产业优势对接。第二种是实施农业科技推广项目。依托科技成果推广项目，如国家或省成果转化项目，星火项目，丰收计划及农业综合开发项目等进行农业社会化服务。第三种是科技特派员基层创业行动。每一个科技特派员的背后，都有院所的科技团队作支撑，可以充分依托科研院所整体科技优势提高服务效果。第四种是为开展科技结对扶贫。加强对结对帮扶工作的领导，以实施科技结对帮扶项目、培育优势特色产业、培养现代农民为抓手，以资金、技术、信息等多方面服务为手段，派遣技术专家长期蹲点，开展“造血”式产业帮扶。还有一种模式为组建科技推广联盟。加强与兄弟农业科研院所、农业主管部门、新闻媒体的联合协作，共同促进科技成果转化与推广应用。

（4）其他组织的农技推广创新模式。一种为农民专业合作组织在农业产前、产中、产后服务上的创新。“家庭经营＋发达的合作组织体系”是农业产业化经营的有效组织模式，能够很好地克服“小规模、分散化”家庭经营的弊端，解决“小生产、大市场”的矛盾，既促进了农业的现代化，又很好地实现农户自身的利益。能够很好地克服“小规模、分散化”家庭经营的弊端，解决“小生产、大市场”的矛盾，既促进了农业的现代化，又很好地实现农户自身的利益。还有一种是农业产业化龙头企业在与农户联结模式上的创新。“公司＋基地＋农户”模式，即龙头企业为基地上的农户提供生产资料和资金技术，农户按公司的生产计划和技术规范进行生产，产品由公司按照合同价格收购销售；“公司＋合作社（协会）＋基地＋农户”模式，此种模式下的农业社会化服务由农民自己成立的合作社（或专业协会）通过与企业达成一致来提供，由于提供方是农民自己的组织，农民采纳新技术、对信息的信任度等都比原来的“公司＋基地＋农户”模式下的要好得多，事实证明，此种模式下，农户的违约率也大大降低，企业直接和合作社打交道，大大降低了交易成本；“公司＋政府机构＋基地＋农户”模式，即农业产业化龙头企业和乡镇政府机构对接，利用政府部门的组织资源连接农户，这样也可以减少企业与农民的交易成本；“公司＋村委会＋基地＋农户”模式，即农业产业化龙头企业通过村委会作为中介和农户进行对接，可以节约企业的交易费用，农民对村委会也比较信任，有利于新技术的推广和信息的沟通。

3. 农技推广内容与时俱进

（1）加强农业科技需求型农技服务供给。新时期广大农户的从业分离、专业分化以及农业生产各方面的联系日益紧密，对农业技术推广提出了多元化的需求。农民希望农业技术推广部门实行全程优质服务，跟踪到位服务，农业技术推广工作职能应由原来的在生产中单纯推广农业技术变成产前、产中、产后全方位服务。农业生产的专业化、标准化、规模化经营，对农业技术推广提出了综合化的要求。要求农业技术推广部门及时了解农民最新的技术需求，尽快将农民所需的实用、实效、实际的农业新技术传播到农民群众中，运用到农业生产第一线。随着新时期农民素质的提高和先进农民的不断涌现，单一的生产技术推广服务已经不能满足和适应农业和农村经济发展的需要，这就对农业技术推广人员提出了更高的要求，要求他们能及时发现需求并能够提供高质量、综合性的农技服务。

（2）市场信息的有效供给。在农产品市场商品化程度越来越高的新形势下，农民更关注所生产产品的经济效益，这就对信息服务有了许多新的要求，在农资价格不断上涨和农产品价格不稳的情况下，农民迫切需要农业技术推广部门及时准确地提供农业市场信息。农业技术推广部门需要根据当地发展实际结合农业和农村产业结构调整的需要，采取有效措施，通过科学规划，积极引导农民发展优质高效农业，努力帮助农民解决小生产与大市场的矛盾，促进农民与国际市场的有效对接。

三、我国农技推广工作存在的问题

（一）成果有效供给不够

农业科技成果有效供给不足是指缺乏高质量的适用技术成果，难以满足实际生产的需要。这主要包括：可以相互替代的竞争型成果多、综合配套技术差、成果针对性不强、经济效益差或者成熟度不够等。

1. 可替代性竞争成果偏多

我国有相当数量的农业科技成果属于竞争型成果，即使这项成果没有出现，其他成果也能够满足社会对该成果的功能需求。与此同时，这类科技成果的比较收益低，同类型成果之间的效益差异不明显。大量竞争型成果的存在，导致的后果是，伴随着其中一项成果推广度的扩大，其他成果的推广市场就会减小。所以说，一个特定时期的农业科技成果中，如果竞争型成果偏多，则这个时期的农业科技成果的转化率就不可能很高。我国科技整体水平还不够高、科研活动中重复研究较多等因素，是导致我国农业科技成果总体中竞争型成果偏多的主要原因。

2. 成果综合配套集成性不足

单项成果多，技术综合配套性不足，也是影响我国农业科技成果转化的重要因素之一。农业生产实践是一个系统过程，其生产过程需要一系列技术的综合、协调方能完成，最终实现用户的经济目标。例如，农户从事畜牧生产，就需要优良种畜、饲料、喂养方法、畜栏等的设计建造技术、畜病防治以及畜肉加工、销售等方面的技术支撑。如果研究部门只能供给单一的一种或几种技术，则这些技术对于用户而言并不具备很大的吸引力。

3. 成果生产针对性不强

目前我国农业科技成果主要是由公共科研机构的科技人员自主选题或在政府计划指导下开展研究。农业科研人员和政府对用户技术需求目标认识上的偏离，导致了部分农业科技成果成为没有用户市场的无效供给。这种脱离用户现实需求的农业科技成果供给体制，既出现可以物化、商品化、能够为经营者带来一定经济效益的成果以及在学术上有重大突破、在实践中有重大创新或较大经济效益的成果比较缺乏，又导致大量成果无人问津。由于农业科研选题与生产、市场需求脱节，农业科技研究针对性不强，我国目前增产的科技成果多、增收的成果少，既增产又增收的成果就更少。随着现代农业生产的发展，农业生产的结构与需求发生了很大的变化，而我国长久以来形成的与经济效益相对较低的粮食作物生产相配套的农业科技人员的素质却没有得到足够的发展，这也导致了目前农业科技服务难以适应现代农业生产发展的需求。

4. 成果效用不高

我国的农业生产，已经从最初的满足于自给自足的生产状态，逐渐转换为追求经济利益的最大化。市场经济下，农户都是独立、自负盈亏的生产经营者，科技成果使用者的生产经营活动以盈利为目的。当农户采用了某项技术以后，其劳动力、土地、资金等生产资本也失去了同时进行其他渠道投资的机会。这是农户的机会成本付出。因此，即使对于一些公益性的农业科技成果或农户以其他方式获得免费的科技服务，农户存在机会成本的考量。我国一些农业科技成果缺乏经济效益上的可行性，这与农业科技成果公益性强的性质及目前的科技管埋体制有关。由十农业科研多数具有公益性的特征，科研机构和个人往往难以直接通过技术专利而获取经济利益回报。从而造成科研机构和研究人员均对研究成果的实用性、潜在的推广应用规模，漠不关心或缺乏谨慎分析，酿成部分农业科技成果使用成本偏高而社会经济效益却不高的后果。一些研究机构和个人，甚至只以发表学术论文和获奖作为目标，对研究成果能否为社会带来多大的综合效益的问题，关心不够。

（二）生产有效需求不足

有学者研究表明，在农业经济系统内的各种经济资源有限的条件下，技术变化、技术进步源于农业经济系统的客观需求。任何新技术、新发明、新创造只有符合农业经济系统的内在需要，才能够被其接受、吸收，否则技术难以与经济融为一体，也就难以转化。

1. 经营规模限制了农业科技成果的需求

目前我国农村生产与农户经营的现状，决定了对农业科技难以形成大规模有效需求。农业的小规模家庭经营严重地阻碍了新的农业工艺的采纳和应用，尤其是对那些综合性强、系列配套、需要区域连片应用的成果，有效需求更低。

2. 农业天然的属性限制了农户对于农业科技成果的需求

农户缺乏应用科技的内在动力和经济实力，农业生产的不确定性和技术风险影响了农户对科技的需求；农民的科技文化素质低，对新技术的吸收、消化和创新能力差，也严重制约农户对科技的有效需求。

（三）农业科研体制的限制

农业科研体制是指农业科研单位工作系统的组成方式，包括组织机构框架、职能定位、人员编制、隶属关系、支持条件等。这种体制的设定受社会制度、社会环境、经济文化水平等影响，是政府决定的，而不是某个部门所能决定的。现行的农业科研体制存在两大主要弊端。第一，行政手段型的集权制使管理层次混乱、职责不清、政研不分，农业科研系统的运行表现为分配型运行和执行型运行相结合，农业科研机构变成行政附属物。第二，封闭型的条块分割体制。首先表现在从中央到地方各农业行政部门都有自己所属的农业科研机构，科研项目多头下达，人、财、物分部门管理，科研要素无法合理流动；其次，各级科研机构自成体系，“大而全、小而全”，既缺乏分工协作机制，又难以使科研力量形成合理的纵深布局。这种体制带来的一个问题就是供求结构失衡与错位。农户需求的是能带来最大化经济利益的农业技术，而供给主体供应的主要是社会效益最大化的农业技术。供需双方目标的不一致和信息交流沟通的欠缺使供求结构失衡和脱节。

（四）农技推广机制的制约

农技推广机制是指开展农技推广工作的运行机理和制度。当前我国农技推广机制的制约主要体现在人事管理制度方面。具体有：资格准入制度“门槛”过低，由于农业技术推广法规定只要具有中等以上有关专业学历，或者经县级以上人民政府有关部门主持的专业考核培训，达到相应的专业技术水平即可从事专业的农业科技推广活动，推广法从制定之初到现在已历经 17 年，农业生产及社会发展状况有了很大的变化，对于农技推广人员的素质有了更高的要求，这一准入制度已不能适应当前的农业发展实际；岗位职责定位不清，缺少竞争、激励机制。这主要体现在推广工作岗位上的人员并不一定是最专业的技术人员，没有相应的竞争机制，也没有配套的淘汰与流动制，最终评价时缺乏科学的、可量化的考评方式，导致科技人员缺乏动力，积极性不高。

第三章

我国农业科研单位开展农技推广工作的理论基础

一、农业科研单位开展农技推广工作的角色定位

2006年国发30号《国务院关于深化改革加强基层农业技术推广体系建设的意见》指出要培育多元化服务组织，支持农业科研、教育单位从事技术推广服务。农业科研院所是我国对从事农业科学研究的机构总称，主要由国家、省（自治区、直辖市）、地（市）三级农业科研机构组成，履行农业应用基础研究、应用研究和开发研究的职责，解决农业现代化建设中重大的关键性科学技术问题，并进行成果推广，由此可见，农业科研单位的根本任务是科学研究，解决农业生产中的科学技术难题，成果的推广是科学研究的延续。

（一）公益性职能定位

我国多年来的科技体制改革实践告诉我们，农业科研单位的社会公益性性质毋庸置疑，必须要达成共识。当前由于现行的科研经费竞争性申报机制的约束，科研人员每年要花大量的时间和精力投入到项目的申报、经费的争取上，这造成科研人员没有多

余的精力来搞推广工作。此外，虽然科研单位农技推广的公益性职能逐渐得到认可，但是为社会提供公共产品服务的职能定位尚不够清晰，为农民具体提供哪些公共产品，怎样划清与政府农技推广部门的职能分配，怎样协作搞好农技推广工作是当务之急。所以，农业科研单位在开展农技服务的同时要注意避免与原有专业的农技推广体系带来不利影响。科研单位由于自身的特点，长久以来主要工作放在农业科研上，缺乏在技术推广方面的经验和社会基础，在这一点上不及专业的农技推广部门。因此，科研单位开展农技推广工作，要主动与农技推广部门沟通协作，充分利用科研单位自身的科研优势和推广部门的推广优势，以免使专职的技术推广部门成为没有项目来源的闲置部门。

（二）辅助性定位

科技创新是生产活动的源头，科技创新成果真正转化为现实生产力，为广大农民接受和使用是科技创新的根本目标。科研工作是科研单位的中心任务，成果的推广是科研工作的自然延伸，要做好延伸工作就必须打好科研工作的基础，而要使得科研工作得到成效就需要成果推广的辅助。农业科研院所自身经过长期的农业科研，积累了丰富的科技成果，唯有通过农业技术推广，才能把科技成果转化为现实生产力，促进科研与生产相结合。农业科研院所（尤其是享受公共财政支持的公益类农业科研事业单位），如何在强化自主创新、突出科研中心工作地位的同时，在多元化农业技术推广体系中充分发挥优势、有所作为，开拓推广渠道，创新推广模式，加大自身研究成果的推广力度，加快科技成果转化应用，支撑和服务区域农业发展就成为新形势下科研单位的新的任务。科研部门在从事成果转化的过程中，必然存在占用科研或教学时间的现象，产生主要时间放在开发创收、科研活动急功近利的问题。因此，科研单位开展的农技推广工作要在保证科研基础工作做好的情况下，主要从事公益性农业科研项目，做好科研成果的转化延伸。

（三）互补性定位

目前我国拥有全世界最为广泛的农技推广体系，特别是政府的农技推广机构体系遍布所有乡镇和边远地区，为加速农业技术推广提供了基层技术体系的保障，在粮食等主要农作物以及家禽水产等生产技术的普及上作出了重要贡献，这为保证国家粮食安全和主要农产品有效供给以及农产品质量安全、农业生态安全等方面起到了至关重要的作用。政府推广机构的优势就在于熟悉当地的民风民情和生产现状，在科技成果推广过程中容易交流，传播效率高，当地的涉农组织和农业龙头企业等其他民间主体亦有此方面的功能。而科研单位的主要优势则在于其作为科技成果的源头，熟悉所要推广的新技术、新品种，最了解科技成果发挥效用的机理。因此，科研单位参与农技推广工作并不是要替代其他参与主体，而是结合自身的特点与其他农技推广参与主体沟通协作，优势互补，起到最大化发挥整个农技推广体系的作用。

二、农业科研单位开展农技推广工作的动力探究

（一）农业科研单位开展农技推广工作的外在动力

1. 响应国家政策的需要

《国家农业科技创新体系建设方案》（2007）指出："按照强化公益性职能、放活经营性服务的总体要求，加大改革力度，逐步建立起以国家农业技术推广机构为主导，农村合作经济组织为基础，农业科研、教育等单位和涉农企业广泛参与、分工协作、服务到位、充满活力的多元化基层农业技术推广体系。"该方案赋予了农业科研单位参与农技推广工作的职责义务，旨在突破计划经济体制下农业科研单位从事科研和农技推广部门从事农业科

技推广的隔离局面。农业科研单位有义务把科研成果推广到生产中，为社会创造经济效益。

2. 满足现代农业发展的需要

现代农业对农业科技的需求主要体现在五个方面：一是对农业新品种的需求，二是对轻型栽培与健康种养技术的需求，三是对粮食安全、标准化生产与农产品保鲜加工的技术需求，四是对信息与技术培训的需求，五是对发展休闲农业、农业防灾减灾和生态安全技术的需求。农业科研单位积极开展农技推广工作可以在相当程度上满足现代农业对科学技术的需求。农业科研单位不仅有源源不断的科研成果可供推广应用，而且还有比较齐全的多学科综合的科技优势。另外农业科研单位掌握着国内外最新农业科技信息和动向，有利于选择并推广最先进的实用农业技术。农业科研单位还是全社会农业科技人才最集中的地方，具有各类高素质的农业专业技术人才，既有专业技术优势，又有明显的群体优势。此外农业科研大多数属于应用研究的范畴，具有极强的生产实践性，长期的农业科技创新经历，造就了高学术水平与丰富实践经验的结合，具有善于解决生产实际问题的能力优势。

3. 保障农业科技成果成功应用的需要

虽然目前农业科技成果推广的主力军仍然是国家农业推广部门及其机构。但是，农业科技成果的生产者——农业院所在技术上有着更大的优势，如果能够直接参与推广应用，可以在培训、咨询、现场指导等多个方面发挥积极作用。农业科研院所不仅能对推广人员进行培训和指导，还可以直接建立推广示范基地，向农民提供技术支持和应用培训；不仅在科研产业链上促进了自身业务的健康发展，增加了农业科技推广的渠道，也提高了农业科技推广的科技含量和服务水平。

4. 强化现有农技推广体系整体功能的需要

农业科研单位依托科技、项目、人才优势和研究、示范、推广一体化的优势，与政府农技推广体系的组织和其他农技推广组织紧密结合，优势互补互辅，使得现有的农业技术推广体系的源头创新能力更强、成果转化效率更高、服务更加到位，更好地满足现代农业发展和新农村建设对农业科技日益增长的需求。各个组织通过联合科技创新、联合成果示范、联合推广服务、联合技术培训，可以更好地利用整合农业科技要素，实现资源的科学合理配置，加速促进农村发展、农业增效和农民增收，与此同时，通过与各种组织的合作推广，亦可不断提升农业科研院所的社会地位，得到政府、社会和农民的认可。

（二）农业科研单位开展农技推广工作的内在动力

1. 提升科研人员素质的需要

传统的科研体制抑制了科研单位的创新动力，许多科研成果与生产相脱节，很难在实际中推广应用；另一方面，由于农业科研单位很少参与实际的农技推广工作，不能发现生产中的问题，导致科研缺乏源泉，限制了科研的可持续发展。在国家政策的指引下，农业科研单位结合自身科技、人才和信息优势，制定具体落实措施（包括激励监督机制和绩效考核机制等），调动科研人员开展农技推广工作的积极性，使科研与生产结合起来，把科研成果应用到实际生产中，发现科研中存在的问题，从生产中寻找课题，由此提升科研人员的科研水平和能力。

2. 增加收入来源的需要

农业科研单位在为社会提供技术等服务时取得适当的回报，可充实其发展的经济支撑，改变其过分依赖政府财政支持的被动局面。农业科研单位在从事公益性农技推广工作的同时，可以成立科技公司或者与涉农企业、农村专业经济合作组织合作推广科技成果，建立利益分配机制和知识产权保护制度，调动科研人员推广应用自己的科研成果，促进了科技成果的转化，创造了经济效益，增加了科研单位和科研人员的收入，为科研提供更多的经费保障。因此，可以说科研成果的推广应用是科研院所走向市场实现其科研价值的必要手段。科研单位的可持续发展必须依靠其成果的转化并取得经济效益，使其成果的市场收益在整个院所经费来源中占一定比例，走出光吃财政饭的困境，科研单位拥有充足的资金后，可扩展选题的空间，在对国内外市场进行充分调查和精心预测的基础上，摸清实际需要和现实问题，因地制宜地选择研究项目，使自身走向良性发展的循环。

3. 熟化自有成果，降低推广风险的需要

农业科技成果具有多种类型，其中的应用性科技成果涉及农业产前、产中和产后各个阶段，而且受自然和社会的双重环境因素影响。总体来说，农业科技成果转化具有公益性、效益高和风险大等特点。一般的农业科技成果通常要经过研究、试验、推广、应用才能够体现出其效益。而作为农业科技成果的主要来源——农业科研单位，在开发出一项科研成果后，亟须通过试验、推广来检验其成果的实用性、安全性和可操控性，在研究与应用之间就需要有一个熟化的过程，否则就会存在较大的应用风险，不利于农业科技成果的转化与大范围的覆盖应用。由农业部、财政部于 1999 年共同组织设立的农业科技跨越计划，旨在通过中试熟化、组装集成和试验示范，促进农业科技成果的商品化和产业化，推动农业生产和农村经济的持续发展，就是一项典型的农业科技成果中试和转化计划，在此计划实施过程中，科研单位将基础研究与成果应用推广有机结合，取得了显著的社会效益和经济效益。

4. 发现科研生长点的需要

政府对农业科研立项首要考虑的立足点是产业需求导向，追求的是效益最大化的农业技术。所以科研单位在进行科研工作的过程中就十分有必要参与到成果的推广应用中去，一方面是检验科技成果的需要；另一方面也能在生产实践中发现问题，及时获得项目立项，促进自身科研事业发展。

5. 扩大社会影响和提高自身地位的需要

一项农业科研成果从基础性研究、试验、推广、应用的过程其实质就是成果被创造、传播和为农业生产者使用从而变成现实生产力的过程。在这个传播过程中伴随着诸多相关载体，共同促进成果的转化。在新型多元化农技推广体系中，涉及了政府推广部门、科研单位、高校、涉农企业、农村社会化服务组织等多个主体，科研单位参与到农技推广过程中，能够加强与其他推广参与主体的沟通，营造有利于自身发展的环境，提高自身在产学研、农科教合作中的社会地位。

三、农业科研单位开展农技推广工作的路径选择

农业科研单位开展农技推广工作不拘一格，形式可以多样化，目的是围绕区域农业经济发展需要，把科研成果应用到生产中，提高农民收入和农民科技素质。

（一）利用网络和媒体开展农业科技信息传播

随着农村网络的推广和手机电视的普及，农业科技服务也要顺应时代变化，创新服务方式，最大化提高服务效率和水平。网络具有存储信息量大和传递速度快的优势，建设农业科技信息网，可以及时更新信息，还可以开通在线咨询，把手机电话咨询与网络在线咨询结合起来，聘请专家在线解答农民提出的问题。利用网络优势，推广自己的科研成果，传播科技信息，解答农民在生产生活中遇到的问题。

根据农业生产季节和区域产业状况，农业科研单位可与电视、电台、报纸等媒体合作，增加农业技术的扩散途径，提高农业技术的扩散效率。推荐相关方面的专家录制农业节目，教授农民如何搞好农业生产，并接受现场电话咨询；在报纸上刊登最新

农业技术和贴近农民生产的农业技术等信息。

（二）创建农业科技示范基地和示范园区开展技术辐射

农业科技示范基地和示范园区是农业科技的集中展示区，集繁育、生产和经营等多功能于一体，通过科技展览、技术培训和观光等方式能够把科技成果推广出去，加速了科技成果的转化，扩大了影响范围，特别是对农民学习农业科技和提高收入水平等具有重要作用。农业科技成果能否转化为现实生产力，农民接受与否是关键。由于农业具有分散性和受地域差异影响强烈的特点，农业科技成果很难直接进入规模小、分散性强、经济力量薄弱的经营主体中，因而客观上需要一个科技示范基地，比如建设农业高产示范田。农业高产示范田是农业科技与农村经济相结合的产物，通过农业高产示范田的建设，农业科技以项目的形式进入示范田，这就为科技成果应用于农业生产提供了有效的切入点和载体。农业科研单位可通过技术示范、科技、农民培训等活动，与农民进行有效对接，为农民提供科技服务，使其正视科技成果的巨大经济效益，从而自愿接受农业科技成果，并向周边地区扩散和传播。科技人员应亲自到生产第一线了解技术市场需求方面的信息，这势必会人人缩短科研院所与市场之间的距离，从而加速科技成果由潜在的生产力向现实生产转化的进程。

（三）面向基层建立合作伙伴关系

《国家农业科技创新体系建设方案》指出要逐步建立起以国家农业技术推广机构为主导，农村经济合作组织为基础，农业科研、教育等单位和涉农企业广泛参与、分工协作、服务到位、充满活力的多元化基层农业技术推广体系。国家农技推广部门、农村专业合作组织和科技示范户都是农村基层科技成果推广资源。农业科研单位要有效开展农技推广工作，就必须调动基层推广资源。

1. 与农技推广部门合作，推广科技成果

长期以来，由于农技推广部门和农业科研单位在行政管理上分别隶属于“农业”和“科技”两个不同的系统，相互之间没有关于科技成果流转的长效机制，久而久之，农技推广部门搞农业技术推广缺乏必要的科技源头支撑，而农业科研单位为了科研而科研，缺乏成果供需传导机制，得到的科研成果得不到及时推广应用而被束之高阁。同时，农业科研成果无法得到生产实践的及时检验，出现了农业科研与农业生产实际两条直线，缺少交叉点，这极大地削弱了农业科研单位的农业科技创新能力和农业科研成果的市场能力。农业科研单位加强和农技推广部门的合作，可以缓解基层农技推广部门经费紧张和人员科技水平较低等现实困境，而且基层农技推广部门具有丰富的推广经验，熟悉当地情况，合作也使科技成果更容易与生产结合。

2. 与农村专业合作组织合作推广科技成果

农村专业合作组织是农民自发成立的组织，其目的是实现资源共享，有组织地学习农业科技，抵御个体生产风险。但它们普遍面临缺乏技术能力强的指导员，很多生产问题不能得到及时解决。因此，农业科研单位与农村专业合作组织合作，可以满足农民的技术需求，指导农村专业合作组织的建设，从而为科技成果的推广创造了条件。农业科研单位要把技术推广与提高农民组织化程度密切结合起来，降低农业技术推广成本，降低其在技术市场中的交易成本，提高推广效率。农业推广体系直接面向经营规模小、高度分散的农户进行高新技术推广，成本高、效果低。单个农户直接参与农业技术市场交易，由于经营规模的限制，技术交易成本非常高。通过提高农民组织化程度，形成农业科研单位——农民专业化合作组织——农户的推广模式，使农民专业化合作组织成为连接农业技术推广主体和农户的桥梁，以降低推广成本和技术交易成本，有效提高新技术的推广效果。从“农业科研单位——农民专业化合作组织”这个技术转移过程来看，一是合作制度保证了成员在技术获取过程中费用较低；二是组织制度保证了各成员在选择决策中的主体作用，保证了技术的适用性；三是农民专业合作组织由于聚集了更多的能人，接纳高新技术的能力更高。从“农民专业化合作组织——农户”这个技术扩散过程来看，农民自己传播农业技术，其产生的良好效果是其他推广组织、手段难以替代的，主要原因在于传播者也是农民，具有与他人相同的社会背景和社会关系结构，了解当地实情和农民实际。因此，容易为农民所认同和接纳，特别是如果他们在接受信息后再加以利用，并取得良好绩效，这种“再传播”的影响力不言而喻，所以通过农民专业协会来推广、普及农业技术，实用性强，费用低，影响大，实际效果显著。

3. 培养科技示范户，积极发展专业技术协会，推广科技成果

科技示范户是指政府或教学科研单位培养的文化水平较高、责任心和进取心较强、有志带领大家致富的农户。科技示范户从事当地优势产业的种植和养殖，农业科研单位通过组织短期培训，为科技示范户提供技术指导，带动当地其他农户。许多农村有较好的经济基础，但上不了项目或上了项目形不成规模，其原因是缺乏农民带头人，缺乏示范带动作用。这就需要培养农民带头人，发展专业技术协会。要改变过去那种重模式、应景式、走过场式的培训方式，将培训的重点放在农民带头人的培训上，将技能培训转移到素质培养上。专业技术协会应始终遵循“民办、民管、民受益”的发展方针，把它办成农民自己的合作经济组织。一是创办主体要多元化。可采取农村能人领头办、依托龙头企业兴办、村集体组织领办等方式。二是服务功能多形式。根据农民实际需要开展多种形式的服务活动，产销结合服务型、产加销一体型、生产服务型等都是有效的形式。三是政府部门多扶持。农村专业技术协会的健全、完善与壮大，需要政府部门加强扶持、指导与管理。政府部门要帮助建章立制，促进其健康、有序发展；进行资金扶持，重点用于技术改造、加工、开发新产品等环节；培育先进典型，发挥典型、示范带动作用。

（四）科技入户到人

科技入户到人是指农业科研单位科技人员与农民面对面的交流，把农业科技直接送到农民手中。主要包括不定期地组织农业技术现场咨询和发放农业技术宣传资料等。这一方式的好处是能为农民有效解决生产问题。目前大多数农业科研单位鼓励科研人员深入推广第一线，直接参与农业技术推广工作。部分农业科研单位有计划按比例地组织科研人员和教学人员深入基层农村，开展公益性农业技术咨询、推广、服务工作。与之配套，单位设立了一定比例的农业技术推广岗位，在科教人员工作量中规定一部分用于基层推广服务。通过制定相应的政策，鼓励支持农业科研人员在完成本职工作的前提下到农村基层和农业龙头企业兼职并对科教人员兼职的合法收入给予保护。

（五）成果物化服务

农业科技成果产业化是指通过市场整合，在农业科技进步的内在推动力和科技成果市场需求拉力的作用下，对先进、成熟、能推动农业生产力发展、有较高经济效益的科技成果进行规模化、集约化、专业化的商品生产和进行市场营销的技术经济活动，以加速农业科研、生产、市场一体化。其目的在于通过完善产业化配套条件，有组织、有目的地将农业科技成果进行组装配套，扩大生产规模，使其尽快转化为现实生产力，并达到规范的物化和商品化，提高产品的科技含量，以满足市场需求，从而创造出更大的经济效益和社会效益。成果物化服务主要路径有：一是自我发展路径，主要指农业科研单位整合院所资源，自己成立科技企业，促进单位科技成果产业化；二是院企合作路径，指农业科研单位与企业合作，推进技术转移，共同研发农业科技，并促进成果产业化。

四、农业科研单位开展农技推广工作的效应评判

（一）促进了科研成果与生产的结合，提高了成果转化效率

由于一些农业科技成果、品种和专利是在实验室或实验田中可控状态下取得的，虽有技术上的先进性，但缺乏后续的中试示范及技术熟化过程，经鉴定后，往往以样品、展品及论文的形式束之高阁，脱离了农业生产，现实中很难推广应用。作为农业科技成果的主要来源，农业科研单位参与农技推广工作，能够使科研成果与农业生产紧密结合起来，创造社会效益和经济效益。农业科研单位通过与企业合作，利用双方优势，或者依托自身优势成立科技企业推广科技成果，使成果产业化。另外科研单位通过与政府合作，建立农业科技示范园区、农业科技专家大院和科研成果项目带动以及农业信息网络服务等方式，推广农业科技成果和服务农民，教授农民生产技术和解决农民生产中遇到的问题，稳定和提高农业产量，间接地给农民带来经济收益。农业科研单位提高成果转化率和速度，在为社会创造经济效益的同时，也给自身带来经济利益，增加科研经费，有助于体制改革。从生产实践中寻找课题，有助于改变国家自上而下式的课题资助方式。

（二）壮大了区域优势产业和特色产业，促进农业产业化进程

我国农业产业化程度低，农业分散化经营，难以抵抗市场风险，加上自然灾害的影响，导致农民收入增长缓慢。其重要原因是农民缺乏资金进行集约化生产，缺乏规模化经营能力和市场意识。但根本原因是农民科技水平差，大多依靠经验从事农业生产，不懂得用科学技术指导农业生产和如何抵御自然灾害，从而

限制了他们从事大规模农业生产。而农业科研单位比较熟悉其专业的国际国内科研、生产、市场情况，能把握产业的大趋势，能针对市场需求，利用先进的生产技术，有目的地指导生产适宜的品种，有利于产业做大做强。他们与地方政府合作，共建示范基地，打造优势产业。与企业合作或自己成立科技公司，利用它们的市场经营能力，拓展产品市场空间，实现产品的深加工，从而促进了当地农业的集约化生产和产业化经营，实现农业科研单位、地方政府、涉农企业和农民的互利。

（三）促进农业科研单位运行机制创新，推动自身可持续发展

农业科研单位认识到农技推广对自身发展的重要性，不断创新内部运行机制，保障农技推广工作的开展，主要包括：①建立组织领导机构，设置专门的农技推广部门，由具体的领导分工负责；②建立科研人员的分类绩效考核机制，引导和鼓励科研人员参与农技推广工作，走到生产第一线，把科研与生产结合起来；③加强对科技人员的培训，提高他们服务农民的技能水平；④整合资源，成立科技企业，直接转化科技成果；⑤调整学科设置。这些改革为科研人员开展农技推广工作保驾护航，推动了科研的可持续发展。

（四）整合优化了科研资源，弥补了基层推广资源的不足

《农业科技成果鉴定办法》规定："农业科技成果是指在农业各领域内，通过调查、研究、试验、推广应用，所提出的能够推动农业科学技术进步，具有较明显经济效益、社会效益并通过鉴定或为市场机制所证明的物质、方法或方案"。从这个概念可以看出，农业科技成果包括农业科技推广中取得的成就，特别注重其能否带来经济效益、社会效益。由于农技推广工作的技术性和农业生产的地域性，使得某个农业科研单位有时很难独立承担一

项农技推广工作，或者重复地从事某项研究，并在不同的地方进行推广，容易导致国家财政资源和地方资源的浪费。因此农业科研单位间（省级农业科研单位、市级农业科研单位）、农林院校、涉农企业应加强合作和沟通。

在我国大部分地区，尤其是经济落后地区，由于多轮的县乡行政体制改革，基层政府无力负担农业技术推广人员的工资和办公费用，农技推广基本环节——乡镇农技推广站，名存实亡。农业科研单位根据本单位在农业科技创新体系中的职责范围，充分发挥专业技术优势，承担相关的农业生产中重大、关键技术的推广任务，把农业科技创新和农业技术推广紧密结合起来，把最新农业科技创新成果拿到农业生产上去推广、应用、检验。与社会上其他农技推广组织，特别是农村新经济组织和农业专业技术协会等，通过多种形式的联合，如：联合进行科研成果二次开发，开展技术创新或产、学、研相结合，实现科研成果产业化；以及联合培养技术人才等，把这些农业新经济组织和农业专业协会建设成为农业科技成果的中试基地。农业科技合作社是一种农业科研院所、农技推广部门以科技成果和技术力量作为股份，在农民自愿基础上，共同构建风险共担、利益均沾的农村经济合作组织。通过农业技术协会，农业科研单位可以推广新品种、新技术，传递科技信息，交流生产经验，引进农作物和畜禽优良品种，提供贮藏保鲜、加工、运销等产前、产中、产后系列化服务等，使技术、劳力、资源、资金等生产要素达到优化组合，形成新的生产力，创造更高的产量和更高的经济效益。因此，可以说农业科研单位参与农技推广工作可以弥补我国目前基层农技推广资源不足的现状，通过政府基层农技推广部门和农村专业合作组织传播农业科技。

（五）提高了农业科研、推广和生产人才的素质

农业科研、推广和生产人才的划分是相对的，只是为了方便

论述问题。农业科研人才主要是指农业科研单位从事科研的人员，农业推广人才主要是农业推广部门从事基层推广工作的人员，农业生产人才主要是指农民。但实际上三者的功能是存在重叠的和互补的。农业科研人才积极参加农技推广工作，为科研注入新鲜血液，为农业生产提供技术指导，或者直接参与农业生产。而农业推广人才利用接触生产实践较多的优势，通过深造学习，也可以把科研与推广工作结合起来，更好地服务于农技推广工作，为农民增长财富。农业生产人才通过农业科研人才和农业推广人才的科技服务工作，提高了科技水平，把科技成果应用到生产中，转化成现实生产力，提高了经济效益。因此，可以说农业科研单位参与农技推广工作对于农业三类人才素质的提高是一个相辅相成的过程。

1. 培养和稳定了一支高水平的科研队伍

注重农技推广的绩效考核方式能够有效引导科研人员参与农技推广。科技特派员、基地示范科技服务、田间服务和现场讲解等推广实践为他们的科研提供无穷的智慧和思考。他们在实践中发现问题，修正实验室中的小范围试验结论，提高科技成果的适用性，同时也提高了他们的科研水平。通过科技人员直接参与农业技术推广，有效地缩短了科技成果的推广周期以及信息反馈的时间，科研人员可获得更多的新信息，不断开拓新的研究领域，推广实践既是科研的延伸和继续，也是新的研究课题产生的源泉。通过农技推广工作，科研人员把科技创新与生产实践结合起来，更加注重科技成果的实际效益。因此，农技推广工作有效地激发科研人员的创造力，提升和活跃了农业科研队伍的建设。

2. 提高了基层农技推广人员的技能和服务水平

由于我国基层农技推广人员综合素质普遍较低，难以消化一些先进的农业技术和成果，从而不能有效满足农民的生产需要。我国农业技术推广队伍中本科及以上学历人员仅占10%。而在以色列，农业技术推广队伍基本具有硕士以上学位，部分人员具有博士学位；在美国，推广机构中有75%的人员具有硕士学位。而我国的农业技术推广法规定农业技术推广机构的专业科技人员，应当具有中等以上有关专业学历，或者经县级以上人民政府有关部门主持的专业考核培训，达到相应的专业技术水平。学历水平的门槛较国外明显太低，这严重制约了我国农技推广工作的推广水平和推广效率。而据调查研究，我国农业技术推广队伍中真正从事农业技术推广工作的专业技术人员占51%，非专业技术人员从事技术推广工作的比例占15%，有34%的专业技术人员却从事着经营创收和行政管理工作。农业技术推广人员的知识结构不合理，不适应产业化发展的需要。农业科研单位在推广科技成果过程中，充分利用农业推广部门和基层农技推广人员对当地情况熟悉的优势，在加快科技成果应用的同时，对基层农技推广人员的技能和服务水平的提升也起到了潜移默化的影响。

3. 提高了农民的科技文化素质

农业科研单位通过专家热线、农技服务110、农业信息网、现场咨询和农业科技示范园区等科技服务，解答农民生产中遇到的技术问题，同时给他们讲解新技术，使农民对农业科技感兴趣，增强理性思考问题的能力。另外农业科研单位具有高素质的专家队伍，可以通过多种渠道，健全农民科技教育培训体系，通过实施“绿色证书”、“跨世纪青年农民科技培训”、“新型农民创业培训”等培训工程，有计划、大规模、多层次地开展农民培训，全面提高农村劳动者的综合素质。通过专业技术协会培养农民科技骨干、进行典型示范、对外进行技术咨询和服务等，把技术引进、推广、开发、咨询、培训很好地结合起来，推动农村智力的开发，提高农民素质，培养农民的专业化意识和社会协作意识，逐步改变农民的知识结构，不断提高农民掌握和运用科学技术的水平。农业科研单位通过农业技术协会培训一批文化素质较高、具有很强进取心和责任心的农民，从而造就了一批乡土科技人员，为农村的长久发展、农民的持续增收、农业的可持续发展提供了坚实的保障。

五、新形势下农业科研单位开展农技推广工作的应对措施

目前，我国农业面临新的发展形势，主要体现在以下 5 个方面：一是农业生产稳定增长，农产品供求总量平衡、丰年有余；二是农业产业结构不断进行调整；三是农业生产条件和农村基础设施明显改善；四是农村居民生活质量在不断提高；五是农村非农产业快速发展，工业化、城镇化步伐加快。现代农业对农业科技的需求主要体现在 5 个方面：一是对农业新品种的需求；二是对轻型栽培与健康种养技术的需求；三是对标准化生产与农产品保鲜加工的技术需求；四是对信息与技术培训的需求；五是对发展休闲农业、农业防灾减灾和生态安全技术的需求。

农业科研单位要充分认识现代农业的特点，深入了解现代农业对科学技术的需求变化，查找不足、准确定位、把握方向，使新形势下的科技服务与推广工作更具针对性和实效性。比如新农村建设的重点是培育新型产业，第二、第三产业是新型产业的主要生长点。农产品采后、深加工及物流技术是连接生产与消费，提高农产品附加值的重要技术环节，此环节的技术好坏直接影响到农产品腐损的多少、商品质量的好坏、成本的高低和农产品的增值，也关系到相关第二、第三产业的生命力和农业产业结构性调整。因此，加强农产品采后与深加工新技术研究与应用，推进农产品物流标准化、信息化是当前和今后一段时间农业科研单位需重点解决的问题。再如农产品质量安全状况不仅关系到消费者的身体健康和生命安全，更重要的是关系到我国食品安全在国际上的形象和声誉。因此，农产品安全检测技术、新型农用投入品及检测技术、农（畜、水）用投入品及病虫害（疾病、疫病）综合防治技术是当前农产品安全的主要技术需求，农业科研单位要

针对此需求开展相应的工作。

此外，新形势下，农民对改进农业科技服务渠道、方式和提高科技服务质量等有较多的需求。在推广方式上，农民希望获得较多的科技服务形式依次是专家讲座、试验示范和项目资金扶持。在培训方式上，农民接受的最有效的培训方式是田间实地培训。在信息需求上农民认为最为迫切的信息需求是农产品市场行情信息，其次是农业生产科技、政策法律法规等方面信息。农业科研单位可以针对上述需求开展多种形式的综合科技服务活动。第一，农业科研单位的科技人员要通过承担各级各类科技成果推广转化类项目，联合地方农业局、科技局、农业开发办公室等有关部门，以项目为载体，主动到农村传授新技术，开展农业综合服务。针对不同的技术内容和受众特点，采取了多种形式。对于新技术、新成果，利用现场观摩会的形式，使农民能够亲眼看到技术效果；对于生产中出现的实际问题，组织专家在生产的关键季节开展巡回服务，在田间地头和农民面对面地交流；组织专家编印口袋书、科技书籍和各种作物品种的明白纸，制作自研科技新成果光盘，通过科技下乡和科技培训分发给农民或赠送给有关部门，向农民传授综合性的技术；设立专家服务热线，接受农民信息咨询，解答农民生产中遇到的实际问题和困难。通过这些行之有效的服务方式，与农民零距离接触，解决了科学技术传递“最后一公里”的问题。同时，在生产组织、市场营销、品牌打造等方面，为当地政府及农民企业家出主意、想办法，帮助他们将特色产业做大、做强，建立起农民增收的长效机制。第二，加强科技宣传和技术培训。宣传引导是新产品、新工艺等打开新局面的一把金钥匙，许多有成效的公司和财团都在广告宣传方面投入了大量的人力、物力，农业科技开发也不例外。但这里所说的宣传引导则有别于一般的商业广告，而赋予了更深层的意义，是科技兴农的一个重要组成部分，其目的是加深广大农民和经营者对新品种、新技术的认识和了解，正确掌握一些必要的开发和专业技能，以便趋利避害，最大限度地减小投资风险，充分发挥科技成果的增产增效优势。在宣传途径和手法方面，除了通过电视、电台、报纸等大众传媒进行广泛宣传外，还可采用印发小册子、散发科技资料、办培训班、搞科技讲座、示范带动等形式多样的针对性措施，提高广大用户的专业技术水平，实现科技推广与跟踪服务一体化。第三，可以充分利用科技成果展览、科普大集活动等形式扩大科技成果的宣传范围。一方面可不断扩大新技术成果的应用面；另一方面也扩大了科研单位的知名度。面对新的环境，农业科研单位也要与时俱进，及时调整自身政策，为进一步开展农技推广工作做好充足的准备。

（一）适时调整内部组织结构，培养科研工作者的全局意识

农业科研单位传统的组织结构，是根据单纯的“农业科学研究”的需要而设置的，与农技推广工作不相适应。所以要调整内部组织结构，建立“农业科研——科研成果产业化——农技推广应用”的联动机制，以适应在农业科技创新体系和社会化农技推广体系中发挥骨干和引领作用的需要。农业科研单位要把农技推广活动自觉纳入到政府的整个农技推广格局之中，接受政府指导，采取多种形式，充分发挥自身的特长和优势，建立和落实长效的农技推广机制，在社会化农业技术推广体系中切实发挥作用。

要建立适应产业化的科研机制。农业科技成果转化为实用技术及物化产品，二次创新尤其重要。现实中，科研立题依然存在与实现其经济价值相脱节现象。首先应调整科研结构，除承担国家、省部级基础研究课题外，省级农业科研机构应该集中财力、物力、人力重点从事应用型技术研究，以科技产业化为目标。其次，把好立题关，组成权威的课题审核机构，聘请院内外从事科技成果产业化的行家作为成员，组建由从事科技开发第一线科技人员及有关从事生产经营的专业户提供的科技攻关信息网络，结

合科技和市场信息，进而形成预备题库，科学规划应用基础研究和应用研究，保证技术支撑的持续性。尝试课题进入公司或与公司协作研究，技术人员参与公司的研发调查和产品行销，形成开放双向流动的工作机制，以加快科技成果的转化。实施系统化、综合性、多学科联合攻关，突破行政辖属樊篱，形成开放式人才流动机制及相适宜的人事管理方式。建立健全科研人员利益激励机制和知识产权保护机制，保障科研人员的切身利益，调动科研人员的积极性和创造性，形成流动、开放、有序的具有市场意识的科研经营体。为加速农业科技成果产业化提供平稳、灵敏、持续的技术支撑体系。

另外，长期以来“科研单位就是搞科研，以报项目、出成果求生存发展”的指导思想，贯穿整个农业科研单位。盲目地为了科研而科研，甚至出现根据出成果的数量而“论功行赏、加官晋爵”的现象。所以要在思想上正确认识农业科技创新与农业技术推广应用的关系，把农技推广工作摆在与农业科技创新同等重要的位置。农业科技创新与农业技术推广应用既是“源与流”的关系，“理论与实践”的关系又是“手段与目的”的关系。农业科技创新是手段，通过农技推广，使创新成果能够在生产上应用，目的是提高农业的生产力、土地的产出率和农产品的市场竞争力。农业科研单位参加农技推广工作，有利于科研人员接触生产实际，提高解决生产实际的能力。同时，也可以更清楚地了解农业生产对农业科技的需求，掌握农业生产中反馈回来的第一手资料，有的放矢地进行立项研究，有利于促进农业科研自身的发展与提高。因此，农业科研单位做好农技推广工作，既是履行社会职责的需要，也是自身可持续发展的需要。由于多方面的原因，农业科研单位以至社会上，都存在着“搞农业科研是高水平的，搞农技推广是次一等的”错误认识。农技推广的过程，既有对农业科技成果进行二次开发的内容，又有多项农业技术集成再创新，使之实用化的过程；是农业科研的必然延伸，更是检验农业科研成果先进性、实用性、适用性和适应性的唯一途径，可以说搞好农技推广工作亦需要同样的高素质、高学问。要出色完成这些任务，就要求参与人员必须具有相应的科技知识、实践经验、操作能力和组织才能。

（二）创新科技评价机制，建设专业推广人才队伍

农业科研作为一门综合性的应用技术科学，有其自身的研究体系和特殊性，主要表现在：研究对象涉及农业各个领域，研究条件同时受自然和社会环境的影响，不确定性强，复杂多变；研究或开发的周期较长，从一个农业科技创新思想的产生到科技成果的取得，再到农业生产实际中的推广应用，需要几年甚至几十年的时间；绝大部分具有非盈利性和社会公益性，社会效益高，而自身经济效益低；科技成果的地域性强，成果应用转化的地区适应性差。上述特点决定了农业科技评价较为复杂，并需要较长的时间跨度，决定了农业科技评价除考虑评价对象本身，还应考虑评价对象所处的社会和自然环境。农业科研活动的最终目的是提高农业生产能力，促进农民增收和农业经济发展，但是不同研究的直接价值体现不同，在社会、经济效益和理论价值上各有侧重。这决定了农业科技评价除了评价农业科技活动的科学价值外，还应重视其经济和社会效益的评价。这就需要政府部门通过制订新的、科学、有效的评价体系来保证科研项目的质量，必须始终坚持产业需求导向，增加项目的产业需求权重，引导项目解决市场急需的难题，促进产学研结合，改变过去“项目—成果—论文—论著”的模式。符合市场需求的成果除了具备科学上的可行性外，同时还应当兼备工艺装备、技术等工程研发上的可行性。应建立与市场接轨的专家评审、用户评审与管理评审相结合的高效立项管理机制，实现农业科研成果评价与管理、生产应用、市场需求等要素之间的联系。

农业科研单位要加强专业推广人才队伍的建设。搞农技推广

是形成新生产力的极其重要的步骤，要有一批优秀的、富有战斗力的人才从事这方面工作，才能不断提高推广的效率和效益。这样的人才主要来源于科研单位自身发展和引进人才机制。从现行体制和长远发展来看，科研单位科技人员知识结构单一，对推广工作涉及市场管理方面的专业知识比较缺乏。这就要求必须广泛引进专业的高级人才，增强推广人才队伍。只有科研人才与市场人才结合，发挥各自特长，相互协作，优势互补，才能使成果发挥更大的价值。懂技术、重实践的专业推广人才是科技兴农的重要力量。因此，随着科研改革的不断深入，农业科研单位要面向农村经济主战场，适应市场经济的需求，培养一支稳定的能深入农村，从事成果转化推广的骨干队伍，在农业生产第一线了解市场，预测市场需求，发现新问题解决新问题，更准确地选择具有市场应用前景的项目。制定鼓励专业推广人才的政策，为他们从事科技成果推广创造宽松的环境并建立起鼓励机制。

（三）建设多学科的综合性农业科技联合体

加强农业科研、教学和推广机构的联合，建立区域内科研单位、高等院校、推广机构等参与的推广联盟。明确各推广主体在联盟中的地位、作用与职能，积极发挥各主体在推广过程中的作用。建立联盟互动机制，强化不同单位、学科间的联合与协作，强化推广各部门间的上下贯通，强化科研部门间的横向联系，在推广步骤上相互衔接，密切配合，在科技推广关键环节上凝聚力量，实现重大成果的推广与转化。通过合理分工，发挥各主体的积极性，在宏观管理机构的统一协调下，随着各种相关政策体系的健全，农业技术市场培育和完善逐渐形成以科研单位、高等院校为依托，农技推广部门、农技服务组织等多主体互动的农技推广联盟。

鼓励支持农业科研、教育单位结合自身的技术和人才优势，与地方政府、涉农企业等联合建立综合性农业科技示范展示基地。试验基地是农业科技创新的基础条件。通过试验基地的有效运作可以达到以下目标：一是使农业科研、教育单位的科研成果进一步熟化、完善；二是有利于新技术、新成果的组装配套，集成创新；三是辐射带动周边地区农民积极采用新品种、新技术。

目前许多农业科研单位虽然建立了试验基地，但相对分散，不稳定，示范推广内容相对单一，综合科技示范效果不明显。缺少以院为整体单元，集成多个学科、多个科技成果的综合科技示范基地和展示平台，综合科技示范推广与展示效果受限。所以农业科研单位要积极探索建立合科技示范基地的可行性，积极创造适当的条件，整合资源，使多学科的新品种、新技术和新产品科技成果在该平台上得到示范和展示，更好的发挥示范带动作用。

（四）建立面向市场的资源信息共享平台

目前，我国农业技术市场发育不足，技术中介组织、技术商业公司、技术承包商等发展远远滞后于农业生产需要，农业技术市场性组织所承担的功能仅限于技术产品交易的功能和部分信息传播的功能，而在技术推广方面还没有发挥更大的作用。因此，要加强农业技术市场建设，促进农业技术转让。为农业科研机构、大专院校及民营科技企业的成果转化及市场化提供便利条件和措施保障；要通过各种途径发布农业技术成果、专利等技术转让信息，密切技术供需双方的关系。同时，通过法规、管理办法等规范市场主体行为，进一步净化市场环境，提高农民对技术传播媒介的信任度，大力发展技术市场与技术传播推广市场性组织，促进技术推广市场化进程。

要加强市场信息建设，密切联系群众。信息和流通是科技产品能否转化为生产力、获得最大经济效益的关键所在。信息建设主要包括两方面的内容，一是搞好市场调查，因地制宜地开发能赚钱的新项目，减少盲目上马带来的产品滞销等麻烦；二是为现有开发产品寻找市场，实现科技产品的流通和价值转换。因此，科技开发必须加强信息和流通网络建设，开发商不仅要具备灵活冷静的头脑，更要具有发展的眼光，密切联系群众，认真做好市场调研，弄清楚农民急需什么样的成果和技术，为科研人员提供第一手的资料和信息，以有的放矢开发适销对路的新产品；同时，要对现有科技成果的含金量及开发价值进行综合分析，有选择地扶持开发那些市场潜力大的成果和技术，以实现社会效益和经济效益双丰收。以信息技术为依托，实现农技推广手段创新。随着农业信息化的不断发展，农业信息技术研究成果在提升传统农业中的作用越来越突出。各级政府要高度重视农业信息技术研究与推广工作，鼓励支持农业科研、教育单位以提高农业信息技术自主创新能力为核心，以完善信息技术重点学科为总抓手，实现农业技术推广手段的创新。主要从以下四个方面进行突破：一是利用人工智能与自动控制技术进行农业生产环境数字化实时监控方面的技术集成与推广应用；二是研制和开发主要农作物生长发育数学模型，并结合3S技术开展农业空间信息与决策的研究；三是构建地方农业信息共享平台，并与国家农业数据共享平台实现对接，利用电话语音技术和媒体融合技术等，为农业信息服务终端提供多渠道的实时信息服务；四是对农产品生产进行全程的数字化管理，建立农产品追溯体系，通过信息技术确保农产品的安全和优质，进一步提升农产品的附加值。

围绕自主创新加强与各级农业科研机构的协作，实行省级科研单位带动市级科研单位的课题运行机制，搭建省市合作的平台。通过合作攻关、科技人员交流互访等多种形式，广泛地与其他科研单位开展合作，达到资源共享的目的；围绕本区域内农业重大技术问题加强联系，可以共同申报、实施科研项目，优化配置科技资源，形成区域性农业科技基础条件共享平台；加强本区域内农业科技人员的交流与互访，扩大科技信息的传播和辐射面，按照本区域农业的特点和优势，共同探讨区域农业科技发展战略。

（五）加强中试熟化环节，降低成果推广风险

农业生产受到国家农业政策、社会环境和自然环境的多重影响，其生产过程充满了诸多不确定性，一项科研成果从实验室到田间地头面临了生长环境的巨大变化。因此，科研成果从实验到大面积种植应用之前需要进行充分的中间试验，以观察科研成果的稳定性与可操控性，只有通过了这一成熟化处理与各种自然环境的考验后才能降低成果转化的风险，减少农业生产者的生产经营风险，这对于稳定农村环境、增加农民收入具有重要的意义。在以往的农业科技成果转化的过程中，不乏缺少中间熟化的例子，没有经过充分的试验熟化，导致不成熟的项目快速上马，最终推广成果远远不如预期效果，农民的利益受到损害且得不到有力的保障，对以后类似的科技项目的参与热情降低，不利于科技成果的进一步推广。因此，科研单位就需要将更多的人员与精力投入到科技成果的中试熟化过程中，所谓磨刀不误砍柴工，为了让以后的推广工作更有效率、更容易出成果，充分的中试熟化必不可少，这样才能事半功倍。

第二篇

探索和总结

第四章

农业科研单位开展农技推广工作的机制和模式试点研究

一、研究背景

近几年我国农业科技在体制、机制上与发展现代农业目标存在着诸多不适应，科研与生产脱节、科研工作上下游脱节、科技创新与转化推广脱节等问题仍然突出，特别是科研与推广形成的“两股道”、“两张皮”已难以满足农业生产和农民对科技的需求，制约了农业科技对农业农村经济发展支撑作用的有效发挥。积极探索符合我国国情和农业产业特色的科技服务生产有效机制和模式，对最终建立多元化新型农业技术推广体系十分必要。

《中共中央关于推进农村改革发展若干重大问题的决定》及中央 2010 年 1 号文件《中共中央国务院关于加大统筹城乡发展力度进一步夯实农业农村发展基础的若干意见 》均要求强化现代农业服务体系，并按照 3 年内在全国普遍健全乡镇或区域性农业技术推广、动植物疫病防控、农产品质量监管等公共服务机构的要求，尽快明确职责、健全队伍、完善机制、保障经费，切实增强服务能力。全国农业科技创新与推广会议则把农业科技创新与成果转化应用提高到前所未有的高度加以认识，认为维护国家粮食安全，保障主要农产品有效供给，其根本出路在于农业科技创新与推广；加快建设现代农业，持续增加农民收入，其基础支撑在于农业科技创新与推广；农业科技创新与推广还成为适应农村新变化，转变农业发展方式的关键举措，成为缓解资源环境压力，促进农业可持续发展的首要选择，成为应对经济全球化的新挑战、提高农业国际竞争力的核心依托。农业科技创新与成果转化应用已被确定为新时期“三农”工作的两大基本任务。

我国农业科技资源主要分布在科研教学单位，科技成果也大都产出于科教单位，将科教单位纳入农业技术推广体系，引入农技推广主战场，充分发挥科教单位在新品种、新技术等最新成果快速转化和推广应用方面的作用，既事关科教单位科技创新能力和效率的持续提高，又事关自身事业发展，更关系到现代农业产业的发展壮大和技术升级。

本课题旨在研究总结农业科研单位开展农业技术推广工作新经验、新模式，创新农业技术推广体系运行机制，积极探索解决新形势下基层农业技术推广体系存在的体制机制问题，为构建起以国家农业技术推广机构为主导，农村合作经济组织为基础，农业科研、教育等单位和涉农企业广泛参与，分工协作、服务到位、充满活力的多元化基层农业技术推广体系提供决策建议。本课题按照农业部在2009年《农技推广体系改革试点专项》中专门设立的《组织科研单位开展农技推广工作，总结农技推广机制创新》项目的相关要求，突出研究科研单位在建立农技推广新机制中的地位、作用和运行模式，研究过程中得到了农业部科技教育司的大力支持。

二、研究方法

（一）研究假设

1. 省级农科院和地市级农科所在我国农业科研方面占据着

极为重要的地位，其大部分科研成果适合于在本地区推广应用。

2. 科研单位都在各自为战，努力地向农民传播着自己的科技成果，但尚未形成合力，难以发挥更大的推广效益。

3. 科研单位是整个技术推广链条中不可或缺的组成部分，他们与推广部门、企业、农户的有机结合和高效运行将是把科技成果迅速转化为生产力的最佳途径。

4. 政府部门有责任、有能力在政策、经费、组织方面充分发挥科研单位的技术推广作用。

（二）推广力度和合作倾向分析

1. 推广力度比较

比较科研单位和其他推广渠道近 3 年内在一个地区推广技术成果的数量和面积，分析科研单位推广的能力、力度、作用和难度。

2. 合作倾向分析

分析科研单位与相邻的技术推广机构或组织的合作意愿及方式方法。

（三）逻辑框架

（四）组织试点示范和宣传

选择了北京市农林科学院、江苏省农业科学院、黑龙江省农业科学院、吉林省农业科学院、石家庄市农业科学院、漯河市农业科学院、绵阳市农业科学研究所等 7 个省（地）院（所）试点示范，成立项目组，共同开展研究。

（五）开展面上调研

1. 各试点单位对试点区域进行调研。

2. 对非试点区域的广东省农业科学院和湖北省农业科学院

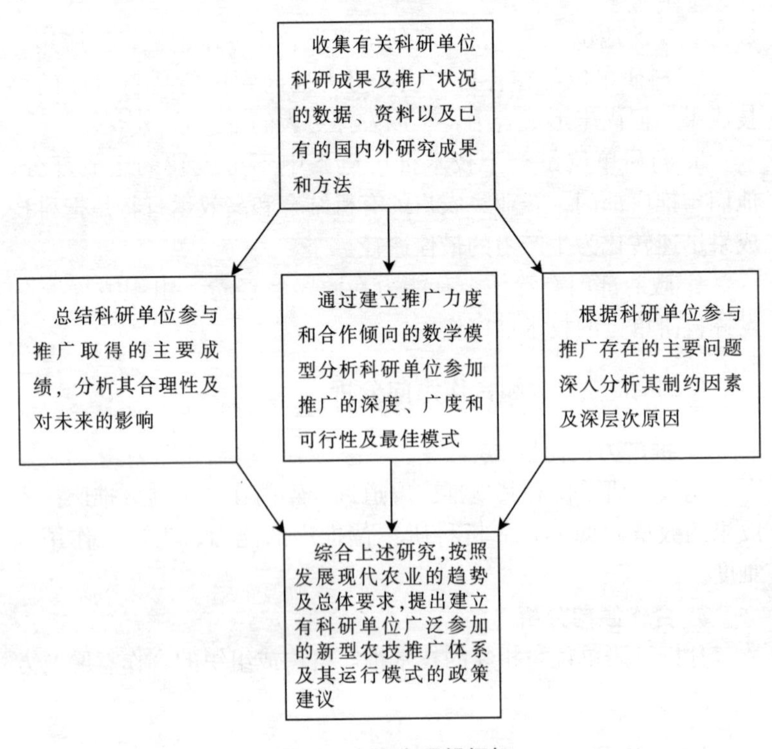

图 4－1　研究逻辑框架

的科研与推广情况进行实地调查研究，并写出调研报告。

（六）设计发放调查问卷

1. 问卷的主要内容

主要包括各单位在农技推广工作方面的人员配置、编制、经费、规章制度；各单位在农技推广工作中的具体做法。

2. 问卷的发放

本次问卷调查共发放问卷 167 份，回收 142 份，回收率达 85%。发放范围如下：

（1）国家级农业科研单位，共 4 份。包括农业部直属的中国农业科学院、中国水产科学研究院、中国热带农业科学院，以及农业部规划设计研究院。

（2）省级农业科研单位，共30份。包括全国各省、自治区、直辖市（不含我国香港、澳门及台湾）农业（农牧、农林）科学院。

（3）地市级农业科研单位，共133份。根据“十五全国农业科研机构综合科研能力评估”结果，课题组从全国26个省、自治区参评的地市级农业科研单位中，选择评估结果较好、综合实力较强的133个单位作为调查对象。为保障问卷调查的普遍性和代表性，各省的问卷发放数量基本平衡。但考虑到各地农业发展水平和农技推广的任务量不同，在问卷发放中根据东西部农业发展水平的差异，有所调整：农业大省相对偏多，如河南、山东、四川等，每省选择6个地市级农业科研单位；西部偏远省份相对偏少，如西藏、宁夏等，各选择2个地市级农业科研单位。

三、主要研究成果

（一）基本摸清了农业科研单位开展农技推广工作的现状

从回收的农业科研单位分布来看，基本涵盖了我国绝大部分农业生产地域，共涉及职工52 228人，其中科研人员28 585人，占到全国农业科技人员近半数，具有较好的广泛性和代表性。通过对回收问卷统计分析及试点单位经验总结，充分显示农业科研单位高度重视农技推广工作，他们在农业技术推广中的作用越来越大，地位越来越重要，其本身也能从机构、制度、载体、成效等方面对开展农技推广工作加以保证。

1. 农业科研单位开展农业技术推广工作的作用重大，成效显著

（1）农业科研单位是农业科技成果的主要来源。以问卷方式对中国农业科学院、中国热带农业科学院、北京市农林科学院等

20个省级以上科研单位和四川省绵阳市农业科学研究所等103个地市级院所的统计显示，2006—2008年3年共获得科技成果5 234项，获得各级奖励2 110项；试点的7个单位共获得科技成果1 122项（2001年来共1 637项），获得各级奖励294项（2001年来共823项）；实地调研也发现，科研单位历来是科技成果的主要来源地，而当前正处于科技创新、多出成果的活跃期。省院级科研单位科研力量雄厚，成果水平较高；地市级农科院所除一部分科研力量同样雄厚外，大部分则是重要的中试熟化基地，承担着全国或省级新品种区域试验示范和土肥、植保、栽培等试验项目，是农业科研工作的末端，是技术展示、进入农户的重要桥梁和纽带。

——广东省农业科学院自建院以来，全院共获科技成果奖励1 254项，育成良种900多个，其中通过国家审定品种88个，通过广东省审定品种333个，占广东同期审定品种一半以上。“九五”和“十五”期间，该院获国家农业类科技成果奖励12项，占全省1/3，获广东省农业类科技奖129项，占全省39%。2008年，全院获科技成果奖励55项（其中国家科技进步二等奖3项），通过审定新品种52个，获授权发明专利13项。

——湖北省农业科学院经过长期的研究积累，具备了独特的农业科技优势。在杂交水稻育种、畜牧业育种、生物农药研究、蔬菜育种、果茶育种和中药材研究等科研领域保持国内领先水平，有的已经达到国际领先水平。建院以来共获得各类科技成果近800项，获省部级以上奖励290余项，育成动植物新品种129个。

——北京市农林科学院建院以来共取得各类科技成果850项，其中获得国家科技奖励51项，省部（北京市）科技奖励501项。“十五”以来，该院累计获得科技奖励81项，审定、认定各类新品种200余个，获得农业生物兽药证书9个，获得国家授权专利109项。

——河南省地市级农科院所培育的大作物品种占40%以上、小作物占60%；而四川省更高，为70%左右。“十五”以来，河南省小麦区试品种187个，其中地市级农业科研机构品种88个，占47.06%；玉米区试品种107个，其中地市级农业科研机构品种35个，占32.71%。而油菜、花生等经济作物则占到60%以上。河南省审（鉴）定大宗粮食作物（小麦、玉米、水稻）新品种256个，其中地市级农业科研机构选育110个，占43%。漯河市农业科学院“十五”以来通过省以上审（鉴）定的新品种20个，占建院50多年来审定品种总量的60%，仅2007—2008两年间通过省级以上品种审定9个，自主选育品种在河南、安徽、江苏、湖南、湖北、山东、河北、陕西等省区、市进行示范和大面积应用，累计推广面积达2.6亿亩，创社会效益120多亿元，在河南省地市级农业科研单位中居领先地位。

绵阳市农业科学研究所自“九五”以来，共取得省级以上科研成果132项，获奖成果76项次，涵盖了国家自然科学奖、国家技术发明一等奖、国家科技进步奖三大奖项。仅“十五”以来共育成新品种86个（次），育成新品种数占四川省育成总数的12%。在全国推广面积最大的前20个品种中，绵阳所育成的品种占4个；石家庄市农林科学研究院自1974年建院以来，先后共承担包括国家“863”课题、“948”课题、国家火炬计划项目、国家科技成果转化资金项目、财政部重大专项课题等各级各类科研课题300多项，取得120项科技新成果，获奖112项次，其中国家级奖励6项，省部级奖励43项，有6项重大成果获得科技兴冀省长特别奖。育成56个通过省级以上审定品种，其中12个通过国审。这些成果大部分已在农业生产中获得应用。

（2）农业科研单位已成为新型农业技术推广机制中的关键环节，是新时期农业技术推广体系的重要组成部分。

1）农业科研单位的科技成果推广对中国农业发展作出了历史性贡献：无论在过去的计划经济条件下还是在现在的市场经济

条件下，农业科研单位的成果转化应用都对我国现代农业发展水平的不断提高作出了重大贡献。问卷调查统计显示，2006—2008年3年时间里，共推广新技术新产品9 485项，推广各种农作物面积达54.6亿亩[①]，畜禽37.8亿头（只），社会效益达8 928亿元，同时培训基层农技人员和农民9 322.3万人（次），参加技术推广人员每年平均5 698人，占总人数的10.91%，科技人员参加技术推广工作的时间占年工作时间的30.47%；7个试点单位在2006—2008年3年时间里，共推广新技术新产品1 510项，推广各种农作物面积达63 694万亩，畜禽疫苗应用30.47亿头（只），社会效益达312.48亿元；同时培训基层农技人员和农民91.382万人（次），参加技术推广人员每年平均1 049人，占科技人员总数的31.83%，科技人员参加技术推广工作的时间占年工作时间的37.54%。

——北京市农林科学院在开展农技服务的过程中，直面“三农”的推广应用占60%以上，覆盖了郊区100%区（县），80%左右的乡镇和粮、菜、花、果、禽、畜、渔中主要生产对象和土、肥、水、种、密、保、管、工等生产要素。科技成果的推广应用，显著提高了郊区农业现代化水平。

——广东省农业科学院一贯坚持农业科技为农业、农村和农民服务的宗旨，充分发挥成果、技术、人才与示范基地的优势，在全省100多个县市建立了700多个试验示范基点，构建起覆盖全省的科技成果推广转化网络，加速科技成果转化为现实生产力。全院科技成果转化率80%以上，主要良种良法覆盖面积占全省40%～80%，累计创社会效益1 000多亿元，为保障广东主要农产品有效供给与质量安全，提高农业综合生产能力，发展农村经济，增加农民收入，保护农业生态环境，实现农业可持续发展，提供了强有力的科技支撑。

① 亩为非法定计量单位，1亩=1/15公顷。

——黑龙江省农业科学院2009年结合院县农业科技合作共建，在富锦、海伦等30个粮食主产县市，围绕大豆、玉米、水稻、小麦、马铃薯五大作物，开展“共建一片示范田”行动，为当地农业生产提供技术支撑。在各项目县共建设规模在10 000亩以上的农业科技规模化示范田140个，在项目乡建设规模在1 000亩以上的农业科技辐射示范田91个，在项目村建设规模在100亩以上的农业科技核心示范田79个，总面积81.72万亩，涉及农户1.5万户，增产粮食19万吨，增加直接经济效益2.28亿元。形成了“百亩方、千亩片、万亩带”辐射状示范网络，技术推广到县、到乡、到村、到户，取得了良好的科技引带效果。

——绵阳市农业科学研究所培育的小麦品种占西南麦区的45%，稻、麦品种在四川、绵阳的覆盖面占50%～85%。新品种、新技术在全国推广6亿多亩，增产粮食250亿千克。

——石家庄市农林科学研究院先后育成56个品种通过省级以上审定，其中12个通过国审。成果累计推广面积4.8亿亩，节水型小麦新品种的推广节约水资源达120亿米^3。冀棉8号的育成，打破当时河北省长期以来没有本省当家品种的被动局面，累计推广面积2 333万亩，创社会效益7.8亿元，曾成为国家级对照品种。培育的小麦新品种冀麦26是当时新中国成立以来河北省自育品种推广速度最快，应用面积最大，效益最多的早熟、高产、抗旱、耐病新品种，其累计推广面积5 200多万亩，创社会效益9.33亿元，成为全国种植面积较大的小麦品种之一。

2）农业科研单位在技术推广中的作用和地位日益凸显：在新时期的市场经济条件下，在发展现代农业、建设社会主义新农村过程中，农业科研单位参与基层农技推广工作的作用和地位日益凸显，其主要表现是：

——农业科研单位具有公认的人才、专业、成果三大优势，在农业技术推广工作中有着得天独厚的条件。

——农业科研单位的科研课题有从实践中来到实践中进行检

验的迫切需求，科技人员只有亲自开展技术示范和推广，才能了解自己技术的适宜性和成熟度、先进性和科学性，才能向更高更强方向发展。

——国家农业科技创新和奖励政策导向要求科研单位必须推广自己的科研成果。

——农业科研单位有开展公益性技术服务的责任和义务，必须响应政府号召，开展对基层、对农民的无偿技术服务工作。

——弥补科研经费不足，不断发展壮大自身的客观要求激励农业科研单位主动开展技术推广工作。

2. 农业科研单位开展农业技术推广工作具有自身规律和独特性

调查和试点中发现，农业科研单位在参与基层农技推广工作过程中，都是从本单位的实际情况出发，通过相互学习借鉴，不断总结经验，逐步展现了开展技术推广工作的自身规律和特点：

（1）注重优势发挥，培育自身生存发展竞争力。农业科研单位十分注重科研与成果转化应用相结合，坚持从生产中来到生产中去的原则。一方面所推广的技术多为农民急需，另一方面所推广的多为本单位的适合农民使用的集成技术成果。统计表明，有87％的单位是为了完成科研项目和完善科技成果，有80％左右的单位同时期望培育新的科研生长点或扩大单位的社会影响。由此看来，农业科研单位在推广自身科技成果、使农民受益的同时，也迫切希望使自己的科研成果能得到社会承认，从中获取经济利益和荣誉。因此，农业科研单位参与基层农业技术推广对我国培育和稳定一支高水平的农业科研队伍十分重要。

（2）注重机构建设，推动农技推广工作组织化。为加强农技推广工作，有76％科研单位设立了专门的推广工作机构，83％的单位建立了负责推广本单位科技成果的下属企业或者关联企业。为了增强推广工作的目的性和针对性，有70％的单位建立了专门的推广工作信息采集机构。

（3）注重制度设计，推动农技推广工作常态化。为推动科研人员深入基层、深入生产一线，深入农民农户开展技术推广，科研单位纷纷从制度建设上加以保证，使农技推广工作能够正常化开展。在被调查单位中，有81%农业科研单位在业绩考评、利益分配、职称评定等方面制定了鼓励科技人员参加推广工作的有关措施，一些单位在科研人员中规定了参加推广工作的任务指标。有92%的课题组常年直接参与具体推广工作，94%的农业科研单位由本单位人员亲自传授具体技术，选择示范户和农技推广部门具体传授技术分别占75%和67%。

（4）注重方式创新，推动农技推广工作实效化。为保证农技推广取得实效，提高绩效，绝大多数科研单位采用建立示范基地方式，加大农技推广工作力度。有91%的单位建立了自己的示范基地，其中88%是由单位自己选择的。示范基地可无偿使用农业科研单位的技术成果，81%的示范基地可以得到优惠的种子、肥料等农资。一些科研单位为加快科技入户，与示范户紧密协作，有82%的单位科技人员自选联系示范户，在促进示范户与优质农资的供应相联系的同时，积极提供技术服务，有80%是无偿传授技术，83%的示范户会得到优惠供应的种子、肥料等物资。无论是与示范户或示范基地的合作，有82%以上的科研单位制定了保护示范户和示范基地收益的措施，如承包产量、包赔损失等。

（5）注重信息反馈，提高农技推广工作针对性。科研单位在农技推广工作已从传统单向输送向双向互动转变，在注重新品种新技术推广的同时，开始关注农民的实际和个性化技术需求，强化需求信息的收集分析与利用。有85%的单位在开展工作的同时，了解农民、政府、企业等技术受体的需求信息。多数科研单位还在各自的农技推广区域内建立了比较固定而且多样化的信息采集渠道，有74%的单位通过示范户了解信息，同时通过各级农技推广部门了解信息的有67%。采集手段主要是入户访谈、电话、通信等直接联系方式，直接入户访谈和通过电话、通信与基层人员联系是最常用的手段。82%会直接找农民访谈，同时还有70%通过各级政府机构了解情况，61%通过农技网络等渠道了解信息。还有通过“专家大院”等咨询机构、农技110等渠道收集信息。

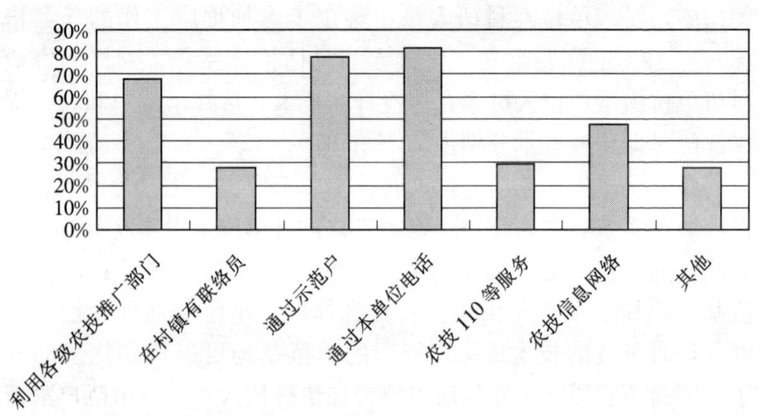

图4-2　科研单位对农业技术及推广方法需求信息的采集渠道

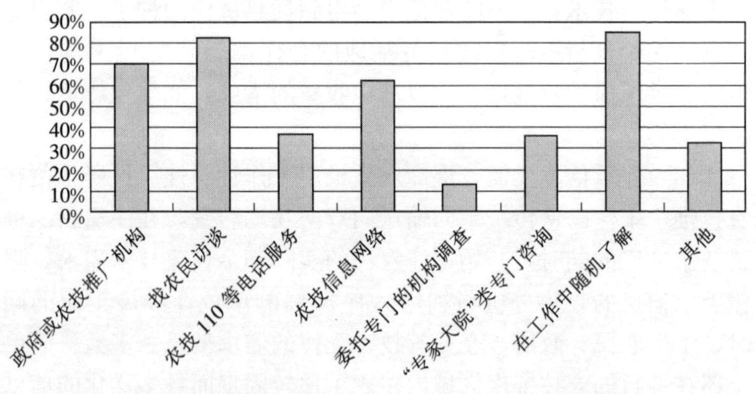

图4-3　科研单位对农业技术及推广方法需求信息的采集手段

（6）注重宣传展示，提高单位自身社会影响力。为提高农技推广工作的覆盖面和辐射力，科研单位积极展示和传播自有科技成果。通过示范基地展示成果，占97%；通过示范户、宣传活动、科技讲座和现场会等展示的，在80%以上。在成果传播方面，每个单位都是多渠道同时并举的。首先是选派科技人员下乡宣讲、现场会讲解、散发宣传资料，占80%以上；其次是媒体报道和农民的口碑相传，超过70%，通过农技推广部门的宣传为66%，农技信息网络也有57%。此外，还通过政府部门的行政手段、农技110电话等扩大成果传播。从调查来看，科研单位对推广工作效果评估已开始重视，有84%的单位会进行评估和问题反馈采集工作，其中67%由本单位自己完成，还有19%会委托其他单位来进行评估。

（二）重点探索了科研单位开展农业技术推广的主要模式和经验

试点所选的7个科研单位在区域、层级、科研与推广能力等方面具有较强的代表性，其开展农业技术推广的主要做法可归纳为五种模式：

1. 院县共建模式

从试点单位和面上调研来看，该模式已基本成型，并逐步得到普及推广。

（1）创立科技合作共建模式，突破成果转化瓶颈，凸显科技引领作用。2003年，黑龙江省农科院为破解农业科研与农业生产脱节，农业科技成果转化率低下这一现状，根据现实生产力发展的需求，将工作重心转移到服务“三农”的事业上来，提出“院县共建”的思路，得到了省委、省政府的大力支持，当年就与青冈、望奎等10个经济弱县结成共建帮扶对子，开始了共建之路的探索。几年来，先后与全省34个县（市/区）结成合作共建对子，共同搭建科技成果转化平台，使最新农业科技成果最直接、最有效的与农业一线生产结合，取得了巨大成效，应用性科研成果转化率达到100%，并能第一时间获取生产实践中反映出的问题，科研与生产实现了有效对接，形成了良性循环。

合作共建通过“四项规定动作”开展。一是创建农业科技示范园区。由省农科院出技术、出成果、出管理，县里出土地，采取公益性、市场化等多种方式建立不同层次科技示范园区（田），每个园区都涵盖品种、肥药、耕作方式和栽培技术对比与展示等功能，集中展示全省乃至全国最新农业科技成果。在农业生产整地、播种、各种作物生长发育的关键时期，各园区都以田间博览会、标准化技术现场会、新成果田间发布会等形式，由省县专家现场手把手向农民传授农业技术，解答咨询，使农民能够就近看得见、摸得着、学得到、用得上最新、最实用的农业科技成果，起到“做给农民看，引导农民干，给农民做示范”的示范、展示作用。使农业科技园区真正成为农民学习农业科技的田间课堂、农业科技成果进入农家的高地。目前，已在县级建成了106个标准化核心农业科技示范区、在乡镇建设了520个农业科技示范园、在村屯建设了3 287个示范田，辐射面积达8 796万亩，每年有组织或自发到园区参观学习的农民达100多万人次。二是兴办农业科技专家大院。为满足农民对农业新技术的经常性和及时性需求，在共建县建立农业科技专家大院。在各专家大院辟建了专家工作值班室和食宿间；设置了专家咨询台；开通了农技“110”热线电话；配备了电脑多媒体系统、图书、挂图、农业技术光盘和标本，免费向农民开放。该省农科院有500多名专家和县里的农技人员混合编队，常年驻院，轮流值班，换人不空岗，以“坐台”咨询和巡回指导相结合的方式，全天候直接服务农民。各地专家大院搭建起农民与专家、科研与生产相对接的平台，建成了集土壤化验、植物病虫害检测、农业信息服务、农药残留速测等多种功能服务于一体的综合系统化农业服务中心。促进了科技与经济的有效结合。实现了科技与农民的长效对接。目前，农业科技专家大院已在项目区实现了全覆盖，累计入驻科研人员 10 万多人次，有 75 万人次的农民到专家大院咨询。三是谋划农业科技致富项目。发展现代农业，培育特色产业，统筹生产、技术、管理和市场要素，围绕县域经济跨越式发展的新目标和要求，黑龙江省农业科学院把具有自主知识产权的 800 多项科研成果免费向全省农民开放，并组织科技人员深入各县，针对各县主导产业发展中存在的问题，与县级农业主管部门共同调研，选择实用致富项目，帮助各县做大做强主导产业，扶持壮大原料基地，促进传统农业向现代农业转变。项目实行首席专家负责制，由首席专家牵头，集中全省近 1 000 名各学科专家，吸纳县农业技术推广人员参加。项目特色突出，针对性强，科技含量高，脱贫致富作用明显。主要包括：大豆、水稻、玉米、马铃薯、亚麻、向日葵等作物原良种基地建设项目；奶牛、肉牛、肉羊、生猪、家禽标准化饲养及品种改良项目；农副产品深加工项目；数字化农业等高新技术和农业信息化工程项目等 10 大类。2003 年以来，该院共谋划实施科技致富项目 343 个，项目累计实施面积 1 600 万亩，项目区年户均增收 2 414 元。四是实施农民培训工程。坚持把培训搬到村屯，以农业科技专家大院、农业科技示范园区和科技致富项目为载体，对共建县（市/区）农民进行普及性培训，并实施以“主导品种、主推技术、主体培训、农业标准化”为主要内容的科技入户工程，利用“一本书、一张光盘、一幅挂图”对农民实施科普教育，借助广播电视、网络等现代传播手段对农民、乡村基层干部、农业科技示范户进行远程技术培训，同时对基层农技推广人员进行最新科研成果、最新技术和最新品种培训。建立培训档案，对培训对象建立科技服务档案，除了将接受培训人员的姓名、家庭住址、联系方式登记入册，还对农民去年的生产情况、收入情况、存在问题进行调查和统计，使培训更具有针对性和实效性。5 年来，共举办各类科技培训班 1.3 万多场次，培训农技人员和农民 405 万人次，发放技术资料 839.9 万份，举办电视讲座 2 574 场次，编发专家大院技术指导手册、农情通报等 1 224 期，发放 100 万份。

(2) 共建模式得到推广，结合实际加以借鉴，立足当前有所创新。

——北京市农林科学院针对都市型现代农业和社会主义新农村建设的需求，发挥科技资源的优势，积极探索农业科研院所开展科技示范推广服务工作的模式和机制。与政府联合，打造科技服务平台，通过院区、院企、院校、科农“四大科技合作”模式，开展科技示范推广服务工作，有效促进了农业增效、农民增收和科技服务能力的提升。该院先后与大兴、房山、顺义、通州、门头沟、密云、平谷、延庆 8 个区县和大兴长子营镇等建立了全面科技合作关系。针对区县主导产业发展的关键技术难题，开展科研攻关和技术推广。通过项目攻关、基地建设、选派科技副镇长、科技帮扶对接等合作手段，为平谷大桃、大兴西瓜、房山食用菌、密云板栗，以及全市设施蔬菜等主导优势产业提供了从产前、产中、产后的科技支撑，推动了主导优势产业科技进步。另一方面，他们还从郊区当地政府、生产部门聘请了推广工作顾问，建立了院区需求互动机制和信息交流反馈通道。充分发挥科技推广工作顾问对当地农业生产、农民需求了如指掌的作用，通过其及时了解和反馈“三农”的科技需求，指导该院科研及郊区服务工作。

——湖北省农业科学院从 2006 年开始，先后从自有资金中挤出 500 多万元，开展试点工作。在总结以往经验教训和借鉴外省成功做法的基础上进行集成创新，摸索出了院县共建专家大院模式，并先后在 10 个县（市、区）建立了专家大院，充分利用县级农业技术推广中心的设施和人才，设立转化岗位，建立农技服务室和新成果示范基地。近期还为实现湖北省委提出的“稳粮、增收、强基础、重民生”的目标，该院又组织开展了以科技稳农业促增收应对金融危机的“四三”活动，通过组织动员 300

名科技人员，带30项成熟技术，在30个主要农业县市区开展科技支农活动，建立30个有一定规模和条件的农业科技核心示范基地，取得显著成效。

院县（区）科技合作共建模式突破了成果转化瓶颈，促进了科研与生产的结合，反过来又促进新技术的研究发展，这些成功经验可归纳为以下几点：

第一，完善合作机制，建立双赢模式。院县（区）合作要取得成功，必须建立起科研院所与地方政府合作的双赢模式，只有合作共赢的模式，才能为院县（区）合作带来持久的生命力。同时，还要健全双方密切合作的机制，找准合作双方的结合点，推进产学研有机结合。

第二，立足发挥优势，科学选定合作内容。双方必须立足发挥各自的优势，科学选定合作内容，实现院方科技优势和县（区）农业资源优势的互补。合作中，双方以地方主导产业需求为出发点，以项目作为载体和切入点，以新品种、新技术等科技投入和示范推广为手段，找准合作的结合点，突出重点，集中力量解决产业发展中的关键技术。根据县（区）需求确定研发重点、策划项目和实施内容，做到了有的放矢。

第三，强化财政支持，提供资金保障。以北京市大兴区为例，为了保障合作项目的实施，大兴区政府直接为合作项目提供了财政资金支持，根据每个项目的内容，分别提供60万～120万元不等的项目经费，用于项目的技术开发和研究，农业新品种、新技术的引进、试验、示范、推广以及相关产品的中试和推广等。

第四，结合合作平台，加强成果转化推广。院县（区）合作为县（区）构建起了科技引进的平台，在项目实施过程中，院、县（区）双方注重建立健全科技成果推广体系，构建起“院县（区）合作＋县（区）、镇（乡）农技推广机构＋村级科技示范户＋农户”的农业科技成果转化和推广通道，形成了“金字塔”式的技术推广体系，架起了科研单位与生产一线之间的联系，产生了很好的经济效益，促进了农民收入的增加。

第五，发挥培训优势，授人以渔。院县（区）科技合作共建中，院的优势是掌握系统知识和最新科研成果、最新技术和最新品种。采取坐诊咨询、巡回指导、请进来、送出去等方式培训基层农技人员和农民，使他们尽快掌握先进的实用技术，能够起到事半功倍、长期受益的效果。

2. 基地示范模式

基地示范是科研单位参与农业技术推广工作的主要方式之一，是熟化和展示新品种、新技术的重要平台，是培训当地基层农技人员和农民的课堂及向周边传播技术的辐射源。各科研单位建立的示范基地名称不同、方式不一，但其功能都是成果的熟化、展示、培训和辐射带动。

——黑龙江省农业科学院如前述称之为农业科技示范园，形成网络化示范，即县级的核心农业科技示范区、乡镇的农业科技示范园、村屯的示范田。

——吉林省农业科学院称之为科技成果转化示范推广基点，进行“直播式”（在项目的研究过程中边研究边推广）成果转化服务。即通过建立科技示范基地、科技示范户、科技联系户等方式，进行科技成果转化示范基地建设。现已建设5个科技示范基地。即双阳社会主义新农村示范基地，重点围绕优质稻米及良种扩繁基地建设；镇赉科技示范区，围绕提高水稻生产能力、提升吉林省增产百亿斤[①]商品粮能力，带动吉林省玉米生产技术水平的提高和玉米产业发展的需要，重点推广玉米高产稳产生产技术、保护性耕作技术、玉米高效精准施肥技术及水分高效利用等技术，进一步扩大超高产田示范推广面积；伊通县玉米良种繁育示范基地，重点开展提高基地农户种植水平，推广玉米品种繁育高产栽培、病虫害生物防治和高产保健栽培等技术；公主岭示范

① 斤为非法计量单位，1斤=500克。

区，围绕增产 100 亿斤粮食，推广玉米高产栽培技术。

吉林省农业科学院共在全省范围内建立了 200 个科技示范户、联系户，派遣 164 名专家，作为独立项目主持人每人至少负责建立一个科技示范户。示范户可以是种植业大户、养殖业大户或农产品加工企业。每人将自己所学、所知、所长直接服务于示范户，每年至少带给示范户一项农业新技术。近几年该院引进博士，每人在长春周边地区选定一个固定的、长期的联系户，定期深入农户，全面了解农业生产过程和生产需要，利用所掌握的技术为联系户提供服务。目前在现已建立的 79 个科技成果转化、示范区建设等项目基点、基地的基础上，继续推进“直播式”就地转化，使全院示范推广基地达到 100 个，达到自有成果落地生根、开花结果、快速转化的效果，并全面发挥了项目所起到的示范辐射作用。

——北京市农林科学院则以郊区蔬菜、果树、食用菌、玉米等为主导产业及发展定位，坚持并凸显了“以所为单元、专业化、综合化”的特点。10 年来在北京 13 个区县建立示范基地（基点）150 多个，其中重点基地 60 多个。通过科技示范基地的示范与辐射作用，带动和引领各区县建立了自己的主导产业，形成了地方特色，明确了发展方向，为当地农业发展、农民增收、农业增效作出了重要贡献。2006 年以来，该院蔬菜中心在全市各区县陆续建了 12 个新品种展示基地，展示国内外名特优新蔬菜品种 200 余个，展示面积 240 亩以上。展示园采取“模块化”技术推进策略，展示、推广设施农业中的温室及附属设备，种苗、嫁接、节水、节肥、节药、无土栽培、高风味等栽培技术，形成 8 大“技术模块”。通过新品种示范基地的建设，使品种展示成为传播新品种的催化剂，示范园成为菜农科学种菜的样板田，农民可以不出村、不出乡镇，就近学到最新知识、掌握生产技能，全面带动、提升了京郊设施蔬菜种植水平与特色品种推广。

——江苏省农业科学院通过自身建立农业技术展示体系以及合作建立现代农业示范园区方式开展农业技术的展示和示范推广。该院在南京六合建立了占地 2 000 多亩动物科学基地，主要展示现代动物科学和健康规模养殖技术，以及种养加循环农业发展模式。在南京溧水建立了占地 1 200 多亩植物科学基地，主要展示作物、园艺新品种、设施农业技术等。在院部建设了占地 30 000 米^2 的紫金生态园，该生态园主要展示都市观光农业技术。同时在省内，与地方政府、企业合作，建设了现代农业示范园区，在苏南与高淳武家咀集团建设了武家咀现代农业示范园区；与企业合作，建设了苏州金庭大成现代农业园区。在苏中，与兴化市政府合作，建立了江苏农科院兴化果蔬研发中心。在苏北，与仰徐村合作建立了盐城仰徐现代农业示范园；与东台市共建江苏省农科院东台设施园艺研究中心。这些园区的建设，既是新品种的展示基地，又是新技术的示范基地，还是农民的培训基地。

——石家庄农业科学院所建成的“一场三站”（石家庄市农科院试验场、辛集试验站、赵县试验站、海南南滨试验站）高标准试验基地总面积 55.3 公顷。在该基地育成的品种“石家庄 8 号”、“石麦 14”、“石麦 15”和“石 4185”在冀中南黑龙港流域、山东中南部、山西南部、河南西北部的水浇地和半干旱地区得到了大面积推广应用。据不完全统计，省内外年推广面积达 1 100 多万亩，增产小麦 2.2 亿千克，新增社会经济效益 3.3 亿元，同时由于“石家庄 8 号”、“石麦 15”的大面积应用，节约水资源 3.2 亿米^3，产生了较大的社会效益和生态效益。

——漯河市农科院“十五”以来在河南及周边 5 省建立 30 多个示范点，各类示范基地 25 万亩，建立科技示范园区 3 个，推广先进适用新技术 50 余项。其培育的新品种漯麦 9 号小麦超高产示范方，平均亩产达 627.7 千克。

3. 网络信息服务模式

通过网络技术服务平台开展农业技术推广工作是近几年科研

单位乐于使用的一种现代化手段。其主要特点是通过综合应用现代化信息技术，提供全方位科技服务，覆盖面广、速度快、实时性强、互动方便、效果明显。各科研单位根据自身条件，使用网络信息的形式大同小异。

——吉林省农业科学院以本院建立的“农友网”、“吉林省星火计划网”和“吉林玉米网”为基础，建成了科技成果管理、科技成果中介和科技信息服务3个子平台，进行“外接式”科技成果转化服务，构建了基本覆盖全省主要行业和区域的科技成果转化信息共享服务网络，促进了科技成果转化和信息服务深入到基层中小企业和农村。他们以吉林省星火计划网络为主体，与吉林农业大学等科研院校合作建立了省12396专家服务团，建立示范试点，推广星火农村科技网、12396电话语音网、12396远程视频咨询诊断网、触摸屏综合信息服务体系“四位一体”的多信息多终端星火农村科技12396综合服务平台建设模式。通过网络平台互动方式，针对农民（企业）提出的问题开展网络农技咨询（推广）服务或专题培训；同时利用院农业多媒体制作中心，开展视频、音频农技咨询及农民培训活动。

——广东省农科院通过建立广东省农业信息数据库和农业信息服务网络，为广东农村星火计划网、广东省生物种质资源网、广东农村科技信息村村通网、广东现代农业网、平地村信息网、中山农业信息网等网站提供信息服务，构建起农业科技信息服务网络，将农业生产经营需要的技术信息、政策法规信息、市场信息等通过成果推广网络及时传送。组织专家在线回答问题，提供快捷的网上服务。帮助农民实现“网上耕耘”、“网上交易”。承担全省30多个农业信息网站的建设和维护，每年发布新产品、新技术和新成果等海量信息100多万条；每年为全省农业龙头企业、政府有关管理部门提供各类农业工程咨询服务500多项，项目总投资超过100亿元。

——北京市农林科学院在科技示范推广服务工作中，综合应用现代信息技术手段，集成互联网、卫星网、通讯网、有线电视网等信息传输网络，构建了信息化农业科技服务平台。通过开展农民现代远程教育、实施数字化科技信息资源区县共享工程、推广语音信息咨询系统和双向视频咨询诊断系统、开发农业科技专题网站、研发数字化农村科普产品、开展移动农网和手机农网科技信息服务，为北京乃至全国多个省市地区的农业生产者提供了全方位的科技信息和实时互动的科技服务。在开展农民远程教育工作中，建立了覆盖京郊各乡镇、重点村和合作组织的 475 个远程教育接收站点，在京外建立的站点也辐射到 20 多个省市、地区。

漯河市农业科学院充分利用现代信息、网络技术，加速农业技术推广，建立了漯河市农科院信息网、漯河市农科院 160 (168) 专家声讯台；目前漯河市农科院信息网拥有与农业相关的 11 个专业的 25 名专家，可以为农户提供服务，扩展了技术服务的空间，加速了科技服务的有效实施。

4. 企业转化模式

通过自身成立科技型企业、与企业合作和技术转让等形式对自己的物化成果进行转化，是科研单位开展农业技术推广工作的一大特色。以产品形式通过市场把技术成果送到农民手中，一方面推广了新技术新产品，另一方面也能够赚取利润，弥补科研经费之不足，增强科研单位发展的后劲，从而形成良性循环。

——江苏省农业科学院基本上每个研究所都对应成立一个科技型企业，涉及种子种苗、农药兽药、饲料和动物种苗及其他农产品等 12 家企业。通过这些科技型企业将物化成果推广到广大农村。近年来，该院还向农业龙头企业提供科技服务，借助龙头企业与农户的关系，为广大农民服务。农业龙头企业一般规模较大，对这些农业企业的科技服务能够实现农业科技成果效益最大化。目前，江苏省农业科学院已为 10 多家农业企业服务，创造出巨大的社会和经济效益。常州立华畜禽公司是一家江苏省规模较大的畜禽养殖龙头企业，年出栏肉鸡 8 500 万羽，带动养殖户 3 800 户。2006 年，江苏省农业科学院与该公司合作成立了江苏省农业科学院立华家禽研究所，并派专家常年在该研究所工作，解决立华公司家禽养殖中的问题，同时根据家禽养殖情况进行技术创新。在专家的帮助下，改良了饲料配方，每只鸡的养殖成本降低了 0.1 元，公司每年节省成本近 1 000 万元，同时疫病的防治技术更加科学，鸡病死率大大降低。

——北京市农林科学院在与农业企业开展科技合作过程中，通过品种、技术产品转让、技术支撑、技术入股、科技培训等方式，快速提升了企业科技创新能力和该院科技成果转化速度。首先同与他们有关联的企业紧密合作，建立产、学、研相结合，育、繁、推一体化的机制。该院通过与国内大型企业加强合作，发挥该院科技优势和企业资金优势，建立成果快速转化机制。玉米中心先后与国家五十强种子企业的山西屯玉种子科技有限公司、奥瑞金种子科技有限公司、大北农种子科技有限公司进行了良好的合作，使京科 23、京科 308、京玉 7、京玉 11、京科糯 2000 等农作物新品种创造了显著的经济效益和社会效益；畜牧所先后与上海海利生物制药厂、保定瑞普生物制药厂、北京兽医生物制品厂等 13 家企业合作，转让了多个新研制的禽用疫苗。同时他们还与朝阳蟹岛、昌平天翼、百年栗园、东升方圆等一批涉农企业建立了长期而紧密的战略合作伙伴关系，本着“真诚合作、优势互补、共同发展”的理念，加快成果转化，实现了科技创新与成果转化的有效联接，开创了合作双方“共赢”的新局面。

——绵阳市农业科学研究所引入龙头企业参与推广，把生产与市场直接对接，真正实现“为卖而产，为赚而卖”。多年来，该所按照这一推广模式，与绵阳市部分龙头企业密切合作，不仅很好地推广了农业新品种新技术，还极大地推动了当地农业产业化发展。一是与“西普油脂”企业合作，力求把绵阳市建成世界

"高芥酸"中心。在"十五"期间，该所成功选育出我国第一个特高芥酸油菜新品种绵油 13 和绵油 15，芥酸含量分别达到 58% 和 52.5%，大大超过了企业生产所要求的指标，同时他们还迅速完成高芥酸油菜的高产配套栽培技术的集成组装，并以该品种为依托，在绵阳市和周边地区建立了 50 万亩高芥酸油菜基地，不仅为企业的生存发展提供了原料保证，还带动了基地 20 多万户农民增收。目前，西普油脂化工有限公司已是我国最大的芥酸生产企业，其产品份额占国内市场 80%，国际市场 20%，绵阳市也由此成为世界高芥酸生产基地；二是与"光友企业"合作，建立 10 万亩高淀粉红薯生产基地。他们以本所育成的高淀粉甘薯品种绵粉一号、绵薯 5 号、绵薯 6 号等高淀粉甘薯品种同薯类加工龙头企业"光友"公司、三台县合作，实施了《10 万亩高淀粉红薯生产基地建设》项目，在三台县的 12 个乡镇为光友公司建立起了 10 万亩高淀粉红薯生产基地，既保证了光友公司的原料供应，又有效地推动了绵阳市薯类产业化的发展，不但提高了薯类生产农户的效益，也大大推进了该所薯类育种水平的提升；三是与"仙特米业"合作，建立优质香型杂交稻生产基地。20 世纪 90 年代以来，该所先后育成一批香型、优质、高产杂交水稻新品种。他们与仙特米业密切合作，在绵阳市游仙、涪城、三台等地建立优质香稻生产基地上万亩，并派出技术专家，蹲点进行技术指导，给农民示范，引导农民采用先进技术。由仙特米业采取订单农业的方式，用比一般稻谷高出 10%～15%的价格收购，仅此一项，农民每亩稻谷增收 50 元以上，同时企业也因优质稻米售价高而获得很好的经济效益。

漯河市农业科学院为了加速科技成果转化成立了自己的企业漯河市乐农种业有限公司，同时与隆平高科、超大集团等 30 多家企业合作加速成果转化。

5. 项目带动模式

通过执行国家农业科研或中试转化项目进行试验示范和推广

是科研单位开展农业技术推广工作的另一重要手段。自 1999 年以来，科研教学单位承担了大量诸如农业科技跨越计划、农业科技成果转化资金项目等国家财政专项项目。从调查的实际情况看，这类专项的实施过程实际上就是一个技术成果的熟化和前期推广过程。

——农业科技跨越计划除一部分由教学单位和个别企业承担外，大部分由科研单位承担。项目实施单位紧紧围绕粮食和主要农产品稳定发展、农产品质量稳步提升、农民收入持续增长和农业生态环境不断改善等重大任务，促进了农业核心技术的中试熟化和配套技术的组装集成，加快了新品种、新技术、新产品的推广，在总体上取得了较好的经济、社会和生态效益。截至 2009 年，11 年共在全国筛选立项 281 项，使用财政资金 4.1 亿元。据 2006 年的统计，项目实施的 8 年时间里，在粮食作物、经济作物、果蔬、畜禽、水产、农产品加工、农业机械、农产品质量安全和生态农业九个领域组织实施项目 183 个，共使 345 项核心技术、689 项配套技术得到熟化和推广。共示范推广粮食作物 8 186.56 万亩、棉花 1 234.27 万亩、油料作物 4 129.75 万亩、果树 218.31 万亩、蔬菜 194.4 万亩，推广优良畜禽 9 501.82 万头（只），推广水产养殖 10.21 万亩，推广农业机械作业面积 8 453.31 万亩。累计增加农产品产量 690.91 万吨，其中增产粮食 342.37 万吨、棉花 5.33 万吨、油料 101.06 万吨、果品 112.92 万吨、蔬菜 82.75 万吨，增产肉蛋奶 43.01 万吨，增产水产品 3.47 万吨。累计增加经济效益 183.51 亿元，创汇 4.49 亿美元，增加就业岗位 6.37 万个，增加就业人数 47.43 万人，增加农民收入 117.88 亿元。预计十一五结束时，将取得更大成效。

中国水稻研究所承担的 2006 年度跨越计划项目“超级杂交稻国稻 6 号（内 2 优 6 号）制种与生产技术的试验示范”，在近 3 年的实施过程中形成了一整套适合国稻 6 号的规范化高产生产集成技术，在四川、安徽、浙江、江西等四省选点设立和建设国稻 6 号组合高产制种示范基地，制种技术获得突破，最高百亩制种田经验收达 302 千克/亩。国稻 6 号累计示范面积 10.76 万亩，百亩示范片经验收最高达 865.4 千克/亩。2008 年与合作企业江苏明天种业有限公司开始联合大面积制种，已生产杂交一代种子 50 万千克，为 2009 年的大面积推广打下了坚实的基础。经测算，与当地种植品种相比，通过增产（50 千克/亩）、增值（0.2 元/千克，节约 30 元/亩），每亩可增收 270 元。照此发展，未来大面积推广后将产生更大的经济、社会和生态效益。

漯河市农业科学院自 2009 年初承担了玉米、芝麻和甘薯三个国家现代农业产业技术体系综合试验站任务，在产业技术体系项目的支持下，在豫中南 18 个县（区），150 个乡镇建立了示范区。在示范区共举行现场培训会 18 次，培训农民 9 000 多人次，发放技术资料 10 000 余份。给示范区的农民带来了较明显的经济和社会效益。

——就实施农业科技成果转化资金（以下简称转化资金）情况看，农业部作为监理部门之一，所推荐的转化资金项目绝大部分是科研单位承担，2004 年以后全部由农业部直属科研和技术推广单位承担。截至 2009 年，9 年共立项 318 项，使用资金 1.96 亿元。通过对 183 个项目的调查统计，共产生直接经济效益 7.32 亿元，产生社会效益 116.64 亿元；农作物新品种、新技术推广面积达 1.31 亿亩，推广优良种畜禽 2.81 亿头（只）。

中国水产科学研究院承担的 2004 年农转资金项目《鲟鱼苗种的人工扩繁》，在实施过程中建立了“中心＋示范点”和“基地＋农户”的有效运作模式，与北京市房山区政府一起组织实施了“千户、千池、千万元”的鲟鱼养殖扶贫致富工程。通过采取优惠向农民提供优质苗种、派科研人员现场技术指导、保护价收购等支农惠农措施，带动北京郊区 900 多户农民脱贫致富，并辐射带动全国 20 多个省市，使全国鲟鱼养殖业迅速由小到大，由弱变强，并持续呈现出一片产销两旺的繁荣景象。

中国热带作物科学院承担的2006年农转资金项目“芒果安全高效标准化生产技术的示范与推广”在项目的实施过程中，采取“科研院所＋地方政府部门＋公司（合作社）＋基地＋示范户”和“科研院所＋地方政府＋新农学校＋农民技术员＋农户”等推广新模式，通过建立示范基地、聘请技术指导员、培植示范户、组织科技培训与现场指导、发放技术资料等手段，以科技入户的形式开展科技成果转化与示范推广工作，扩大了影响力，加快了科技成果的转化推广速度，同时创新了农业科技成果转化模式。两年来，在四川盐边县和云南华坪县共举办专题培训和指导32场次，培训基层农技人员及果农1 350人次，编制和发放多种技术资料2 800余份，培植科技示范户206户，实施范围达到4县（区）8个乡镇，示范户直接应用新技术的面积达5 090亩，辐射带动周边果园近40 000亩以上，使新技术在一些试点村普及率达到80％以上，主推技术晚熟芒果套袋技术入户率达95％以上，取得了显著的经济和社会效益。

（三）初步分析了农业科研单位开展农技推广工作面临的问题

通过面上问卷、典型分析和组织调研，尽管目前科研单位均以各种方式、多种形式、不同程度地发挥着农技推广的作用，取得不少经验和成绩，但与现代农业产业发展需要相比，与千家万户广大农民期盼相比，仍存在以下突出问题。

1. 导向政策尚未出台，激励措施欠缺

农业科研单位在新形势下应当如何参加基层农业技术推广工作，目前国务院或者国务院主管部门尚无一个统一的指导性意见，对农业科研单位在农业技术推广工作中的地位和应当发挥的作用没有明确规定，也没有一个统一的鼓励政策。

——《中共中央关于推进农村改革发展若干重大问题的决

定》及2010年中央1号文件《中共中央国务院关于加大统筹城乡发展力度进一步夯实农业农村发展基础的若干意见》均要求推进现代农业产业技术体系建设，但重点是要求尽快在全国普遍健全乡镇或区域性农业技术推广、动植物疫病防控、农产品质量监管等公共服务机构。农业部和财政部共同组织实施的《全国基层农技推广体系改革与建设示范县项目》在2009年安排770个县，每县补贴财政专项经费100万元，并将于2010年普及到1 600个县。示范县共有五项任务，即加强基层农技推广体系建设、推广主导品种和主推技术、培育科技示范户、建设农业科技试验示范基地和培训基层农技人员。在这五大任务中，没有地市级以上农业科研单位或教学单位的主动任务，这些单位多是在被政府部门安排和邀请情况下派出专家个人随行服务任务。

——2009年全国农业科技创新与推广会议虽然提出了在新时期要以推进现代化农业发展和社会主义新农村建设为目标，以提升农业科技创新能力为核心，以加快科技成果转化与推广应用为重点，创新体制机制，加大投入力度，壮大人才队伍，不断提高农业科技进步率，促进农业农村又好又快发展的目标，并就切实加快推进农业科技成果转化提出“五好”，即把农业科技工作者积极性充分调动好，把农业科技成果展示好，把农业科技示范户培养好，把地区农科所的作用发挥好，把面向企业的技术转移工作落实好，但没有明确提出科研单位的科技创新如何与技术推广紧密互动和高效结合的问题以及农业行政部门应当如何在机制体制方面鼓励引导科研单位参与技术推广问题。

2. 组织化程度不高，科技成果推广覆盖面有限

——从国家和省级科研单位来看，主要从事应用基础等科技创新工作，处于农业科技创新的上游，在生产一线缺少组织化机构和规模化基地，特别是缺少综合性科技展示示范基地，导致其只能以项目形式开展推广工作，一些单位尽管以租地或无偿提供种子、种苗和技术服务等形式建立科技示范基地，虽然数量较多，但相对分散，不稳定，不仅示范推广内容相对单一，综合科技示范效果不明显，而且辐射范围也十分有限。

——地市级农业科研机构虽然在地理上与生产一线较为接近，与当地的农村经济发展联系也较为紧密，特别是在当地农业生产中发挥了新品种选育、新技术研发、引进和试验示范作用，但由于地市级农科所自身的规模有限，内部学科设置不全、不齐，人员配置和数量有限，在农技推广中很难涉及每一个县的每一个乡镇，更难覆盖到每一个村。即使到每一个村，开展和推广服务的内容也较单一。

3. 科研单位和政府推广机构合作松散，成果推广效率和效益不高

——科研单位与推广机构在两股道上跑车的现象仍然比较突出。科研单位的优势是作为科技创新的源泉，拥有技术，但其弱项是独立性较强，没有与自己关联度紧密的推广体系和一定的行政执法权职能，所推广的技术大多只能是自己的研究成果；推广单位尽管本身不产生技术，但他与相应的农业行政主管部门联系紧密，上下自成体系，总是围绕政府主要任务开展技术推广工作，且在一定范围内被赋予部分行政执法职能，具有强势推广手段，其推广的技术也不是仅限于某一科研单位。因此，一个科研单位要想在一定区域内大范围推广自己的技术，就必须得到当地农业行政部门和推广机构的支持才行。问卷调查显示，科研单位的合作倾向趋于农业技术推广部门，被列为首选的比例达53%。但在实地调查中却发现，科研单位多愿意和下一层级而非同层级的推广部门合作。究其原因，一是同层级的科研和推广机构，其级别一样，各自职责和优势又不同，尚存在相亲意识，这是中国“官本位”思想在这个领域的一种反映；二是利益分配争执导致难以良好合作现象产生；三是在国家机构改革推进缓慢情况下，当地政府部门还不能将两者强行融合。因此，科研单位和推广部门基本上还是各干各的。这一状况造成科研单位的科技成果难以快速的、大范围的推广到农民手中，推广效率和效益均难保证。

——从推广人员机构素质看，农业科研单位从事农业技术推广与服务的人员多以科研人员兼职为主，缺少专职从事农业技术推广的人员。与专职推广人员相比，科研人员多在单个领域具有较高造诣，在其他领域了解相对很少，而农业生产是多项技术集成，仅仅有某一项技术还不能满足农业生产的需要，既需要科研人员在主要专业领域具备技术过硬，又需要兼备其他学科的知识，才能有效解决生产实际问题。特别是当前成果推广与服务受体很多，单个或少数人员从事推广工作，难以提高推广绩效。

4. 推广工作原动力不足，作用难以持久性发挥

——从科研单位从事推广工作的初衷来看，科研工作本身需要和获得政府支持是科研单位从事推广的主要目的和动机。前者是本单位技术积累和进步的需要，后者关系到单位的生存和发展。问卷结果统计表明，科研单位所开展的推广活动大多与自身科研活动相结合，考虑自己需求较多，而在整体上没有更多地考虑产业需求和农民需要，这种由现行体制和机制造成的科研单位推广动机在产业持续支撑上就显得十分脆弱和难以持久。

——从推广经费来源看，农业科研单位开展推广工作的经费，缺乏直接获取的渠道。科研经费是最重要的推广工作经费来源，调查发现，有88%的推广工作使用了科研经费；地方和中央专项资金的这个比例分别达到了53%和60%。由于科研单位申请的项目经费基本上是专款专用，项目结题后，如果没有后续资金跟进，科研人员就难以继续进行科技服务工作。这种资金无法保障的推广服务，不仅服务内容和重点在年度间摇摆，而且造成成果推广规模、数量、范围、效果受到制约，难以保证科技示范推广服务工作长期、稳定、持续的开展。

5. 国家针对性财政专项过少，引导作用不明显

当前农业科技创新领域正在形成多出成果、快出成果的大好局面，而作为专门针对农业科技成果转化推广应用的国家专项过少，经费增加缓慢。目前仅有科技部组织实施的农业科技成果转化资金专项用于农业新技术新产品的中试熟化，而且经费总量不足，承担单位过于宽泛，单一项目支持力度不大。以全国农业科教单位为主承担的、得到普遍欢迎的由农业部和财政部共同组织实施的农业科技跨越计划财政专项，在实施10年后于2010年突然停止，并再无新的类似专项出台。这种农业科技内部投入不平衡的现象很容易在新形势下造成科技成果推广应用的新的瓶颈。

（四）科研单位开展农技推广工作对策

从开展科研单位推广试点示范和调研来看，科研单位从事推广工作大有成效，也大有可为。由于科研单位凝聚了大量的科技资源，也是科技成果的源泉，要更大程度地发挥科研单位在推广方面的作用，提升现有推广体系效能，加快推动农业科技进步，提高农业科技贡献率，必须进一步完善科研单位开展农技推广工作的机制和模式，从政策上加以引导，资金上加以扶持，机制上加以保障。

1. 增强政府对科研单位从事推广工作的主导性

——建议国务院或国务院农业行政和科技主管部门按照《农业技术推广法》的相关条款规定，从“国家鼓励和支持科技人员开发、推广应用先进的农业技术”的角度出发，尽快制定出台新形势下农业科教单位开展技术推广工作的政策性意见，引导科研单位积极投入到科技创新和成果转化推广应用两个主战场，把农业科研单位纳入国家农业科技推广的制度化框架之中，从制度层面明确农业科研单位在农业技术推广过程中的地位和作用，对专家规定硬性推广任务，并在评定职务职称和奖惩时，把从事农业技术推广工作的实绩作为科技人员考核的重要内容。

——各级政府应当把科研单位作为农业技术推广的重要力量，纳入本地农业技术推广服务体系。按照“国家对农业技术推广实行分类指导，分类支持，鼓励和支持多种模式的、社会化的农业技术推广组织的发展，建立多元化的农业技术推广体系”的精神，为科研单位参与和开展农技推广工作创造必要条件，把参与社会化农业技术推广活动的成绩和水平，在农业社会化服务体系中发挥的作用，列入对农业科研单位考核和评估的重要内容之一，并建立相应的激励机制。

2. 引导建立区域性农技推广联盟和成果集成转化与综合示范基地

——加强农业科研、教学和推广机构的联合，建立区域内科研院所、大专院校、推广机构等参与的推广联盟。明确各推广主体在联盟中的地位、作用与职能，发挥各方在推广工作中的作用；建立联盟互动机制，强化不同单位、学科间的联合与协作，强化推广各部门间的上下贯通，强化科研部门间的横向联系，在科技推广关键环节上凝聚力量，在推进步骤上相互衔接，密切配合，实现重大成果的推广与转化。

——建立成果集成转化与综合示范基地。创建高新成果集成展示区，集成多个学科、多个科技成果的综合科技示范基地，促进科研、教学与推广服务机构有效结合。以基地为平台，对基层技术人员、科技示范户进行定期、系统、有针对性的技术培训，不断提升基层农民的技术水平。广泛建立省、县、乡、村示范园区和高产示范田，形成四级新技术、新品种示范带。

3. 完善推广人员评价制度

将农技推广工作作为科研人员评价体系的一个重要指标，提高农业科研单位科研人员从事农业示范推广服务工作的地位。在推广人员绩效考核中，将推广成果数量、推广规模、效益、服务质量等作为主要考核指标；建立奖励机制，对在农业科技示范推广服务与成果转化工作中业绩突出的人员给予奖励；在职称评定上建立科学规范标准，杜绝操作上的不确定性和随意性，调动科研人员从事推广工作的积极性和主动性。

4. 设立科研单位开展技术推广工作经常性财政渠道

科研单位在农业技术推广服务体系中的地位和作用非常突出，政府应加大对农业科研单位开展公益性技术推广工作的经费支持，通过建立农业技术推广专项经费，明确经费渠道，给予持续稳定的资金支持。通过指派科研单位承担推广任务等形式，实现科研单位带任务、带经费，带技术、带成果技术推广工作。通过加大科研示范推广项目中示范推广任务的比重，扩大项目覆盖面，延长项目实施期，保证农业技术推广效果更明显。

5. 进一步加大国家对科技成果转化推广应用的财政专项投入力度

按照 2009 年全国农业科技创新与推广工作会议精神，现已把作为加快农业科技进步三个重要环节之一的科技成果转化应用提高到了前所未有的高度予以重视。因此，应当恢复或加大类似农业科技跨越计划的成果转化应用财政专项投入力度，同时在实施“基层农业技术推广体系改革与建设示范县项目”过程中加入和加大科研单位参与份额，以使他们的科研成果尽快推广到农村去。

第五章

北京市农林科学院开展农技推广试点项目工作总结

北京市农林科学院作为一所地方综合性农林科学研究机构，为发展北京都市型现代农业、服务首都、增加农民收入、建设社会主义新农村作出了积极贡献。当前，北京正处在都市型现代农业和城乡一体化快速发展的重要时期，农业农村发展对科技的要求明显提高，对科技的需求明显增加，对科技的依赖明显增强。北京市农林科学院作为北京农业科技研发主体和新型农业科技服务体系的重要组成部分，肩负着农业科技创新和示范推广服务双重责任。面对新的形势，如何进一步提升科技创新和服务能力，创造出高端、高效、高辐射的科技新成果，支撑和引领北京都市型现代农业发展，为周边省市提供更有效的科技支持，已成为当前最为紧迫的任务。在此背景下，北京市农林科学作为试点单位之一参加了“科研单位开展农技推广试点工作，总结农技推广机制创新”项目，负责北京市农林科学院农技推广工作试点、调研及总结工作。

北京市农林科学院领导对承担的农技推广试点工作给予高度重视，将该项工作列为科技示范推广重点工作，并成立了项目领导小组和项目实施小组。领导小组组长由李云伏院长担任，副组长由科研处王之岭处长担任；实施小组包括佟瑞平副处长、耿东梅副研究员等。为保证农技推广试点工作的顺利完成，制定了详细的实施方案。

农技推广试点工作启动以来，北京市农林科学院开展了广泛的科技需求调研活动，深入区县、企业、村镇和农户，了解科技需求和服务需求。组织13个研究所（中心）完成了有关调研报告。在认真调查分析研究的基础上，完成了《科研单位开展农技推广工作情况调查问卷》14份，及时报送农业部科技发展中心。同时，开展了新品种新技术推广、基地建设、科技培训等科技示范推广服务工作。对2000年以来的科技示范推广服务工作的做法、成效以及工作机制模式进行了总结；进一步分析了科技示范推广服务工作中存在问题，并提出有关建议。

一、科技示范推广服务工作现状

（一）北京市农林科学院基本概况

1. 科研机构

经过多年的建设与发展，北京市农林科学院逐步形成了覆盖农、林、牧、渔的综合性农业科研体系，建成了蔬菜研究中心、林业果树研究所、畜牧兽医研究所、植物保护环境保护研究所、植物营养与资源研究所、农业科技信息研究所、农业综合发展研究所、农业信息技术研究中心、农业生物技术研究中心、杂交小麦研究中心、玉米研究中心、草业与环境研究发展中心、水产科学研究所和农产品质量检测与农田环境监测技术研究中心等14个科学研究机构；拥有4个国家级工程技术研究中心、2个农业部原种基地、5个农业部高技术实验室及中心、8个北京市高技术实验室和专业研究中心。

2. 人才队伍

北京市农林科学院现有职工981人，其中科技人员666人，管理人员105人。其中高级职称262人，中级职称285人，初级职称119人；有博士（后）142名，硕士150名；有3人入选国家“百千万”人才工程，23人入选北京市突出贡献专家，50人享受政府特殊津贴，15人获得北京市优秀青年知识分子称号，113人入选北京市科技新星培养计划。院内建有博士后工作站1个，博士生培养点5个，硕士生培养点7个。另有聘用人员600多人。

北京市农林科学院从事科技示范推广服务工作的人员有276人，其中：高级职称人员121人，中级及其他人员155人，基本为兼职人员。

3. 科技成果

建院50年来，北京市农林科学院共取得各类科技成果850项，其中获得国家科技奖励51项，省部（北京市）科技奖励501项。“十五”以来，北京市农林科学院累计获得科技奖励81项，审定、认定各类新品种200余个，获得农业生物兽药证书11个，获得国家授权专利109项。其中直面“三农”推广应用的占60%以上，覆盖了郊区100%区（县），80%左右的乡镇和粮、菜、花、果、禽、畜、渔中主要生产对象和土、肥、水、种、密、保、管、工等生产要素。科技成果的推广应用，显著提高了郊区农业现代化水平。

（二）农业科技示范推广服务工作发展历程

北京市农林科学院作为北京市属唯一的农业科研单位，自1958年建院以来，一直从事农业科技成果研究、咨询与服务工作，科技成果推广主要通过政府主导的推广体系进行。在20世纪80年代末90年代初，由于农业科技推广机构的“脱钩断奶”，农技推广体系的“线断、网破、人散”，致使科技成果在推广过程中一度出现很多问题。1993年《农业技术推广法》出台，明确了农业科研单位是农业推广体系的一部分，北京市农林科学院也把事业发展的一个重要内容定位在科技示范和推广上，不断强化科技示范推广服务工作。

“九五”期间，北京市农林科学院提出了“以发展首都经济、富裕农民为主线，积极探索多种推广方式和运行机制”的工作指导方针。当时的农业科技示范推广服务工作主要是通过承担市农委的科技示范推广项目，示范推广粮食、蔬菜、果树、畜禽等新品种及相关技术，结合项目建立了遍布北京市 14 个郊区县的科技示范点。1998 年开始了与顺义区的全面科技合作，启动建设了一批具有辐射带动作用的重点科技示范基地。在科技服务形式上，开展了“三个一”活动，即设立一部技术咨询热线电话、办好一张《北京市农林科学院技术咨询》报和科技开放日活动。科技示范推广服务工作由分散、单一的方式向有计划、有组织、规范有序的方向迈进。

“十五”期间，北京市农林科学院实施了“科技三大工程”，即科研攻关工程、科技示范推广工程和科技成果产业化工程。科技示范推广明确列入北京市农林科学院事业发展计划中，并摆到了重要位置。期间，北京市农林科学院积极围绕市委、市政府的中心工作开展科技创新，围绕服务“三农”，支撑发展这个目标，积极推广先进实用新技术，先后与顺义、平谷、门头沟、通州、房山、密云、大兴等区县，以及承德、张家口、聊城、包头等地区建立了科技合作关系，并开展科技服务工作。北京市农林科学院在京郊常年保持了 200 多个农业新技术示范推广基地和基点，创建集培训、教育推广于一体的远程“三农”服务体系，并在京郊建立起近 475 个远程站点，取得了明显的社会经济效益。

“十一五”以来，北京农业处于加快转型期。以建设“生态、安全、优质、集约、高效”农业，推动农业向不断提高其综合生产能力、社会服务能力和生态保障能力的方向发展，郊区农业正加快向都市型现代农业转变。北京市农林科学院也进一步明确了“面向市场，服务三农，服务政府”的科技示范推广服务工作思路，科技推广服务工作也进入了快速发展期，通过实施“四大科技合作”，使大量科技成果得以有效推广，并逐渐发展成为北京农业科技推广体系的主要力量。

二、农业科技推广服务工作主要做法、成效与收获

（一）充分认识都市型现代农业的特点，做好需求调研

作为公益性科研院所，面对“人文北京、科技北京、绿色北京”建设、创新型国家和城市建设的新要求，面对北京现代农业发展和城乡一体化的新形势、新任务，北京市农林科学院坚持以需求为导向，做好科技示范推广服务工作。采用实地调研、座谈会、问卷调查等多种方式，全面了解北京都市型现代农业对科技的需求和郊区农民对推广服务的需求。通过需求调研，进一步查找不足、准确定位、把握方向、使科技服务与推广工作更具针对性和实效性。

1. 北京都市型现代农业对科学技术的需求

（1）籽种产业培育的需求日益迫切。资源对北京农业发展的约束，决定了北京的现代农业必须走高端、高效、高辐射之路，其中，籽种农业是都市型现代农业的核心，通过籽种产业的发展可以带动设施农业、循环农业、休闲农业、科技农业等的全面发展。

（2）农产品安全保障的需求日益突出。北京作为首都和国际化特大型消费城市，农产品质量安全状况不仅关系到消费者的身体健康和生命安全，更重要的是关系到我国食品安全在国际上的形象和声誉，同时也是郊区农产品生产水平和产品市场竞争力的集中反映。因此，农产品安全检测技术、新型农用投入品及检测技术、农（畜、水）用投入品及病虫害（疾病、疫病）综合防治技术是当前农产品安全的主要技术需求。

（3）农产品采后、深加工与现代物流配送技术需求日益强

劲。新农村建设的重点是培育新型产业，第二、第三产业是新型产业的主要生长点。农产品采后、深加工及物流技术是连接生产与消费，提高农产品附加值的重要技术环节，此环节的技术好坏直接影响到农产品腐损的多少、商品质量的好坏、成本的高低和农产品的增值，也关系到相关第二、第三产业的生命力和农业产业结构性调整。因此，加强农产品采后与深加工新技术研究与应用，推进农产品物流标准化、信息化是当前和今后一段时间需要重点解决的问题。

（4）生态治理、循环、节约型农业技术需求日益迫切。由于水土资源限制和能源供需矛盾日益加剧，环境压力不断加大，发展循环农业成为北京农业的战略需求。农村生产和生活废弃物无害化、资源化利用技术，区域生态恢复与修复技术，农业节水技术，生物质能开发与资源循环利用技术等成为当前需求重点。

（5）农业高效生产的需求日益加强。重点是以农民和企业的需求为导向，研发各类实用、先进的技术，促进成果产业应用，提高农业比较效益。现阶段，农业高效生产的科技需求主要表现为设施农业技术和精准农业技术等方面。

2. 围绕新型农村科技推广服务体系提出的需求

通过需求调研，农民、合作组织和企业对改进农业科技服务渠道、方式和提高科技服务质量等需求迫切。具体内容如下：

（1）农户科技服务需求。

推广方式。农民希望获得较多的科技服务形式依次是专家讲座、试验示范和项目资金扶持。

培训方式。农民接受的最有效的培训方式是田间实地培训。

信息需求。农民认为最为迫切的信息需求是农产品市场行情信息，其次才是农业生产科技、政策法律法规等方面信息。

技术需求。农户对农业生产产前技术需求依次是农业新品种、新技术，分别占调查问卷总数的92.4%和64.4%；农户对产中技术需求最为迫切的是生产技术培训和病虫害的防治技术，分别占调查问卷总数的 71.3%和 53.8%；农户对农业产后技术的最主要需求是农产品市场营销，占调查问卷总数的 75.7%（见图 5－1、图 5－2、图 5－3）。

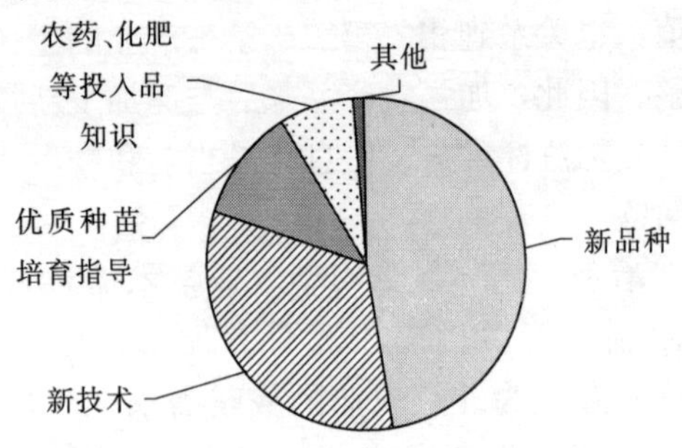

图 5－1　农民对产前技术的需求

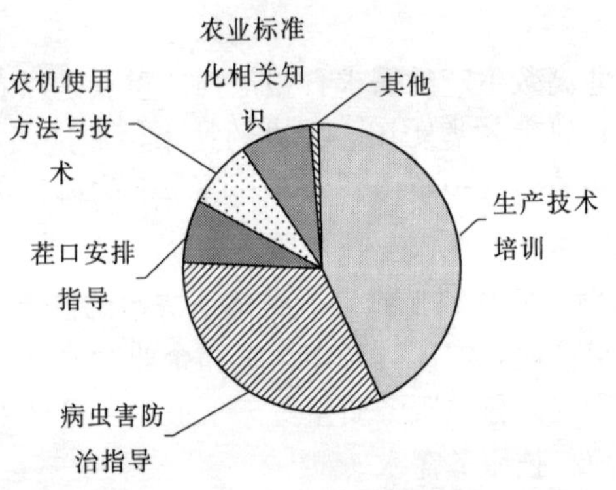

图 5－2　农民对产中技术的需求

（2）京郊农业合作组织与龙头企业的科技服务需求。合作组织和企业作为科技服务受体最迫切需求的是产中技术，占 67%；其次是产前的优新品种、新技术需求，占 50%，产后的采收、保鲜与加工技术需求占 33%，农产品销售、农资等信息服务等占 42%。

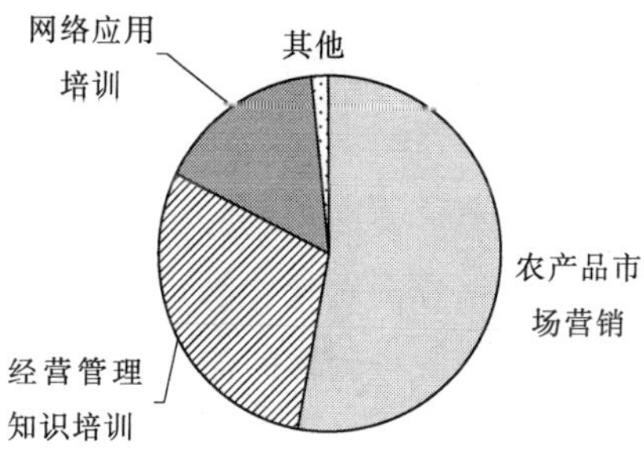

图 5-3　农民对产后技术的需求

技术需求来源及内容。有 75%的合作组织和企业与首都的农业科研机构、高校有合作。技术需求依次是产品开发、技术咨询、人才培养、共同争取政府科技计划经费。

（二）以优良品种为载体，良种良法配套，实现农作物品种更新

通过科技创新选育出蔬菜、玉米、食用菌等优良品种，进一步良法配套，围绕“转”实施科技成果示范推广，让选育出来的优良品种在农民的地里结出硕果，为农业增产、农民增收、农业增效提供科技支撑。在蔬菜品种更新方面，以优良的蔬菜品种为载体，在北京建立 30 个蔬菜品种更新示范基地和 108 个示范村网络，品种辐射面积占北京 1/3 以上的蔬菜生产面积，全面带动北京新一轮的蔬菜品种更新。在玉米品种更新方面，选育出大田玉米、鲜食玉米品种 48 个，推广辐射到全国 20 多个省市，品种在北京推广面积占玉米种植面积的 50%以上。在果树品种更新方面，培育桃、杏、草莓、樱桃、葡萄、核桃、板栗等新品种 70 余个，其中桃辐射推广面积占北京市种植面积的 60%以上，核桃辐射推广面积占北京市种植面积的 50%以上。在食用菌品种更新方面，选育出食用菌品种 20 余个，其推广面积占北京食用菌种植面积的 70%。

（三）以高技术含量物化产品为先导，辅以综合服务体系，实现科技成果快速转化

以物化产品示范为先导，辅以全方位、多层次的综合服务体系建设，扩大成果在市场的占有率和影响力，从而带动其他配套技术和产品推广。加强同服务受体的沟通与融合，使产品利于被不同层次受体接收和推广应用，逐渐消除人们对高新技术成果高不可攀的认识。同时引入市场化机制，构建高新技术产品商业化的推广服务网络。

在新型缓释肥料的推广过程中，以新型缓释肥料的全国示范为先导，通过技术转让、企业运作、建立区域推广体系、宣传、培训等多种方式，带动系列产品和配套技术推广。

在信息产品的推广过程中，注重产品的实用性、配套性和本地性的“三性”建设，开发形成了一系列的“傻瓜化”技术产品，并逐渐使各软硬件产品的推广应用从政府行为转化到企业行为和市场行为，初步建立了智能化农业信息技术软硬件产品的产业化道路。近 3 年，已推广相关产品及配套技术 67 项，累计覆盖面积 3 亿多亩次。

（四）建立一批科技示范展示基地，实现科技成果中试与推广

针对北京郊区蔬菜、果树、食用菌、玉米等主导产业及发展定位，本着“以所为单元、专业化、综合化”原则，建设了一批重点科技示范基地，成为新品种、新技术、新成果的应用基地、展示示范基地、科技培训基地、辐射推广基地。10 年来在北京 13 个区县建立示范基地（基点）150 多个，其中重点基地 60 多个。通过科技示范基地的示范与辐射作用，带动和引领了各区县建立了自己的主导产业，形成了地方特色，明确了发展方向，为当地农村发展、农民增收、农业增效作出了重要贡献。

为提升北京设施蔬菜新品种、新技术的推广、普及力度，2006年以来，在北京市各区县陆续建了12个新品种展示基地，展示国内外名特优新蔬菜品种200余个，展示面积350亩以上，形成8大“技术模块”。通过新品种示范基地的建设，使品种展示成为传播新品种的催化剂，示范园成为菜农学习科学种菜的样板田，农民可以不出村、不出乡镇，就近学到最新知识、掌握生产技能，全面带动、提升了北京郊区设施蔬菜种植水平与特色品种推广。

（五）以综合科技示范项目为纽带，整合科技资源，集成技术成果开展技术服务

围绕都市型现代农业产业发展的重点，政府、“三农”和市场的需求，整合科技资源，重点抓好一批重大综合示范项目的实施。近年来，由北京市农林科学院组织实施了“科技涌泉能力建设”、“科技涌泉能力提升”、“京承路都市现代农业走廊科技支撑”以及“克服园艺作物连作障碍关键技术研究与示范”等一批重大综合科技示范项目。针对综合性示范项目涉及学科多，参与人员多，基地分散等特点，北京市农林科学院建立了较为完善的组织保障体系。成立了项目领导小组、专家督导组、项目实施组；建立、完善了例会、督导组基地巡回检查、工作简报、工作宣传与观摩等制度，对项目实行动态管理。几年来，共组织督导检查60多次，撰写督导简报77期。实践证明，完善的项目组织保障体系，对高质量完成项目，起到了极大的促进作用。

通过综合示范项目的实施，克服了过去各所各课题单兵作战，成果集成度不够，显示度不强，综合解决问题受限等问题。能够将重点科技创新研究示范与成熟关键技术集成配套，进行资源整合集成，发挥不同研究所的特色和学科特点，扬长避短，实现人才、学科、成果的高效配置和北京市农林科学院科技资源的大联合，更有效的发挥科技对农业和农村经济发展的支撑作用。

（六）综合应用现代化信息技术手段，提供全方位的科技信息和实时互动的科技服务

在科技示范推广服务工作中，综合应用现代信息技术手段，集成互联网、卫星网、通讯网、有线电视网等信息传输网络，构建了信息化农业科技服务平台。通过开展农民现代远程教育、实施数字化科技信息资源区县共享工程、推广语音信息咨询系统和双向视频咨询诊断系统、开发农业科技专题网站、研发数字化农村科普产品、开展移动农网和手机农网科技信息服务，为北京乃至全国多个省市地区的农业生产者提供了全方位的科技信息和实时互动的科技服务。在开展农民远程教育工作中，建立了覆盖京郊各乡镇、重点村和合作组织的475个远程教育接收站点，在京外建立的站点也辐射到20多个省市、地区。

（七）开展京外合作对接，加快科技新成果向全国辐射

坚持立足北京，面向全国，发挥北京市农林科学院科技优势，在服务首都的同时，高端科技成果不断向外省辐射。先后与河北承德、内蒙古、山西阳泉、四川、青海、贵州、海南西沙等地建立了帮扶关系，推广蔬菜、玉米、果树、畜禽、水产等品种及配套技术产品300多个，建立规模较大的蔬菜新品种、新技术等示范园区和基地上百个，有效地带动了当地科技发展水平及北京市农林科学院科技成果在全国的转化推广。

三、农业科技示范推广服务工作机制模式的实践与探索

针对北京都市型现代农业和社会主义新农村建设的需求，发挥科技资源的优势，积极探索农业科研院所开展科技示范推广服务工作的模式和机制。与政府联合，打造科技服务平台，通过建

立“院区、院企、院校、科农”四大科技合作模式，开展科技示范推广服务工作，有效地促进了农业增效、农民增收和北京市农林科学院科技服务能力的提升。

（一）与政府联合，打造科技服务平台

北京市科委和北京市农林科学院共建“农村科技服务港”。作为公益性服务平台，其主要功能是开展实用技术服务、农民培训服务、成果运营服务、技术推广服务和科技项目服务。作为整合资源的平台，农村科技服务港目前已整合北京市 700 余名专家资源，能够有效地为农村科技咨询服务提供智力支持。

从 2007 年开始，北京市大力发展农村科技协调员队伍建设，目前已建立起一支信息员、调研员、技术员、推销员“四员”融合的 7 000 余人农村科技协调员队伍，在北京郊区 13 个区县建立了百余个农村科技协调员基层工作站。为实现首都农业科技资源与协调员基层工作站的紧密对接，启动重点建设了一批农村科技传播资源站。目的是形成农业科技服务长效化的组织体系，将各类农业技术成果集中普及到基层农村科技协调员，切实起到典型示范带动的作用；将科技成果及时、快速、有效的传递给需求农民，提高科技服务的工作效率，切实解决农技服务“最后一公里”的问题，使首都科技资源更好地为“三农”服务。

（二）深化“院区、院企、院校、科农”四大科技合作

1. 深化院区合作，推动主导优势产业发展

北京市农林科学院先后与大兴、房山、顺义、通州、门头沟、密云、平谷、延庆 8 个区县和大兴长子营镇等建立了全面科技合作关系。2009 年配合农业部“基层农技推广体系示范县”建设，与大兴等区县围绕主导产业中主导品种和主推技术的推广，农业科技示范户的培育，农业科技示范基地建设，农技人员

知识更新培训等方面开展科研攻关和技术服务。

几年来，通过项科技攻关、基地建设、选派科技副镇长、科技帮扶对接等合作手段，为平谷大桃、大兴西瓜、房山食用菌、密云板栗，以及全市设施蔬菜等主导优势产业提供了从产前、产中、产后的科技支撑，推动了主导优势产业科技进步。另一方面，北京市农林科学院还从郊区当地政府、生产部门聘请了推广工作顾问，建立了院区需求互动机制和信息交流反馈通道。充分发挥科技推广工作顾问对当地农业生产、农民需求了如指掌的作用，通过其及时了解和反馈“三农”的科技需求，指导北京市农林科学院科研及郊区服务工作。

总体上来讲，院区合作取得了较好的效果，促进了成果转化和技术研究，促进了科研与生产的结合。院区合作的成功经验，总结为以下几点：

（1）完善合作机制，建立双赢模式。院区合作要取得成功，必须建立起科研院所与地方政府合作的双赢模式，只有合作共赢的模式，才能为院区合作带来了持久的生命力。同时，还要健全双方密切合作的机制，找准合作双方的结合点，推进产学研有机结合。

（2）立足发挥优势，科学选定合作内容。双方必须立足发挥各自的优势，科学选定合作内容，实现院方科技优势和区县农业资源优势的互补。合作中，院区双方以区县主导产业需求为出发点，以项目作为载体和切入点，以新品种、新技术等科技投入和示范推广为手段，突出重点，集中力量解决产业发展中的关键技术。这种根据区县需求确定研发重点，策划项目和实施内容，从而做到了有的放矢。

（3）强化财政支持，提供资金保障。以大兴区为例，为了保障合作项目的实施，大兴区政府直接为合作项目提供了财政资金支持，根据每个项目的内容，分别提供 60 万～120 万元不等的项目经费，用于项目的技术开发和研究，农业新品种、新技术的引进、试验、示范、推广以及相关产品的中试和推广等。

（4）结合合作平台，加强成果推广。院区合作为区县构建起了科技引进的平台，在项目实施过程中，院、区双方注重建立健全科技成果推广体系，构建起“院区合作＋区、镇农技推广机构＋村级科技示范户＋农户”的农业科技成果转化和推广大通道，形成了“金字塔”式的技术推广体系，架起了科研单位与生产一线之间的联系，产生了很好的经济效益，促进了农民收入的增加。

2. 深化院企合作，实现双方“共赢”

北京市农林科学院在发展过程中重点加强了与农业企业的科技合作，通过品种、技术、产品转让、技术支撑、技术入股、科技培训等方式，快速提升了企业科技创新能力和北京市农林科学院科技成果转化速度。

（1）紧密与北京市农林科学院有关联的企业合作，建立产、学、研相结合，育、繁、推一体化的机制。例如，畜牧所在禽用疫苗成果转化上，与山东信得集团的密切合作；玉米中心在成果转化上与北京市农林科学院种业科技有限公司合作，将新品种、新产品尽快地推向市场，服务于农业生产。

（2）与国内大型企业加强合作，发挥北京市农林科学院科技优势和企业资金优势，建立成果快速转化机制。玉米中心先后与国家五十强种子企业的山西屯玉种子科技有限公司、奥瑞金种子科技有限公司、大北农种子科技有限公司进行了良好的合作，京科 23、京科 308、京玉 7、京玉 11、京科糯 2000 创造了巨大的经济效益和社会效益；畜牧所先后与上海海利生物制药厂、保定瑞普生物制药厂、北京兽医生物制品厂等 13 家企业合作，转让了多个新研制的禽用疫苗。北京市农林科学院还与朝阳蟹岛、昌平天翼、百年栗园、东升方圆等一批涉农企业建立了长期而紧密的战略合作伙伴关系，本着“真诚合作、优势互补、共同发展”的理念，加快成果转化，实现了科技创新与成果转化的有效连接，开创了合作双方“共赢”的新局面。

3. 深化院校合作，联动支撑现代农业建设

注重首都科技优势资源的整合与推广服务，北京市农林科学院同北京农学院、北京农职院、首都师范大学、北京师范大学等一批院校建立了合作关系，建立了“产、学、研人才培养基地”和“研究生培养基地”；联合全国高等院校、科研院所组建了现代农业产业技术体系北京市创新团队，围绕产业发展需求，在研究与推广等众多领域取得了重大突破，并对农业科技资源合理配置，进行区域共性技术和关键技术的研究、集成、示范推广和农民培训工作；收集、分析农产品产业信息及技术发展动态，为产业发展规划和产业政策研究提供技术支持，为政府决策提供技术咨询，为社会和企业提供公共信息服务。

4. 深化科农合作，提高农民科技素质和专业技能

通过“百名专家送科技下乡”、“科技入户”、“双百涌泉”、“科技套餐配送”等系列活动，直接与农民专业合作组织或产销协会以及农产品销售的龙头企业合作，推广了种植、养殖、农产品加工、节水技术和农业装备等成果上百项，造就了一批有较大影响的农业专业合作组织，提高了产品的科技含量，培养了一批来自农村，服务农民的乡土人才队伍。同时，建立了科研院所与农民合作组织紧密结合，风险共担、利益共享的长效合作模式。在顺义与北务经纪人协会、顺鑫农业公司，在大兴与庞各庄西瓜产销协会，在通州与大运河蔬菜配送中心等的合作，都取得了很好的效果。

畜牧所与北京密云县建立了产业联盟，实行联系帮扶制度，使联资源、联农民、联科研的“三联机制”在“家禽专家门诊”活动中得到深入推广应用。畜牧所指派业务精、经验丰富的养殖专家对养殖合作社中的养殖户进行技术指导，做好饲养管理和畜禽疫病防控工作，显著提升了当地养殖户的科技含量和养殖效益。

（三）创新管理机制，提升推广服务效果

为更好地适应新形势下农业和农村经济发展要求，充分发挥科研院所科技创新和科技示范推广服务优势，提供更有效的科技支撑，加强了组织体系与制度建设。

1. 成立了院所两级科技示范推广工作领导体系

明确各自推广职责与任务，有效保证推广工作顺利开展。

2. 完善了管理制度和办法

修改完善了“北京市农林科学院科技示范推广服务工作管理办法”和“院对各所（中心）科技示范推广服务工作考核办法”。进一步明确了全院和各所的科技推广服务目标任务；建立了科技推广服务人员职称评聘和奖励等政策。

3. 建立了院与两委（农委、科委）互动机制

积极参与两委重大推广活动、任务的实施，提升推广服务的针对性。

4. 建立科技需求反馈机制

通过聘请推广工作顾问，开展区县定点联系，实现科技需求的及时反馈，指导科研立项和郊区示范推广服务工作，更准确地把握农民需求，更有效地解决农业关键技术问题。

5. 建立了专家督导机制

充分发挥专家督导组的作用，引入了检查督导评比的做法，专家督导工作强化了推广服务过程管理与服务效果，其作用如下：

（1）领导的“第三只眼睛”。

（2）科研管理的重要辅助力量 。

（3）验证科技成果贮备、推广队伍的“试金石”。

（4）各所资源整合的“源动力”。

（5）项目高质量完成的“助推剂”。

（6）现场培养年轻科技人员的“课堂”。

6. 建立了宣传机制

通过网络、报纸、电视等多种媒体及时宣传、展示推广服务工作成果。通过培训、现场会、观摩会等多种形式进行品种技术的展示与辐射推广。

四、科技示范推广服务工作中存在的主要问题与建议

(一) 农业科技示范推广服务工作存在的主要问题

近年来在农业部、北京市政府的大力支持下，北京市农林科学院集中了人才、技术等优势，在农业科技示范推广服务方面做了大量有益的尝试，取得了一定成绩，但作为科研单位在农技推广工作中也存在着一些亟待解决的问题和困难。

1. 科技示范推广服务经费不足

作为公益型农业科研单位，在服务政府、服务农民、服务市场，支撑农业农村经济发展过程中，发挥了及其重要作用。实践证明，科技进步已成为推动农业农村经济发展的决定性力量。但是农业科研单位开展农业科技示范推广服务工作的经费严重不足，基本没有直接获取支持该项工作经费的渠道。目前主要依靠各类科研项目，从中拿出少量经费用于开展示范推广和服务工作，因而造成成果推广规模、数量、范围、效果受到制约，难以保证科技示范推广服务工作长期、稳定、持续的开展。

2. 缺乏稳定的推广渠道

科研单位处于农业科技创新推广体系的上游，与下游的推广部门缺乏行政上的链接关系，在基层生产一线缺乏稳定的推广机构、人员、经费和政策保障，导致其只能以项目形式开展推广工作，缺乏持续性。

区域内相关科研、教学、推广等推广主体间在农业推广体系中承担的义务、责任、形式等没有明确界定，相互合作运行机

制、联动机制尚未有效发挥作用，导致目前工作重复、资源浪费、推广效果不佳的现状。

3. 缺乏稳定的推广队伍及综合型推广人才

农业科研单位从事农业技术推广与服务的人员多以科研人员兼职为主，缺少专职从事农业技术推广的人员。在现有科研任务繁重的背景下，科研人员抽出时间和精力从事大规模的农业技术示范推广服务工作，显得力不从心。当前成果推广与服务受体很多，单个或少数人员从事推广工作，难以满足现实需求。因此，需要一支技术全面，学科综合、稳定的推广队伍。

在现有学科结构设置下，科研人员多在单个领域具有较高造诣，在其他领域了解相对很少。但现实的农技推广工作中，即需要科研人员在主要专业领域具备高知识结构、技术过硬，又需要兼备其他学科的知识，才能有效解决生产实际问题。目前具备上述条件的推广型专家数量不多，培养高素质的综合型推广人才变得尤为重要。

4. 缺乏同步配套的人才评价制度

当前，农业科研单位在人才评价、绩效考核等方面还多以项目级别、项目数量、经费额度、获得成果（论文、知识产权）等作为主要评价指标。从事农业技术推广人员与从事科学研究的人员相比，在获得项目支持、取得成果、职称评聘、工资待遇等方面明显处于劣势。另外，在人们传统的思念观念中，认为科研单位从事科学研究才是科研人员的主业，从事农业技术推广的人员多是科研业务不行，是二流人才。因此，不同步、不配套的人才评价制度，严重影响了科研人员从事推广工作的积极性和主动性。

5. 缺少综合科技示范展示基地

目前，北京市农林科学院各所多以租地或无偿提供种子、种苗和技术服务等形式建立科技示范基地。虽然数量较多，但相对分散，不稳定，示范推广内容相对单一，综合科技示范效果不明显。缺少以院为整体单元，集成多个学科、多个科技成果的综合科技示范基地和展示平台，综合科技示范推广与展示效果受限。

(二) 农业科技示范推广服务工作的有关建议

1. 从财政专项经费中给予持续、稳定的资金支持

农业科研单位在农技推广体系中地位和作用非常突出，政府应加大对农业科研单位开展公益性科技推广工作的经费支持，通过建立专项经费，明确经费渠道，保障增量给予支持。通过指派科研单位承担推广任务等形式，实现科研单位带任务、带经费，带技术、带成果搞科技推广工作。同时加大科研示范推广项目中示范推广任务的比重，增加资金的持续投入力度，扩大项目覆盖面，延长项目实施期，保证农业技术推广效果更明显。

2. 建立区域性推广联盟和成果转化基地

(1) 建立区域性推广联盟。进一步加强农业科研、教学和推广机构的联合，建立区域内科研院所、大专院校、推广机构等参与的推广联盟。明确各推广主体在联盟中的地位、作用与职能，发挥各方在推广工作中的作用；建立联盟互动机制，强化不同单位、学科间的联合与协作，强化推广各部门间的上下贯通，强化科研部门间的横向联系，在科技推广关键环节上凝聚力量，在推进步骤上相互衔接，密切配合，实现重大成果的推广与转化。以产业技术体系为载体，大力建设具有首都特色、优势突出的产业技术体系，并不断拓展学科领域。建立科研、教学、推广三个方面紧密衔接、良性互动、共同发展的长效机制，推进科研、教学、推广三位一体有机结合。

(2) 建立区域性成果转化基地。建立区域性成果转化基地，使区域内优新成果在基地集中展示，充分展示北京“科技先行、科技引领、科技支撑”的科学理念，促进科研、教学与推广服务机构有效结合；以展示基地为平台举办培训班，以三方科技人员为教育资源，围绕农业生产关键时期，生产时节、病虫害应急等，对基层技术人员、科技示范户进行定期、系统、有针对性的技术培训，不断提升基层农民的技术水平。

3. 强化内部管理，提升服务质量

（1）引导科研人员深入基层，实现示范推广服务与需求全面对接。在思想上加强宣传与引导，使科技人员深入了解开展科技示范推广服务工作的现实需求与重要性，进一步转变科研人员的观念，消除科研人员下基层的畏难情绪。在政策上不断跟进，进一步完善促进科技成果推广与科技服务的相关政策，建立科技成果高效转化的有效机制；要鼓励科研与生产紧密结合，要深入了解农业发展需要和农民的实际需求，抓关键，突出重点，增强农业科技推广应用的针对性、时效性，提高科研单位解决生产实际问题的能力，实现科技成果推广服务与生产需求有效对接。

（2）建立稳定的推广服务队伍与畅通的推广渠道。努力营造良好的环境，建立有效地激励和培养机制，依托推广项目、科研基地，建立一支结构合理，业务精良、爱岗敬业、相对稳定的农业推广服务队伍。培养、造就一些综合能力强，能够解决生产实际问题，郊区农民认可的农业科技推广专家。

加强基层稳定畅通的推广渠道建设和推广队伍培养。通过科技合作、项目和技术成果的优先扶持，技物结合，完善培训服务平台，丰富培训内容等多种方式，建立科研单位畅通的基层技术推广渠道和一支素质较高、数量稳定的基层技术推广队伍，提升基层推广人员“科技二传手”的能力和作用，实现科技成果的快速有效推广。

（3）完善人才评价制度。完善人才评价制度，将农技推广工作作为人才评价体系的一个重要指标，提高农业科研单位科研人员从事农业示范推广服务工作的地位，在推广人员绩效考核中，将推广成果数量、推广规模、效益、服务质量等作为主要考核指标；在职称评聘、工资待遇方面要向推广人员适当倾斜，解决科研人员从事推广工作的后顾之忧；建立奖励机制，对在农业科技示范推广服务与成果转化工作中业绩突出的人员给予重点奖励，增强他们从事农业示范推广服务的积极性，提高科研单位科技成果转化速度和转化数量。

（4）搭建科技需求与服务反馈快速通道。通过建立各种需求与服务效果反馈通道，广泛收集地方政府、企业、农民等科技需求，了解农业产业发展方向，农业生产、农民致富急需解决的关键问题和成果服务效果等全方位信息，实现“科学研究来源于生产实践，成果在生产中完成，效果受生产检验”的科技服务导向机制，重点解决农业行业发展面临的应急性、关键性、培育性技术问题，切实提高了科技对主要农产品有效供给、农民增收、农业产业水平、转变发展方式的支撑与引领作用。

（5）加强综合科技示范基地建设，发挥示范带动作用。探讨建立北京市农林科学院综合科技示范基地的可行性，积极创造适当的条件，整合资源，使多学科的新品种、新技术和新产品科技成果在该平台上得到示范和展示，更好的发挥示范带动作用。

第六章

江苏省农业科学院开展农技推广试点项目工作总结

一、江苏省农业科学院农技推广历程回顾

江苏省农业科学院农业技术推广工作历史悠久，可以追溯到新中国成立初期。1959 年经江苏省委批准成立中国农业科学院江苏分院之后就进行了大规模的农业科技服务工作。20 世纪 60 年代初，江苏省农业科学院在江苏全省实施样板田工程，其中太湖区域的样板田是全国十大样板工程之一。据《关于 1965 年样板工作总结》材料，实施样板的社队产量比周围社队产量高 10％～20％。在 20 世纪 80 年代末和 90 年代初，江苏省农业科学院与 14 个县市联合开展了农业科技重点服务工作。20 世纪 90 年代中期到 21 世纪初，又在淮北地区实施农业科技促小康工程。

从 20 世纪 80 年代末，江苏省农业科学院在注重无形技术推广服务的同时，逐步强化有形技术的研发和推广工作。根据农业科研和农业现代化建设的要求，江苏省农业科学院建立和培育了一批科技型企业。这些科技型企业对江苏省农业科学院各个研究所的研究成果进行产业化，通过营销网络和与地方农业技术推广体系的对接和业务联系，将江苏省农业科学院研制的最新成果如种子、种苗、农药、兽药、有机肥等物化农业技术不断地推广到

广大农村。

院工作总体部署方面不断重视农业技术推广工作。从20世纪90年代提出的一体两翼，即以农业科学技术研究作为江苏省农业科学院的主体工作，以科技服务和农业科技产业开发作为农科院发展的两个翅膀，发展到近年提出的公益性研究、科技服务和产业开发是农科院发展三大工作重点。作为农业技术推广核心工作的农业科技服务和产业开发工作已经成为江苏省农业科学院主要工作之一。

农技推广的目标从追求产量转变为追求效益。在60～70年代，农业科技服务工作以提高大田作物如小麦、水稻、油菜、棉花等单位面积产量，为社会提供较多的农产品为主；现在在注重大田作物产量和品质的同时，把发展设施农业、高效农业和规模养殖也作为科技服务的主要目标，以提高单位产值和收益以增加农民收入。

农技推广服务从面到点、以点带面。农技推广服务从与市（县）级政府合作、科技大篷车或科技集市科技服务方式，发展到现在科技人员直接进村与农民同吃、同住、同劳动手把手传授技术的科技服务方式。科技服务通过整村推进帮扶一个村；通过高效农业示范，带动一定区域特色产业的发展；通过帮扶几个乡镇，推动县域农业经济全面发展。通过多途径的科技服务，为江苏全省农业发展服务。

在组织数百名专家进村头，下田头的同时，江苏省农业科学院利用平面媒体、电话、网络、培训班传播农业科技新技术，为农民答疑解惑。

二、江苏省农技推广的主要做法

（一）创新农技推广体系

为适应农村经济社会发展对农业技术的需求，江苏省农业科学院建立了比较完善的农技推广体系。该体系包括公益性科技服务体系、科技型企业＋物化成果服务体系、农业技术展示体系等。这些机构各司其职，互相配合，形成比较完善的农业技术推广体系。通过有形技术推广、技术展示、专家进村、媒体、网络、电话等多途径科技服务，共同推动江苏省农业科学院科技成果转化和农业科技推广工作。

1. 公益性科技服务体系

为了适应农村经济发展的需要，江苏省农业科学院构建了农业科技服务体系，该体系主要从事公益性的科技服务。该体系有处、项目组等机构、科技服务人才队伍、科技服务专项资金、科技服务考核指标；还有平面媒体、网络、热线电话等科技服务载体。完善的科技服务体系推动江苏省农业科学院科技服务工作不断完善服务内容，满足江苏农业发展需要。

（1）设置专业机构、配备专职人员。江苏省农业科学院科技服务机构包括院部设有科技服务处，研究所设置科技服务项目组。科技服务处的主要职责是协调和组织全院的科技资源，在江苏全省及国内其他地区开展科技服务和农业技术推广工作，组织实施科技帮扶整村推进、高效农业示范、科技扶贫、科技拥军、苏浙沪农科院科技兴农联合服务团、对口支援四川绵竹等活动。科技服务项目组按照科技服务处下达的任务合同，实施相关的科技服务工作。

在组建机构的同时，安排部分科技人员全职从事农业科技推广工作和科技服务管理工作。科技服务人员分专职人员和兼职人员。专职人员是在科技服务项目组专职从事科技服务和科技服务管理工作；兼职人员则是科技服务项目组因专业限制无法完成有关专业性很强的科技服务工作的情况下，聘请本所相关专家从事该项目的科技服务工作。

（2）争取资金支持，专款专用。公益性的科技服务需要资金支撑。江苏省农业科学院公益性的科技服务工作是在启动实施过程中逐步扩大影响、谋求省政府专项资金支持的。前期主要是受邀从事科技服务工作的，由于工作成效显著，受到省有关部门的重视，给予了资金支持。由此成效越来越明显，省有关部门对江苏省农业科学院科技服务工作的支持力度也越来越大。

江苏省农业科学院将省有关部门下达的科技服务经费按科研项目资金的管理形式进行管理。通过项目申报、评审后，将资金拨给科技服务项目组。由他们按照合同要求使用。

（3）专门考核。江苏省农业科学院在提供资金的项目进行考核。每年年底，全院组织有关专家和财务人员对科技服务项目执行情况进行交流考核。科技服务人员对项目执行情况进行交流总结，互相提高。同时对项目执行情况进行考核，考核内容主要是项目合同完成情况，具体指标主要包括蹲点天数、项目实施的规模（包括示范规模和辐射规模）、推广的主要技术或集成技术、农民增收情况、资金使用情况和社会评价等。

2. 科技型企业+物化成果的农业技术推广体系

为了推动江苏省农业科学院科技成果产业化，加快推广江苏省农业科学院科学技术，江苏省农业科学院成立了农业科技型企业。首先，院部成立了江苏省农业科技实业总公司，科技实业总公司代表江苏省农业科学院从事院本部农业科技产业的投资管理，参与管理院控股以及院直接投资的22家企业。产业涵盖了种子、种苗、农药、兽药、辐射、加工、生物保健、种畜繁育、农产品加工等领域。科技实业总公司代表农科院为每个专业所成立一个科技型企业，为专业所科技成果产业化提供平台。其对应关系如下：

粮食作物研究所——江苏明天种业公司、南京两优培九公司，主营种子生产经营。

农业资源与环境研究所——江苏明天生物公司，主营螺旋藻生产加工经营。

经济作物研究所——江苏明天种业公司，主营种子生产经营。

原子能所——江苏瑞迪生公司，主营原子辐照、灵芝孢子粉生产经营。

兽医所——江苏天邦科技公司，主营兽药生产经营。

植物保护研究所——苏科农化公司，主营农药、农产品监测试剂生产经营。

蔬菜所——江蔬种苗公司，主营蔬菜种子、花卉苗木生产经营。

园艺所——江蔬种苗公司，主营蔬菜种子、花卉苗木生产经营。

畜牧所——明天农牧公司，主营动物种苗、饲料生产经营。

生物所——江苏明天种业公司，主营种子生产经营。

食检所——苏科农化公司，主营农药、农产品监测试剂生产经营。

农产品加工所——明天农牧，主营农产品加工。

目前，科技实业总公司及其成员企业的资本规模已逾 6 亿元人民币，发展成为具有农业科技产业集团特征的企业。

这些科技型企业通过其自身的营销网络或与农业技术推广体系合作，将江苏省农业科学院各个研究所的最新研究成果推广到广大农村。

3. 农业技术展示体系

为了展示现代农业科技发展成果和现代农业技术成果的综合集成技术，向各级政府、企业展示现代农业发展水平和农业发展方向，将现代农业从概念转变为现实，江苏省农业科学院在江苏全省建立了现代农业技术示范展示体系。在南京，建立了占地 3 000 亩六合动物科学基地，该基地主要展示现代动物科学发展水平和综合养殖技术，以及循环农业发展模式；建立了占地 3 000 亩溧水植物科学基地，该基地主要展示植物科学新品种、设施农业技术水平；在院部建设了占地 30 000 米^2 的紫金生态园，该生态园主要展示农产品从田头到餐桌的食品供应链体系。

在江苏省其他地区，江苏省农业科学院与地方政府、企业合作，建设了适合当地经济发展的现代农业示范园区。在苏南，江苏省农业科学院与高淳武家咀集团建设了武家咀现代农业示范园区；与企业合作，建设了苏州金庭大成现代农业示范园区。在苏中，与兴化市政府合作，建立了兴化果蔬研发中心。在苏北，与仰徐村合作建立了盐城仰徐现代农业示范园；与企业合作，建设了盐城省级现代农业示范园区。

这些基地和园区在展示现代农业科技成果的同时，也在不断转化江苏省农业科学院最新的综合性农业科技成果。

（二）创新农技推广方式

近年来，江苏省农业科学院不断总结经验，完善农业科技服务方式，科技服务从面上服务发展到具体的项目，服务对象从原来的县域转变为对一个村、一个企业、一个产业的服务。通过多途径的科技服务，为江苏全省农业发展服务。

1. 淮北科技促小康

在 20 世纪末 21 世纪初，江苏省农业科学院在江苏淮北实施农业科技促小康工程。主要做法是派出科技副县长，为淮北一些县引进新品种、集成配套高效种养殖技术。以实施粮棉油增产工程、多种经营技术改造工程、农业可持续发展工程为重点，全面提高淮北 9 个省重点贫困县的整体生产能力和生产效率，逐步使淮北农村走向可持续发展的道路。

通过 6 年卓有成效的工作，取得了明显的成绩。推动了这些县的农业结构的优化调整；促进了农业主导产业基地的形成；提高了农民靠科技致富的能力；加快了农业科技成果的推广应用。经济效益非常明显，在淮北 9 个重点服务县农民直接或间接增收 40 亿元，人均增收 400 多元。

丰县是江苏省农业科学院开展淮北科技促小康县，位于江苏省最北部，属黄泛冲积平原，国土面积 1 450 平方公里，其中耕地面积 110 万亩。2000 年，全县总人口 109.4 万，其中农业人口 89.7 万人。从 1996 年开始，江苏省农业科学院先后派出果树专家周建涛研究员和刘华周研究员任丰县科技副县长。他们在丰县工作期间，依托农科院的技术优势，加大丰县农业新品种、新技术的推广力度，调整优化农业结构，建设特色农业基地，实现了规模化与产业化的有机结合，形成了“南果北粮，西菜东特”的农业区域布局。培育主导产业，形成了红富士苹果等生产基地。到 2000 年，全县拥有连片果园 48 万亩。通过几年的科技促小康工程的实施，丰县农业综合水平明显提高。丰县先后被确定江苏省唯一的农业产业化经营试点县和苏北星火产业带果品蔬菜支柱产业发展重点县，享有“中华果都”和“绿色丰县”的美誉。农业结构优化，粮经比例由 20 世纪 80 年代末期的 8∶2 调整到现在的 3∶7。形成了水果和蔬菜两大支柱产业。“大沙河”牌红富士苹果和白酥梨蝉联三届农业部优质水果称号，并被 99 昆明世界园艺博览会唯一指定为无公害水果。“九五”期间，丰县农业科技的贡献率达到 51%。

2. 科技扶贫，扶持经济薄弱村发展

为了促进全省农村协调发展，江苏省在全省选择 1 011 个在全省农村经济综合发展相对薄弱的村给予重点帮扶。江苏省农业科学院在全省选择了其中具有示范带动作用的 15 个经济薄弱村，连续 5 年开展科技扶贫工作。主要做法是实施五个一工程，即在一个行政村，派驻一名长期蹲点的科技人员，推广转化江苏省农业科学院一批科技成果或现有的农业生产技术，形成一个规模产业，带动一方农民大幅度增收。这些经济薄弱村在江苏省农业科学院科技人员的帮扶下，发展了高效农业，村集体经济组织和农民收入大幅度增加，一些经济薄弱村如垫湖村还成为当地的康居示范村。

垫湖村是江苏省农业科学院科技扶贫村，地处泗洪县西南岗，是江苏省 1 011 个经济薄弱村之一。2005 年，该村是一个极其普通的经济薄弱村。全村有耕地 11 000 亩，人口 4 015 人，全村人均收入不足 2 000 元。村小学只有 21 间漏雨的校舍。全村种植水稻、小麦等大田作物，没有高效农业。农户居住混乱，生活环境脏、乱、差。

2006 年初，江苏省农业科学院开始对垫湖村实施科技扶贫工作，到目前已有 10 位专家参与科技扶贫工作，院领导每年多次到垫湖村视察并指导工作。江苏省农业科学院首先制定了垫湖村的发展规划，包括经济、社会全面规划。指导建设了居民小区、农民公寓、农民活动广场、农资超市、生活超市、农村改革纪念馆等。在教育方面，建设了小学校内道路、水泥操场、三层教学楼和围墙等。在经济建设方面，成立合作社，指导农民种植优质水稻、建水稻加工厂，水稻和大米的销售价格分别比市场价高 40%和 60%；引种紫心山芋；开发草鸡蛋；发展设施大棚 2 000 亩，发展日光温室 500 亩，引种哈密瓜、黄皮甜瓜、网纹甜瓜和优质西瓜等优质品种。

通过近 5 年的科技帮扶，垫湖村经济社会发生了巨大的变化。农民人均收入超过 5 400 元，村集体收入每年超过 10 万元。农民生活环境得到巨大改善。2008 年垫湖村被宿迁市命名为宿迁市康居示范村，被宿迁市评定为文明村等。2009 年垫湖村被评为江苏省康居示范村。

3. 派驻科技特派员，实施高效农业科技示范

江苏省农业科学院在全省选择一些有产业基础、农民有扩大规模的愿望、辐射能力强、对周围农民发展高效农业有带动作用的乡镇派驻科技特派员。科技特派员通过传授相关先进技术、帮助农民解决生产管理中的技术问题，能够大幅度提高农民的种养殖水平，降低生产成本，提高经济效益，增加农民收入。

在帮扶经济薄弱村的同时，江苏省农业科学院还实施高效农业科技示范项目。目前江苏省农业科学院在江苏全省已选择 18

个高效农业发展项目，每个项目由一个项目组负责。通过技术扶持，实现规模化生产。通过这 18 个项目实施乡镇的辐射和带动，这些乡镇周边的乡镇高效农业也逐步发展起来。

4. 科技支持，帮助县域经济发展

在帮扶经济薄弱村和发展高效农业的基础上，江苏省农业科学院又将科技入户的科技服务模式进一步推广到县市。2009 年江苏省农业科学院在江苏全省选择 13 个县，2010 年在全省选择了 14 个县，每个县选 5 个乡镇，每个乡镇再选取具有辐射和示范功能的一个行政村实施挂县强农富民工程。每一个县由一个专业所或农区所具体负责挂钩科技帮扶。全院共有 13 个研究所参与了挂县强农富民工程。每个研究所安排具体的项目组或科技人员。

5. 扶持大学生创业

为贯彻落实国家相关政策，扶持大学生创业，江苏省农业科学院主动帮助 50 名大学生村官创业。在帮助大学生创业的过程中，根据大部分大学生村官的非农学专业和缺乏创业资金等实际情况，江苏省农业科学院既给予他们无形技术手把手的指导，也无偿给予种苗、肥料、大棚等有形技术的扶持，同时给予一些大学生 2 万元的项目启动资金。

封其兵是江苏省农业科学院扶持的大学生村官，他于 2007 年 7 月来到垫湖村做一名大学生村官，在江苏省农科院科技人员的帮助下，封其兵已成长为当地一名优秀的农村干部，宿迁市十佳大学生村官，宿迁市劳动模范，泗洪县上塘镇副镇长。

6. 农业科技拥军

开展科技拥军也是江苏省农业科学院科技服务工作的一项重要内容。近几年来，江苏省农业科学院受驻宁部队的邀请，经常组织专家到军队传播农业生产技术。一方面不断培养军地两用人才；另一方面通过对部队开展科技拥军活动，美化了部队营房周边环境，改善了部队农场生产条件，提高了部队官兵农业生产水平，特别是高效农业生产水平。部队农场在江苏省农业科学院专家的帮助下，生产水平和优质农产品生产量明显提高，大大丰富广大官兵菜篮子，提高了官兵的生活水平和作战能力。

7. 服务农业龙头企业

近年来，江苏省农业科学院向农业龙头企业提供科技服务，借助龙头企业与农户的关系，为广大农民服务。农业龙头企业一般规模较大，对这些农业企业的科技服务能够实现农业科技成果效益最大化。目前，江苏省农业科学院已为10多家农业企业服务，创造出巨大的社会和经济效益。

常州立华畜禽公司是一家江苏省规模较大的畜禽养殖龙头企业，年出栏肉鸡8 500万羽，带动养殖户3 800户。2006年，江苏省农业科学院与公司成立了江苏省农业科学院立华家禽研究所，江苏省农业科学院专家常年在研究所工作，解决立华公司家禽养殖中的问题，并根据家禽养殖情况进行技术创新。在专家的帮助下，改良了饲料配方，每只鸡的养殖成本降低了0.1元，公司每年节省成本近1 000万元，同时疫病的防治技术更加科学，鸡病死率大大降低。

8. 苏浙沪农科院科技兴农联合服务团

为了实现科技资源共享，2001年苏浙沪三地农科院组建了科技兴农联合服务团。旨在把三院科技成果为一地服务，一院科技成果为三地共用，每年举办一些大型的科技服务活动，“成果共用，优势互补，专家互派”。上海农科院缺少养羊方面的专家，江苏省农业科学院钟声研究员是养羊方面的专家。上海有一家养羊场，需要技术扶持，通过上海农科院，江苏省农业科学院派出钟声研究员到上海开展养羊技术服务。

9. 多途径提供农业科技服务

在组织数百名专家进村头，下田头的同时，江苏省农业科学院利用平面媒体、电话、网络、培训班传播农业科技新技术，为农民答疑解惑。《江苏农业科技报》是全国农业科研单位创办的唯一传播农业新技术的报纸。它面向农民、种养殖大户、农技人员，每周出版 2 期；江苏省农业科学院还开设农业科技服务热线，相关专家常年在岗，解决农民生产中遇到的问题。开设江苏省农业信息网和江苏省农科院科技服务处网，传播农业科技成果、技术、政策和信息。另外，江苏省农业科学院专家还开设个人博客，详细解答农业生产中经常遇到的问题，也通过网络系统回答农民提出的问题。根据农业生产特点，在关键季节进行大规模的技术服务，如在水稻病虫害预防的关键时期，在动物疫病如猪流感、禽流感等预防的关键时期，江苏省农业科学院组织专家到农村进行授课和现场指导。

三、江苏省农业科学院农技推广成效

高效率的农业技术推广体系和完善的运作模式，将江苏省农业科学院科技成果和先进的农业生产技术迅速转化为现实生产力，为江苏省农业科学院创造了巨大的经济效益，为社会创造了巨大财富。

（一）经济效益

农业技术推广体系的经济效益主要来源于技术成果的转让费和科技型企业的经营利润。院知识产权处为技术供求双方提供合作机会，将江苏省农业科学院成熟技术迅速转化为现实生产力。例如 2007—2008 年，仅院部 13 个专业所和研发中心两年就签订 26 项技术转让合同，合同总金额 2 128 万元。院部科技型企业销售额保持每年 30%高速度发展势头，到 2008 年院参股和独资的 22 个科技型企业销售总额超过 2.2 亿元，其中明天种业公司种子销售收入超过 8 000 万，天邦科技公司兽药销售收入超过 7 000 万，苏科农化公司农药销售收入超过 4 000 万。在销售额高速增长的同时，利润也不断增长，到 2008 年，全年实现利润

2 281 万元。院部和 10 个农区所所属的科技型企业 2008 年销售额已突破 10 亿元，利润已超过 1.1 亿元。

（二）社会效益

江苏省农业科学院农业技术推广绩效更多体现在社会效益方面。江苏省农业科学院作为江苏省农业技术的支撑机构和农业发展咨询机构，多年来为江苏农业发展献计献策，为江苏经济发展做出巨大贡献。有形农业技术的广泛应用特别是种子、农药和兽药应用，提高了农作物单产，降低了病虫草害的危害程度，改善了畜禽生长环境降低了畜禽病死率。节省劳动力的水稻旱育秧技术在江苏全省普及推广；蓝藻的防控技术在太湖应用后太湖水质的改善；稻飞虱、禽流感、猪蓝耳病等带有毁灭性的动植物疫病防控技术的普及和推广使这些疫病的发生率远低于全国平均水平。比如江苏省农科院系统培育的主栽品种栽培面积超过全省栽培面积的 60%，使江苏省主栽品种单产高于全国平均水平的 10%～20%；亩产可达 800 千克的超级稻“两优培九”在全国的推广面积已达 2 亿亩，全国多生产水稻 200 亿斤。良种大面积应用，为我国粮食安全作出了巨大贡献。

在实施科技入户的 100 个行政村，每个行政村经济和社会效益在科技人员的帮助下都得到不同程度的发展。这些村农民人均增收 1 000～15 000 元，被帮扶农民增收总额达到 10 亿多元。被帮扶行政村的经济社会全面发展，成为当地农业科技和产业的辐射基地，引领周边地区经济发展。

四、江苏省农业科学院农业技术推广的经验

（一）把农业技术推广作为农业科研单位主要工作之一

江苏省农业科学院一直把农业技术推广工作作为院工作重点

之一。在机构设置上，设置了实业总公司，管理院办独资和合资科技型企业，推动院科技成果产学研合作，促进院种子、兽药、农药、肥料等技术成果转化。设置了知识产权处，构建我院知识产权交易市场，保护我院技术成果，推动我院科技成果向院办科技型企业和院外科技型企业扩散。设置公益性科技服务机构，专门从事公益性的科技服务工作。院部设置科技服务处，相关研究所设置科技服务项目组，专业从事公益性的科技服务工作。每年院财务部门拨付专款给科技服务部门，作为科技服务经费。

（二）农业科研单位把解决“三农”问题作为农技推广的重点工作之一

农业科研单位要为农业经济发展服务，解决农业发展中遇到的技术问题。在20世纪60～70年代，粮食产量作为农业生产目标时，江苏省农业科学院就示范推广农业高产技术。在20世纪90年代，在构建小康社会实践中，江苏省农业科学院派专家到苏北主要县市开展科技促小康工程。21世纪初，在确保粮食增产的前提下，江苏把发展高效农业作为农民增收的重要源泉，江苏省农业科学院就在全省推广高效农业生产技术。为实现两个率先，江苏省在全省实施挂钩帮扶经济薄弱村工程，江苏省农业科学院就在全省选取一些具有带动辐射功能的行政村开展科技帮扶工作。当农业生产中出现一些动植物重大疫病和自然灾害时，江苏省农业科学院迅速组织专家攻关，提出具体解决方案，如在禽流感、猪蓝耳病、稻飞虱大发生和极端天气发生时，江苏省农业科学院迅速组织专家商议对策，形成技术方案，通过各种媒体向广大农民传播。

（三）农业科研单位要把示范引领农业发展方向渗透到农技推广工作中去

江苏省农业科学院还把引领农业发展方向作为其农技推广

的重点工作。未来农业是什么样的是地方政府和农业从业人员想要知道的。江苏省农业科学院在提供现实农业发展中所需技术的同时，还建设现代农业技术展示体系，以引领农业发展方向。在南京溧水白马建设白马植物科学基地，展示现代植物栽培集成技术，引领植物发展方向。在六合建立动物科学基地和循环农业基地，展示现代动物养殖技术和循环农业。在院部建立农业生态园，展示生态农业食物从田头到餐桌过程以及农耕文化。

（四）科技人员直接进村与农民面对面开展农技工作

江苏省农业科学院要求科技人员在科技服务过程中，不仅要讲课发材料，更要扎根农村，进村入户，直接同农民面对面开展科技服务，“做给农民看，带着农民干”，手把手让农民真正掌握现代农业生产技术。江苏省农科院派出100多名科技人员到100个行政村开展科技服务工作。这100多名科技人员长期驻村蹲点，与农民面对面开展科技服务工作。

（五）与有关单位协同开展农技推广工作

为最大限度推广农业技术，为“三农”服务，江苏省农业科学院还与有关部门一道，共同开展农技推广工作。与省农工办合作，在全省经济薄弱村开展科技帮扶整村推进，帮助经济薄弱村实现脱贫的目标。与省农委合作，在全省选择14个县市70个行政村开展挂县强农富民工程，发展高效农业增加农民收入。与省委组织部合作，帮助大学生村官创业。与龙头企业合作，通过公司加农户方式借助公司这个载体推广现代农业技术。与地方政府和农业科技型企业合作，建设现代农业示范园，推广展示现代农业生产技术。与种子、兽药、肥料、农药等科技型农业投入品生产企业合作，借助企业生产技术和营销网络，推广我院科技成果。

五、江苏省农业科学院在实施农业科技服务过程中存在的问题

（一）科研单位在农业技术示范推广工作中的角色没有定位

农业技术示范推广主要应该由农业技术推广部门实施，但一方面农业大县大多是财政穷县，地方财政不能满足农业技术推广体系正常运转所需要的资金支持；另一方面农技推广体系工作人员专业和技术水平有限，农业技术推广体系无法满足当地农业发展特别是高效农业生产的需要。而科研单位大多数专家技术水平较高，能够解决当地农业生产特别是高效农业生产中遇到的技术问题。科研单位在地方农业经济发展过程中特别是新技术的引进和示范推广方面其作用远远大于当地农业技术推广部门。然而，科研单位从事农业技术推广没有被纳入到科研单位主要业务中。在从事科技服务工作中，基层没有对口协助工作单位。科研单位如果不受到邀请，就无法主动上门解决地方发展高效农业所遇到的技术问题。因此，有必要将科研单位从事农业技术推广作为主要任务之一，鼓励科研单位展示推广先进的集成农业技术。

（二）基层政府对科研单位从事农业技术推广工作基本配合不够

由于乡镇政府对农业技术推广工作不重视，科研单位的科技服务工作没有被给予充分的配合。科研单位工作人员本身有自己的工作任务，指导地方发展高效农业属额外工作，很辛苦，也为农民解决很多实际问题，为当地特色产业和经济发展作贡献，但当地政府不支持，这使很多科研人员为农服务的热情大大降低。

（三）从事农业科技服务工作绩效没有被纳入到科技人员工作考核

科研单位在对科技人员考核时，主要强调论文和课题两项指标，科技服务工作并没有被纳入到考核中去。被临时抽调参与科技服务工作的科研人员，花费大量时间和精力从事科技服务工作，创造了社会效应和经济效益，而在年终考核时，却不能将科技推广绩效纳入考核范围；在职称评审中，科技服务绩效不能增加职称评审的分值。这使得科研人员从事科技服务工作的积极性难以被充分调动起来。

（四）科研单位从事科技服务工作缺乏稳定的资金支撑

科研单位申请的项目经费基本上是专款专用，从事科技服务工作的资金大多来源于申请的科技服务项目资金，项目结题后，如果没有后续资金跟进，科研人员就难以继续进行科技服务工作。

（五）科技人员生产技术也有待提高

科研人员往往在某一个领域研究非常深入和超前，而对于生产实践中遇到的问题常常不能提出有效的解决方案。大多数专家技术过于专业，而农业生产是多项技术集成，仅仅有某一项技术还不能满足农业生产的需要。科研人员能够通过文献检索等方法了解到本专业领域的最新研究进展，但缺乏实践经验，对实际生产中的现代化程度了解不够，结果有的科研人员综合技术水平还不及生产者。

第七章

黑龙江省农业科学院“四位一体”院县科技合作共建模式

一、项目背景

党的十七届三中全会指出“农业发展的根本出路在科技进步”。黑龙江省是农业大省，是我国重要的商品粮生产基地，在保障国家粮食安全上具有举足轻重的战略地位。黑龙江省每年大约审定或鉴定300多项农业科研成果，有的达到了世界领先水平，但黑龙江省的农业科技成果转化率仅为20%～30%，而发达国家的农业科技成果转化率高达80%左右。很多科研成果锁在抽屉里，不能有效地转化为现实生产力。国内外的发展经验和我国的基本国情决定了只有科技进步才是确保我国农产品的有效供给和维护国家粮食安全的重要支撑；才是转变我国农业发展方式和推进中国特色农业现代化的根本保证；才是缓解我国资源环境压力和促进我国农业可持续发展的必然选择。解决“三农”问题，最终要靠科技。而现实却是科研成果与农民需求脱节，科研与生产脱节，科研部门与推广部门脱节，其主要原因是原有的科研、推广、生产条块分割，科研课题和生产实践联系不密切，农技推广部门知识老化，推广体制不能适应“三农”发展需要，不能自我发展壮大，县、乡级农技推广部门呈现出线断、网破、人散的局面。

黑龙江省农业科学院始建于1956年8月，隶属于省政府。经过50多年的建设和发展，已经成为在全省规模最大、在全国有重要影响的综合类农业科研机构。全院直属30个分院（研究所），分布在哈尔滨、齐齐哈尔、大庆、佳木斯、牡丹江、绥化、黑河等不同农业生态区；建有国家马铃薯种质改良中心等36个国家级和省部级中心、重点实验室；拥有1个博士后工作站，有职工3 158人，其中高级职称科研人员560人、博士47人、省级重点学科带头人13人，享受国务院和省政府特殊津贴135人；“八五”以来，共获得省部级以上科技成果奖337项，其中国家级发明奖、科技进步二等以上奖18项，省长特别奖11项，占全省农业类重大奖项的85%以上，育成推广大豆、玉米、水稻、小麦、马铃薯等新品种515个，应用面积占全省农作物种植面积的70%以上，每年为全省农民多创效益70多亿元。

农民渴望科技，科技需要服务于农民。因此，建立科研、生产、推广一体化的农业科技推广新模式，实现科研与农业生产、科研成果与农民需求、专家与农民有效对接，是新时期发展现代农业，建设新农村的迫切需要。如何将先进的农业科技成果和技术推广到千家万户，黑龙江省农科院在全国首次提出“论文写在大地上，成果留在农民家”的创新理念，率先在全国创造性地建立“四位一体”院县科技共建模式。

2003年底，为了助推全省县域经济的发展，黑龙江省县域经济工作会议上，划分出了“十强”、“十弱”县。十强县自不用说，十弱县如何发展？如何脱贫？成为困扰省委、省政府的一个难题。单纯的资金给予，回报总是不尽如人意。省农科院审时度势，适时提出了科技帮扶“十弱”县，得到了省委、省政府的大力支持。一个县给予帮扶资金50万元，但资金不落到县里，而是作为科技项目资金落到省农科院，省农科院再将此项资金转化为新品种、新技术、培育新农民，反馈给“十弱”县。从科技研发的“源头”入手破解农业增产、农民增收难题，探索新时期科技解决“三农”问题的有效途径。就这样，科技帮扶、科技脱贫、科技共建，在龙江大地的十个弱县启动了，由此拉开了黑龙江省院县科技合作共建的帷幕。

2004 年黑龙江省农科院与延寿、桦川、抚远、孙吴等 10 个县率先启动了院县农业科技合作共建，取得了显著实效，成功创立了“黑龙江省院县农业科技合作共建”模式。为了推广该模式，黑龙江省委、省政府先后于 2005 年、2006 年召开两次现场办公会议，决定整合全省农业、科技、教育资源，组织全省科研、教育、推广部门的省农科院、八一农垦大学、黑龙江省农业职业教育学院、东北农业大学、省农技推广站等 15 家单位，在全省范围内开展院县农业科技合作共建。2003—2008 年黑龙江省院县农业科技合作共建覆盖了全省 67 个县（市、区），其中省农科院承担了 34 个县（市、区）的共建任务。

二、指导思想

以“论文写在大地上，成果留在农民家”的首创理念为指导，整合全省农业科技教育资源，以“科技园区、专家大院、致富项目、科技培训”四位一体的平台建设为载体，以提高农民科技素质、增加农民收入为目标，以农业科学技术的集成组装创新和示范应用为引领，搞好科技示范，培训提高农民，提高农业标准化水平，推进农业科技进步，促进各县（市、区）农村发展、农业增效和农民增收。

三、建设规模及实施步骤

第一批创造模式阶段：2004—2006 年，黑龙江省农科院科技帮扶抚远县、青冈县、泰来县、明水县、望奎县、兰西县、桦川县、孙吴县、延寿县、克东县10个弱县，成效显著，成功创建了科技合作共建模式。

第二批推广经验阶段：2005—2007年，为了推广农业科技合作共建模式，黑龙江省在25个县市开展了第二批共建任务，省农科院承担了在安达市、北林区、富锦市、海伦市、绥棱县、嘉荫县、嫩江县、五常市、克山县、肇东市、宾县、铁力市、富裕县、讷河市、宁安市、庆安县16个科技合作任务。

第三批全面铺开阶段：2006—2008年，合作共建实现黑龙江省67个县（市/区）的全面覆盖。在第三批共建任务中，省农科院承担了在绥滨县、饶河县、爱辉区、穆棱市、逊克县、五大连池市、集贤县、汤原县8个县市的任务。

四、模式的创新点

科技理念创新：率先在全国提出“论文写在大地上、成果留在农民家”的农业科技创新、成果转化和服务“三农”理念，形成课题来源于实践，成果应用于生产，效果在生产中体现，人才在实践中成长，科技服务于生产的新机制。

组织方法创新：建立了黑龙江省院县共建农业科技成果转化工程模式（农业部概括为：“1+1”致富奔小康模式），创建了四个子系统即科技园区、专家大院、致富项目、科技培训四位一体的农业科技推广新模式。

推进机制创新：建立了科技副县长纽带制、领导全面负责制、监督检查机制、全方位考核和激励约束机制。

技术路线创新：通过“集成组装—示范展示—推广应用”成功筛选出一系列农作物生产、畜牧业生产和农民增收致富的主导品种和主推技术，促进了新成果的应用达成和农业经济的持续增长。

五、主要做法

（一）创建各级农业科技示范园区，将农业科技送到田间地头

为充分展示推广农业科技成果，使农民看得见、摸得着、学得会、用得上，省农科院出专家、出方案、出资金、出技术、出成果，县提供土地，在各县选择便于农民参观的地点在县里建农业科技核心园区、乡里建科技示范园、村里建科技示范田。每个核心园区都有 100 亩以上的规模，分别展示当地需要的大豆、玉米、水稻、经济作物、蔬菜、饲料、饲草和北药等名优特新品种，新肥药及标准化高产栽培技术等农业新成果 100 项以上，试验、示范、推广，功能齐备。在科技园区建设上采取市场化运作的新机制。科技园区建设的水利、电力、道路、标牌等基础设施建设由省农科院负责，园区的正常管理由县农业技术推广中心按市场化机制运行，地租和管理费从园区产出收益中支付，剩余归农技推广中心，充分发挥了院县各方面的积极性，保证了园区的旺盛活力。在农业生产整地、播种、各种作物生长发育的关键时期，各园区都以田间博览会、标准化技术现场会、新成果田间发布会等形式，由省县专家现场手把手向农民传授农业技术，解答咨询，使农民能够就近看得见、摸得着、学得到、用得上最新、最实用的农业科技成果，起到“做给农民看，引导农民干，给农民做示范”的示范、展示作用。使农业科技园区真正成为农民学习农业科技的田间课堂、农业科技成果进入农家的高地。

（二）兴办农业科技专家大院，实现了专家与农民的“零距离”

为解决农民与农业专家接触少，专家下不去、蹲不住、农业生产中大量技术难题得不到及时解决等问题，在每个共建县建立农业科技专家大院，以满足农民对农业新技术的经常性和及时性

需求。每个大院固定30名以上的农科院专家，将专家姓名、专业、电话在大院上墙公布，并通过电视等媒体向全县公开，与县里农技人员共同组成了一支常驻不走的服务“三农”的专家队伍。在各专家大院辟建了专家工作值班室和食宿间；设置了专家咨询台；开通了农技“110”热线电话；配备了电脑多媒体系统、图书、挂图、农业技术光盘和标本，免费向农民开放。在各地专家大院制定了咨询登记册、处理意见簿和跟踪反馈登记册，保证农民咨询的问题有登记、有处理意见、有专家跟踪问效，直到问题解决为止。全院有500多名专家和县里的农技人员混合编队，常年驻院，轮流值班，换人不空岗，以“坐台”咨询和巡回指导相结合的方式，全天候直接服务农民。各地专家大院搭建起农民与专家、科研与生产相对接的平台，建成了集土壤化验、植物病虫害检测、农业信息服务、农药残留速测等多种功能服务于一体的综合系统化农业服务中心。促进了科技与经济的有效结合，实现了科技与农民的长效对接。各县领导及广大农民亲切地称，专家大院“把农科院搬到了田间地头”。

（三）谋划农业科技致富项目，打造县域经济发展新优势

为了解决农民致富难的问题，在各县普遍开展了农业科技致富项目。通过致富项目发展现代农业，培育特色产业。统筹生产、技术、管理和市场要素，围绕县域经济跨越式发展的新目标和要求，省农科院把具有自主知识产权的800多项科研成果免费向全省农民开放，并组织科技人员深入各县，针对各县主导产业发展中存在的问题，与县里共同调研，选择实用致富项目，帮助各县做大做强主导产业，扶持壮大原料基地，促进传统农业向现代农业转变。在调查研究基础上，结合各县的总体规划，在每个县实施3～4个农业科技入户致富项目，并制定了亩均增收50元以上，项目区户均增收1 000元的项目指标。科技致富项目采用省县专家论证、现场打分、县里一票否决的办法，面向全院公开

招标确定。项目实行首席专家负责制，由首席专家牵头，集中全省近 1 000 名各学科专家，由院里与牵头研究所和主持人签订项目合同后组织实施，并吸纳县农业技术推广人员参加。项目特色突出，针对性强，科技含量高，脱贫致富作用明显。主要包括：大豆、水稻、玉米、马铃薯、亚麻、向日葵等作物原良种基地建设项目；奶牛、肉牛、肉羊、生猪、家禽标准化饲养及品种改良项目；农副产品深加工项目；数字化农业等高新技术和农业信息化工程项目等 10 大类。

（四）实施农民培训工程，为新农村建设提供人才保障

为解决广大农民对先进农业科技成果吸纳能力较差的问题，省农科院坚持把培训搬到村屯，以农业科技专家大院、农业科技示范园区和科技致富项目为载体，对共建县（市、区）农民进行普及性培训，并实施以“主导品种、主推技术、主体培训、农业标准化”为主要内容的科技入户工程，利用自编“一套书、一套光盘、一套挂图”对农民实施科普教育，借助广播电视、网络等现代传播手段对农民、乡村基层干部、农业科技示范户进行远程技术培训，同时对基层农技推广人员进行最新科研成果、最新技术和最新品种培训。建立培训档案，对培训的所有对象建立科技服务档案，除了将接受培训人员的姓名、家庭住址、联系方式登记入册，还对农民在去年的生产情况、收入情况、存在的问题进行调查和统计，使培训更具有针对性和实效性。在搞好大课堂、大集市培训的同时，突出搞好“点菜式”培训，普遍采用“农民点菜，专家下厨”的办法。变过去一般性培训为一般性培训与重点培训相结合。突出抓好成果的研发者直接对科技示范户、种养大户、农村经纪人和农民合作组织骨干的培训。变过去单纯技术培训为新技术、市场信息、政策法规、科技发展形势培训相结合。突出做好全方位提高农民科技素质和科技意识工作。

（五）创新机制，健全体制，调动科技人员扎扎实实服务“三农”积极性

为了确保科技合作共建工作能够做实、做好，转变“重科研、轻生产”的工作观念，激发科研人员服务“三农”的热情，充分发挥省农科院公益型事业单位的社会服务性，省农科院新制定出一整套管理办法，保障科技合作共建能够顺利运行。

一是建立领导负责制。将服务“三农”纳入全院的中心工作实行科技创新与服务“三农”并重的开放办院，开放办园方针。成立省农科院科技合作共建工作领导小组及办公室，实行院主要领导挂帅、主管院长包县、一个研究所牵头、多个研究所参与、各专业科研人员齐上阵的合作共建新机制，形成一把手亲自抓、分管院长侧重抓、研究所实地帮扶抓的工作格局。各级领导班子主要负责同志为第一责任人，院主要领导负责协调与各县、市之间的关系，把关定向，掌握进度，解决工作中的主要问题，督促整体工作推进。每名主管院长全权负责 6～8 县、市，并针对该县主导产业，明确一个研究所作为牵头单位，7～10 个研究所为参加单位，整合全院科技资源，集中优势力量，合力开展科技合作共建。

二是建立部门地方协调机制。在院县之间建立相互衔接、相互沟通、相互支持、资源共用、利益共享的工作机制，使合作共建中遇到的问题都能基本得到及时解决。各共建县市与负责共建的农科院牵头所，共同成立院县共建领导小组及办公室，分别由县主管农业县长和农科院副院长任小组组长，负责督促总体工作推进，协调关系、把关定向，办公室负责各县（市、区）共建工作的日常管理。同时，为了强化农科院在全省农业发展中的科技龙头作用，服务“三农”，经省委组织部批准，在农科院全院范围内通过“竞争上岗、双向选择”的办法先后公开选拔了 29 名政治思想好、专业水平高、综合素质强的科技人员担当科技合作共建县科技副县长，协调部门与地方的工作。科技副县长具有双

重身份，既是科技合作共建县科技副县长，又是省农科院在共建县的常驻全权代表和科技服务团团长。科技副县长通过带科技、带项目、带专利、带良种、带成果、带组装配套技术下去，深入生产第一线指导科技合作项目的具体实施，以全面提升科技合作共建水平。选拔坚持公开、公平、公正的“三公”原则，此举为省农科院人事改革、人才选拔开辟了一条新路。

三是建立监督检查机制。为强化组织领导，完善监督检查推进机制，保证省农科院与全省各县合作共建工作的顺利进行。成立“黑龙江省农业科学院院县合作共建”领导小组，全面领导院县合作共建、科技扶持工作；成立科技合作共建专家组，全面负责对各县的科技扶持、项目论证和执行工作；成立院县共建领导小组办公室，协调关系，指导工作，推进落实，监督检查，在共建工作的各阶段、时段，对各项工作进行全面指导、重点检查、联合评比、奖优罚劣。保证各县（市、区）年初有方案、有指标，年中有落实、有宣传，年末有总结、有验收，形成规范化、系统化、制度化的工作管理运行机制。

四是建立激励约束机制。对院县共建农业科技成果转化工作实行目标管理，落实完成目标、时限、标准和责任人，实施量化考核及奖优罚劣。实行技术推广人员与科研人员在晋升职称、评选先进、分房等方面同等待遇，推动科技人员积极投身院县共建农业科技成果转化工程中，长期坚持在农业生产第一线。2003年以来，农科院共有28名在院县农业科技合作共建工作中表现突出的科研人员被破格晋升为研究员和推广研究员，调动了广大科技人员深入基层扎扎实实服务“三农”的积极性，真正做到了“论文写在大地上、成果留在农民家”。

六、取得成效

在2004—2008年5年时间里，黑龙江省农业科技合作共建的实施在推进黑龙江省农业现代化和新农村建设中切实发挥了重要的引领作用，取得了明显的成效。

（一）科技园区将农业科技嫁接到田间地头，成为现代农业的孵化基地

在园区建设上，省农科院坚持园区建设与农村结构调整相结合，建立“绿色＋特色＋规模”的生产模式；坚持园区建设与现代农业技术应用相结合，建立“新品种＋新肥料＋新技术＋新机械”的技术模式；坚持园区建设与示范推广体系建立相结合，建立“科研单位＋企业（协会）＋示范户”的体系模式，提升园区建设的标准，推动技术创新和科技进步。几年来，黑龙江省农科院在全省共建设标准化核心农业科技示范园区 106 个，乡镇级科技示范园 520 个，村屯科技示范田 3 287 个，各县市三级农业科技示范网络基本形成。通过园区展示，几年来省农科院为各县市共筛选出主推优良品种、技术 1 206 余项次，辐射推广面积 8 796万亩；新品种、新技术有区域特色、有科技含量、有龙头牵动、有种植规模，成为各县（市、区）培育区域主导产业、特色产业、优势产业的现代农业孵化基地。构建了农业新成果展示高地，成为县委、县政府指导全县农业生产的指挥田、新技术新品种的展示田、广大农民的培训田、生态农业的观光田。

园区建设科技含量提高，示范带动作用强。各地县（市、区）科技园区共接待农民参观学习 350 万人次。各地园区不仅成为农民学习的田间课堂，也成为各地市向领导和来宾展示学习现代农业的窗口，目前嘉荫、嫩江、富锦等地的园区，已成为伊春、黑河、佳木斯地市级大型农业科技活动的必然参观点。园区功能呈现多样化，各地的科技园区不仅在农业生产上发挥着重大作用，同时在教学、旅游、观光等方面呈现出喜人的局面。克山县园区与县教育委联合，每年有 30 个班级的 3 000 余名师生到园区参观学习，开阔了学生的视野，也加深了中小学生对农业的

热爱。通过院县共建，青冈已经形成了县、乡、村、屯“四位一体”科技示范推广体系，有效地推动了科技成果转化。祯祥镇、建设乡原来是大豆种植禁区，亩产不足 180 斤。通过园区的示范、专家的指导、应用新品种、新技术亩产突破 360 斤，亩增产近 180 斤。科技园区被群众形象地称之为“没有围墙的学校，没有黑板的课堂”。

在各共建县建设的农业科技示范园区，不仅展示了农业新品种和新技术，而且规范了农业投入品（种、肥、药）的标准化使用，共建县农作物良种化率平均提高了 11.61%，明确了各县农业生产的主导品种和主推技术，有效遏制了假劣种子、农药、化肥等坑农害农现象，保护了农民利益。

（二）专家大院把科技直接导入农村，实现了科技与农民的长效对接

通过几年的建设，省农科院在各县市共建专家大院 34 处，累计入驻科研人员 10 万多人次，解答农民咨询电话 80 多万次，接待农民咨询 75 万人次观看多媒体演示、查阅资料和咨询，为农民提供农业科技和致富信息 100 多万条，实现了农业专家与农民的“零距离”接触，满足了农民对科技的渴求。各地专家大院搭建起农民与专家、科研与生产相对接的平台，成为各地集成果转化、市场引导、推广培训于一体的综合性服务组织。

农业科技专家大院促进了科技与经济的有效结合。及时发布市场信息、农业前沿技术、农业生产技术建议、农民用工信息等，加快了科技成果的转化和信息的交流，增加农民收入，有效地促进了科技与经济的结合。实现了科技与农民的长效对接。专家大院通过网络、电话咨询、集中培训、现场答疑等形式服务农民，常年“全天候”开放，专家电话 24 小时开通，建立了一支长驻专家大院贴近农民的科技队伍，变“科技下乡”为“科技驻乡”，农民在生产的各个阶段直接享受专家的零距离服务。实现了“三满

意”。实行无偿科技服务、农民满意；促进科技成果转化增效、企业满意；促进优化农业产业结构调整，政府满意（见表7-1）。

表7-1　黑龙江省农业科技合作共建科技入户项目统计表

县（市、区）	实施面积（万亩）	项目数（个）	亩增收（元）	总增收（万元）	平均户增收（元）	入户数（户）
安达	39.00	9	97.92	3 819.00	2 546	15 000
北林	64.00	12	84.94	5 436.00	3 020	18 000
宾县	78.00	8	79.11	6 170.90	2 683	23 000
富锦	149.30	12	93.82	14 008.00	4 120	34 000
富裕	65.00	12	72.96	4 742.40	1 482	32 000
海伦	50.00	9	59.40	2 970.00	1 650	18 000
嘉荫	10.00	12	79.97	799.68	1 904	4 200
绥棱	118.00	26	65.40	7 716.80	2 756	28 000
克山	15.80	9	80.43	1 270.80	2 824	4 500
讷河	26.00	11	63.18	1 642.56	1 740	9 440
嫩江	12.00	12	55.65	667.86	1 246	5 360
宁安	23.00	6	92.01	2 116.14	2 713	7 800
庆安	55.50	19	87.41	4 851.00	2 695	18 000
铁力	58.00	11	63.78	3 699.00	2 055	18 000
五常	18.00	14	117.68	2 118.20	3 560	5 950
肇东	25.60	10	99.82	2 555.33	3 075	8 310
穆棱	12.00	6	76.25	915.00	3 050	3 000
五大连池	3.90	5	92.67	361.40	2 780	1 300
绥滨	4.00	12	90.73	362.90	1 900	1 910
集贤	19.00	6	86.21	1 638.00	2 100	7 800
饶河	4.50	3	54.60	245.70	2 100	1 170
爱辉	21.30	6	110.50	2 353.60	2 942	8 000
逊克	15.70	6	93.19	1 463.04	3 048	4 800
汤原	29.80	5	100.64	2 999.20	3 260	9 200
延寿	56.00	11	146.00	8 176.03	3 575	22 870
桦川	127.50	14	78.00	9 945.04	2 653	37 486

（续）

县（市、区）	实施面积（万亩）	项目数（个）	亩增收（元）	总增收（万元）	平均户增收（元）	入户数（户）
抚远	58.00	9	65.00	3 769.96	1 227	30 725
孙吴	50.00	12	116.00	5 800.04	2 670	21 723
泰来	105.00	13	89.00	9 344.87	1 560	59 903
克东	40.00	12	127.00	5 080.14	3 760	13 511
兰西	52.50	6	80.00	4 200.00	1 500	28 000
青冈	66.70	6	63.00	4 202.11	1 765	23 808
明水	47.30	9	115.00	5 439.36	3 200	16 998
望奎	80.00	6	106.00	8 479.92	2 400	35 333
合计	1 600.40	333	87.08	139 359.96	2 414.84	577 097

（三）致富项目培育特色优势产业，打造县域经济发展新优势

突出优势产业发展、特色结构调整、高产攻关确定农业科技致富项目，几年来省农科院累计实施致富项目 333 项，涉及 57.7 万农户，实施面积 1 600 万亩，使项目区年户均增收 2 414 元，增加经济效益 13.94 亿元。通过致富项目，一大批科研成果直接转化为生产力，为产业发展注入了生机和活力。五常通过科技项目的实施，推动了订单农业（红辣椒和毛葱）生产基地建设，累计种植面积 5 500 亩以上，经济效益达 2 050 万元；富裕引入“龙糯粮一号”黏高粱品种，为富裕老窖开发高档优质白酒、改善生产格局打开了新局面，每年全县订单种植面积已达 3 500亩，每吨保护价 2 700 元，比普通高粱高出 1 倍，企业、农户双双受益；通过基地项目建设的拉动，汤原县优质品种覆盖率接近 90%，并且涌现出一批科技带头作用的先进农户；科技人员直接到田，良种良法直接到户，科学化管理，人性化指导，肇东市五里明镇创下了 1 亩玉米地能产 1 吨粮的新纪录，万亩吨粮田开创了全省粮食高产的先河（见表7-2）。

表7-2 黑龙江省院县农业科技合作共建主要执行项目分类表

2005—2008年

项目分类		项目名称
大豆	良种繁育基地建设	1. 北林区优质大豆新品种繁育基地建设（2006—2008） 2. 宾县优质大豆良种繁殖基地建设（2006—2008） 3. 海伦优质大豆良种繁殖基地建设及综合栽培技术示范（2006—2008） 4. 集贤优质大豆种子基地建设（2007—2008） 5. 宁安市优质大豆原种繁育基地建设（2006—2008） 6. 青冈高油、高产大豆良种繁育与配套技术应用（2005—2006） 7. 明水县优质大豆原良种繁育基地建设（2005—2006） 8. 穆棱市优质大豆原种繁育基地建设 9. 绥棱优质大豆良种基地建设 10. 孙吴县大豆种子基地建设与高产优质高效综合技术（2005—2006） 11. 克东县大豆种子基地建设与高产优质高效综合技术示范推广（2005—2006） 12. 望奎县优质大豆原良种繁育基地建设（2005—2006） 13. 延寿县大豆原种基地建设与标准化生产（2005—2006）
	优质高效品种推广	14. 安达抗线3号大豆品种繁殖项目 15. 富锦市高油大豆绥14-3新品种推广及繁育（2006—2007） 16. 富锦高油、高产大豆新品种绥农28示范与推广 17. 庆安县高油、高蛋白大豆新品种引入与确定
	高产栽培技术	18. 嘉荫县大豆高产优质高效综合技术示范推广（2006—2008） 19. 嘉荫A级绿色食品大豆高产栽培综合配套技术示范推广（2006—2008） 20. 绥滨大豆45厘米双条密植栽培技术示范与推广 21. 抚远县大豆窄行密植生产技术示范与推广 22. 庆安县大豆窄行密植生产技术示范与推广（2006—2008） 23. 克山县大豆高产优质高效综合技术示范推广（2006—2008） 24. 嫩江县大豆高产优质高效综合技术示范推广（2006—2008） 25. 富锦市蒜豆套种综合配套技术（2006—2008） 26. 五大连池提高大豆重迎茬的产量及减少农药残留 27. 抚远县寒地白浆土大豆双高生产技术体系研究

（续）

项目分类		项目名称
经济作物	果蔬	28. 望奎县无公害蔬菜生产技术示范推广（2005—2006） 29. 五常市绿色蔬菜种植基地高新技术服务（2006—2008） 30. 逊克对俄蔬菜出口基地建设（2007—2008） 31. 安达市蔬菜基地改造项目（2006—2008） 32. 兰西园艺作物高效益商品化生产示范（2005—2006） 33. 明水县设施农业新技术示范与推广（2005—2006） 34. 北林名优品种引进及无公害生产技术示范（2006—2008） 35. 抚远县对俄出口无公害蔬菜生产基地建设项目（2005—2006） 36. 爱辉区西瓜优质高效栽培技术推广示范 37. 绥棱县无公害蔬菜技术生产示范 38. 克东县特色园艺作物高效生产基地建设（2005—2006）
	果树	39. 绥棱县沙棘、李树新品种优质、高效、栽培示范基地建设 40. 克东县"绥李三号"李优质高效生产基地建设 41. 延寿县树莓基地建设及加工（2005—2006） 42. 桦川黑穗醋栗优良品种繁育及生产基地建设（2005—2006） 43. 孙吴县沙棘良种基地建设（2005—2006）
	杂粮	44. 讷河市豆矮米栽培技术示范 45. 青冈优质绿色杂粮及向日葵新品种示范与生产基地建设（2005—2006） 46. 泰来县花生品种及栽培模式示范（2005—2006） 47. 兰西农产品及杂粮产业化品种实验与示范
	特色作物	48. 爱辉区特色作物蘑菇高产栽培及推广示范（2007—2008） 49. 富锦甜菜机械化连片种植高产综合配套技术 50. 兰西县亚麻新品种的推广利用及产业化（2005—2006） 51. 明水向日葵新品种生产基地和亚麻原种基地建设（2005—2006） 52. 克山县亚麻新品种的推广利用及产业化（2006—2008）
马铃薯	基地建设	53. 海伦市淀粉加工型脱毒马铃薯示范及生产基地建设（2006—2008） 54. 集贤马铃薯淀粉原料供给基地建设（2007—2008） 55. 克东县马铃薯脱毒种薯繁育基地建设（2005—2006） 56. 孙吴县加工型马铃薯生产基地建设（2005—2006） 57. 望奎出口优质专用马铃薯生产基地建设 58. 爱辉区加工型马铃薯生产示范基地建设

（续）

项目分类		项目名称
马铃薯	高产栽培	59. 兰西马铃薯高产栽培、品种展示和筛选总结报告 60. 讷河优质马铃薯品种高产栽培技术生产示范（2007—2008） 61. 绥棱优质马铃薯亩产 2 000 千克栽培技术（2007—2008） 62. 五大连池高淀粉马铃薯新品种高产栽培致富项目总结 63. 肇东市优质马铃薯新品种高产栽培技术生产示范（2006—2008） 64. 克山县马铃薯公顷 30 吨大面积高产栽培示范（2006—2008）
水稻	良种繁育基地建设	65. 宾县优质水稻良种繁殖基地建设（2006—2008） 66. 泰来水稻优质品种试验示范及种子繁育基地建设（2005—2006） 67. 汤原县稻鸭共育有机水稻生产基地建设（2007—2008） 68. 汤原县优质水稻品种原种基地建设（2007—2008） 69. 穆棱市有机水稻生产基地建设 70. 宁安市优质大米生产基地建设项目（2006—2008） 71. 绥棱县水稻良种繁育基地建设项目（2007—2008） 72. 五常水稻品种的提纯复壮和原种基地建设（2006—2008） 73. 北林区优质水稻新品种繁育基地建设
	优质高效品种推广	74. 富裕县水稻品种的更新与优质超级稻品种的大面积生产（2007—2008） 75. 铁力市高产优质水稻新品种及配套栽培技术示范（2006—2008） 76. 庆安水稻新品种龙粳 20 号示范推广与良种繁育（2007—2008）
	高产栽培技术	77. 北林寒地水稻两段式育苗超高产配套栽培（2006—2007） 78. 北林寒地绿色水稻优质高产标准化栽培技术示范与推广 79. 五常优质超级稻栽培技术研究与示范（2006—2008） 80. 延寿县水稻大棚新基质无土旱育苗技术示范与水稻原种建设（2005—2006） 81. 绥棱寒地绿色水稻栽培技术示范与推广 82. 富锦寒地水稻两段育苗超高产配套栽培技术示范与推广（2006—2008） 83. 绥滨县寒地水稻优质良种繁育高产配套栽培技术示范与推广 84. 嘉荫水稻新品种引进及高产栽培技术推广应用（2007—2008） 85. 兰西盐碱地粮食作物高效生产技术示范 86. 兰西水稻高效生产技术示范 87. 讷河市优质水稻高产栽培技术示范 88. 庆安寒地水稻“稳健高产”栽培技术示范与推广（2006—2008） 89. 庆安“稻鸭灯”绿色生态有机稻作生产 90. 庆安县水稻两段式旱苗优质超高产栽培技术示范研究
	品质分析	91. 庆安县内不同区域的优质米食味分析

（续）

项目分类		项目名称
土肥	肥料	92. 宾县水稻优质农化产品展示推广（2006—2008）
		93. 五常市水稻有机、无机复混肥的应用（2007—2008）
		94. 抚远县黑农科有机无机复混肥示范
	测土配方	95. 嫩江县土壤养分数字化管理与平衡施肥技术体系建设（2006—2008）
		96. 桦川养分数字化管理与施肥技术在桦川县平衡施肥中的应用（2005--2006）
		97. 庆安县土壤养分数字化管理与专家施肥决策系统研究（2005—2006）
		98. 五大连池大豆测土配方施肥致富项目总结
	改土	99. 饶河县白浆土机械化综合治理示范
		100. 桦川县瘠薄土壤机械化综合治理示范（2005—2006）
		101. 抚远县白浆土高效机械化综合整治技术（2005—2006）
畜牧	养殖	102. 富裕县优质奶牛品种改良新技术应用（2006—2008）
		103. 穆棱高效肉牛养殖技术的应用实施（2007—2008）
		104. 讷河市科学养猪养殖示范户建设
		105. 孙吴县肉羊高频高效和营养调控新技术的推广应用（2005—2006）
		106. 泰来县奶牛人工授精及胚胎移植技术的推广应用（2005—2006）
		107. 铁力市奶牛合理化饲养与疾病防治技术的应用（2006—2008）
		108. 安达市奶牛合理化饲养与疾病防治新技术的应用（2006—2008）
	牧草	109. 富裕县优质牧草品种示范与推广
		110. 青冈饲草饲料作物示范与推广（2005—2006）
		111. 嘉荫水飞蓟丰产标准化栽培技术推广应用（2006—2008）
玉米	良种繁育基地建设	112. 北林区绥玉号高淀粉玉米新品种制种繁育基地建设（2007—2008）
	优质高效品种推广	113. 铁力市优质黏玉米新品种筛选及示范推广（2006—2008）
		114. 富裕县优质青贮玉米新品种的推广应用（2006—2008）
		115. 铁力市优质青贮玉米新品种筛选及示范推广（2006—2008）
	高产栽培技术	116. 明水县高淀粉玉米综合栽培技术组装与推广（2005—2006）
		117. 海伦市玉米密植高产创新技术—Ⅱ1465 应用示范（2005—2006）
		118. 望奎玉米—白芸间混作高产高效栽培技术研究（2005—2006）
		119. 北林南瓜玉米立体通透高效益栽培示范
		120. 肇东市青贮玉米的种植、贮存和饲喂效果示范（2006—2008）
		121. 青冈万亩高淀粉玉米品种示范及配套技术（2005—2006）
		122. 绥滨县寒地 AA 级绿色食品玉米超高产配套栽培技术示范与推广

（续）

项目分类		项目名称
玉米	产业化	123. 克东地区高产优质青贮玉米饲料的生产加工及应用（2005—2006） 124. 延寿县玉米增效产业化途径科技示范（2005—2006）
综合基地建设		125. 桦川县优质水稻品种原种基地及优化专用脱毒马铃薯基地建设 126. 兰西农产品产业化原料生产基地建设 127. 绥棱县优质大豆、水稻良种繁育基地建设 128. 绥棱高产、优质大豆与杂粮示范区建设 129. 肇东高产优质大豆与杂粮示范区建设（2007—2008） 130. 桦川县优质水稻原种繁殖基地建设及优质专用马铃薯基地建设
特色项目		131. 饶河县黑蜂生物杀螨和有机蜂蜜基地建设（2007—2008） 132. 五大连池庭院式旅游观光示范园（2007—2008）

（四）科技培训，培育新型农民，为新农村建设提供人才保障

根据各县主导产业，汲取多年来的培训经验，省农科院与各地农业部门以科技园区、专家大院、致富项目为载体，共同开展科技培训。以干部—技术人员—示范户—农民逐层培训、县—乡—村逐级培训为两条主线，注重市场引导，突出绿色、标准化生产，通过与农民结对子、完善培训登记制、建立服务回访制，跟踪问效，全程服务于农业生产。几年来共举办各类科技培训班1.3万场次，举办电视讲座2 574次，发放资料839.9万份，培训农技人员和农民405.82万人次。同时，省农科院组织科技人员编著印刷出版了《黑土地丛书》5 000套，每套16册，编著出版了《黑龙江农业新技术系列图解丛书》46万册，《黑龙江农业科技日历》5万册，《五大作物高效生产技术模式》20万册，印制四大作物生产技术模式30万张，光盘1.5万张，免费发放给农民。

培训过程中，各地形式多样，内容丰富，建立起一整套培训

延伸机制。建立培训档案，对培训的所有对象建立科技服务档案，除了将接受培训人员的姓名、家庭住址、联系方式登记入册，还对农民去年的生产情况、收入情况、存在的问题进行调查和统计，使培训更具有针对性和实效性。富锦充分利用媒体、网络等有效载体。针对农业各时段的生产技术及可能出现的问题，及时发布信息，做到领导讲政策，专家讲技术，农民讲经验，实现了“三讲一发布”，活化了板面，形、声、色并茂，贴近农民。桦川县开办的“星火科技”和“在希望的田野上”，克山县开设的“沃野金桥”农业专题有线电视频道，开展科技讲座和播放录像光盘，在春种、夏管、秋收中农民足不出户就可以获取技术信息。科技培训中，技术专家直接到村、技术培训直接到户、技术指导直接到田、技术要领直接到人，实现了专家与农民零距离，提高了技术标准和到位率。

院县科技合作共建的实施，对农民产生了潜移默化的影响，使农民的科技意识显著增强，极大地激发了农民学科学、用科学的积极性，农民科技素质得到了明显提高。

（五）充实农技推广体系，壮大科技人才队伍，实现院县双赢

科技合作共建的成功开展也使省农科院的管理体制、人才使用机制产生了深刻变革，形成了课题来源于实践，成果应用于生产，效果在生产中体现，人才在实践中成长，科技服务于生产的新机制。在实施院县农业科技合作共建过程中，科技人员经常深入生产第一线，明确了现代农业发展需要什么，农民在生产中关注什么、需求什么，进而不断调整自己的研究方向，修正自己的科技成果，丰富自己的创新能力，形成实践—理论—实践，问题—课题—问题的良性互动，教学相长，既有力地支援了地方现代农业发展，又锻炼了队伍。蔬菜专家瞻云一年 8 次去抚远县，在抚远边塞发现了寒葱这一种子资源，填补了国内空白。克山分

院肖本颜下乡蹲点，一去就是两个月，虽然人晒黑了，头发打绺了，却换来了农户的增收、农民的笑脸。在这个良性循环中不断发展和壮大自身实力，锻炼和培养了一批农业科技人才，对农科院自身发展具有重要的促进作用，大大提升了农科院的影响力、知名度，极大地促进了全院农业科技创新水平的进一步提高。

县市农业技术推广中心借助农业科技合作共建的平台，为基层农业科技工作提供了向省城高级农业专家学习求教的良好机会。院县专家共同工作，共同交流，共同培训农民、指导农民，共同深入生产实践，解决生产实际出现的这样或那样的问题，使基层农业科技工作者开阔了眼界，丰富了知识，提升了能力，增强了素质。通过院县农业科技合作共建，激活、壮大了各县市原有农技推广队伍和人员，建立了省、县、乡结合，科研、推广、生产一体化新的农业技术推广队伍，发挥了它们在地方经济建设中的作用，达到了共建多赢的效果。

（六）发挥优势，合力攻关，为发展县域经济提供科技支撑

以科技为媒，争取项目，招商引资，发挥省农科院科技人才优势，几年来省农科院各学科专家积极协同各县（市、区）申请国家、省、部级项目 263 项，争取各项资金为发展县域经济提供科技支撑。为了开发高淀粉玉米资源，提高产业资源科技含量，壮大地方产业优势，牡丹江分院与省镜泊湖农业开发股份有限公司院企联手，组建《牡丹江市渤海集团研发中心》；为了解决穆棱县牛粪尿污染和无害化处理问题，畜牧中心千方百计地与相关科研单位联系，邀请了北京微生物专家到穆棱市考察后，达成了年加工 1 万吨生物有机肥工厂化生产线项目协议；在兰西院县专家共同研究编写了《国家植保工程区域站建设》、《兰西县基本农田整理》、《兰西镇优质粗粮生产基地建设》、《奋斗乡“三晚”蔬菜生产基地建设》等 20 余份项目建议书，得到了国家 2 000 多

万元资金支持，极大地促进了地方经济的发展。

（七）建言献策，提供农业生产合理化建议，指导农业生产

发挥农科院智囊团作用，在生产关键季节，根据气候特点结合生产实际，组织专家及时撰写技术建议，为全省及各县市农业生产提供合理化建议385条，尤其是给省委、省政府的每年科技备春耕生产建议、科技抗旱建议、秋整地建议等均被采纳和指导全省农业生产。每遇到重大旱、涝、冻等自然灾情时，省农科院立即组成大豆、玉米、水稻、蔬菜、土肥、植保等方面专家科技服务团深入重灾区，实地踏查，把脉开方，并从科技的角度提出了紧急应对措施与建议，有效地减轻了旱灾带来的损失。各科技合作县市在农时关键期在报纸、电台或以简报、短信的形式及时发布技术信息合计20万余条，指导安全生产，避免不必要的经济损失。2008年草地螟发生程度是集贤县有史以来最严重的一次，全县总发生面积51.8万亩。面对如此严峻的生物灾害形势，专家大院接到通报后，马上组织院、县科技人员在省植检植保站的指导下，组建了县级重大生物灾害机防队，奔赴重灾区进行统防统治，使集贤县草地螟等重大病虫害得到了及时有效控制。

2005年庆安县大面积发生稻瘟病，绝产地块就有6万亩，水稻不同程度的减产，2006年应该种植什么水稻品种，省农科院组织专家论证，调查研究和农村干部、农民座谈，提出了更新优良品种、配套新型技术的策略，确定了适宜庆安栽培的龙粳12、龙粳14、龙粳20等优良品种。经过专门培训，田间指导，2006年、2007年庆安县100万亩水稻的70%应用了推荐品种，使水稻生产获得了大丰收。庆安县2007年、2008年的粮食产量连续登上新台阶，水稻的产量水平已从2005年的平均450kg/亩，上升到近600kg/亩，高产典型已达到711.3kg/亩；在逊克县，院县专家长年深入到农业生产一线掌握第一手资料，组织专

家编写“院县共建”简报，并结合各自的专业特长形成调研文章，随时向县委、县政府领导提供关于农业生产的合理化建议及相关农业生产信息，切实把先进的实用技术应用于农业生产之中。简报每期上报到省、市、县有关部门，下传到乡、镇、村，通过简报把推广工作情况、生产技术建议、病虫预测预报等信息及时传递给各级领导和宣传媒体，为领导指挥生产提供依据；绥化分院与北林区联合组织的五支助农专家服务队常年坚持深入到农业生产第一线，开展农业资源调查和技术推广应用工作，针对生产实际问题提出生产建议。

（八）成效显著，政府、领导、农民多方满意

几年的实践和应用证明，科技合作共建是最终解决农民增收、农业增效、农村发展等问题最直接、最实用、最经济、最有效的可行之路。由于实施院县科技合作共建，全省农业标准化生产的科技集成模式基本形成，在 34 个共建县农业标准化程度平均提高 19.63%，农业科技贡献率平均提高了 6.82%，优良品种覆盖率平均提高 11.61%，农民人均纯收入平均增长了 1 077 元，提高了 42.58%，累计增产粮食 67.96 亿千克，增加经济效益 110.20 亿元。在科技的助推下，各县市初步转变了农业增长方式，走上了依靠科技进步发展的轨道，实现了农业大幅增长，农民持续增收，科技在推动黑龙江省新农村建设中的引领作用日渐突出。

由此，省农科院的科技合作共建工作也引来了社会各界广泛关注。回良玉副总理在省农科院报送的专题报告上批示“黑龙江农科院的做法应予了解和总结”。时任农业部部长的孙政才在省农科院视察时指出“黑龙江农科院是全国农科院的一面旗帜，你们给全国农科院，包括给中国农科院都做了榜样”。省委书记吉炳轩、省长栗战书等省部级领导先后来到各县科技园区视察指导，并给予高度评价。人民日报、新华社、中央电视台、光明日

报、科技日报、农民日报等重要媒体相继报道了省农业科学院开展合作共建的工作情况，引起了良好的反响。

省农科院广大科技人员践行“论文写在大地上，成果留在农民家”，深入农业生产一线，传技术、做服务，得到在各县（市、区）领导及广大农民的一致好评。牡丹江市委书记许广国说：“合作共建是大势所趋、合作共建大有潜力、合作共建大有突破”；安达市委、市政府称：“院县共建是一条科技成果转化的高速公路”，广大农民更是欣喜地说：“我们赶上好时代了，种地不用交地租，农科院还上门服务，这是从来没有的事。农科院送来的是真正的科研成果，想种新品种不用走弯路，也不担心会上当了”。“种田跟着科技走，示范户是二传手；良种良法传到田，节本增效创高产”。如今在逊克县广为传诵的这句话成了省农科院与逊克联姻，共同浇灌出共建之花的真实写照。

（九）拓展领域，延伸触角，科技共建形式多样，丰富多彩

在省农科院开展院县农业科技合作共建院的同时，不断丰富共建载体，创新共建形式，发挥科技在“三农”工作中的引领作用。先后开展院村、院行、院厅、院校、院企、院军等科技合作共建活动，并取得了丰硕的成果。

2009 年与宁夏农牧厅达成院厅农业科技合作共建协议，将黑龙江省农科院“四位一体”的共建模式植入宁夏农业进行推广，派遣科技人员赴宁夏开展技术指导和培训，广泛开展优良品种、高产栽培技术的交流，互通有无，搭建区域间农业科技交流平台，为宁夏地区特色农业的技术需求提供科技支撑；与中储粮北方公司签署了“黑龙江省农科院与中储粮北方公司院企科技合作共建协议”，中储粮北方公司担当着国家粮食储备的战略任务，双方共建通过优质新品种、新技术的引进推广，促进中储粮北方公司农业优质化、现代化进程，打造专业化生产、产业化经营、

科学化管理的优质商品粮生产基地和早熟大豆救灾基地种子储备库，为国家粮食安全提供科技保障；为解决抚远中俄边境“东方第一哨”官兵吃菜难问题，省农科院科技人员现场勘察，短期内在“东方第一哨”设计了一栋日光节能温室，并规划了哨所周边的花卉景观，不但解决了官兵吃菜难的问题，也增强了该哨所的观赏性，得到了总政后勤部领导的赞扬和哨所官兵的欢迎；与“龙江第一村”甘南县兴十四村建立院村科技合作共建。借助该村农业基础雄厚，具备示范推广辐射典型的条件，省农科院与齐齐哈尔市政府达成共识，由省农科院作为技术依托单位，在兴十四村建立一处现代农业科技示范园区，更好地发挥科技典型带动和新农村样板作用。

七、项目的作用

一是通过农业科技合作共建，畅通了科技人员进入经济主战场的渠道，使科研和农业生产需求结合的更加紧密。农业科技合作共建，真正拉近了科研单位与基层的距离。省农科院拿出最好的专家、最好的技术、最新的成果，出台专门激励政策，在职称晋升、福利待遇等方面向参与共建专家倾斜，极大地调动了科研人员积极性。先后组织全院 30 个分院（所）、拿出 800 项具有自主知识产权的成果参与共建，全力支持共建。目前，全院共有 500 多名专家参与了共建活动，科技人员走出高楼深院，走进田间地头，成为传递科技的使者，成为进入经济主战场的生力军。通过农业科技合作共建，打破了以往科技人员只能待在院所里、待在实验室里的模式，现在无论是白发苍苍的老专家，还是初出茅庐的年轻科技工作者，走出办公室就奔向田间畜舍，走出实验室就奔向试验田，在全省形成了一幅幅科技为基层、为经济发展服务的生动画面。几年来，省农科院为各县市共筛选出主推优良品种、技术 1 206 余项次，累计增产粮食 67.96 亿千克，增加经济效益 110.20 亿元。与望奎县共建，帮助建立 3 处专家大院，每年培训农民 1 万人次以上，几年来共筛选出适宜新品种 15 个，实施科技示范推广项目 9 项，全县农业科技贡献率由共建前的 47%提高到 53.6%。通过在基层的实践，教育科研工作者更加开阔了思路和视野，农民和生产实际的需求真正成为科研立项、课程设置的第一要求，选题更加准确，研究更加着实，减少了科研选题和教学的盲目性，广大农业专家有了更加广阔的施展空间和舞台。蔬菜专家詹云到抚远指导蔬菜生产，了解到这个县蔬菜出口基地建设一直受品种制约后，马上调整立项进行攻关，筛选出适合俄罗斯市场的水果黄瓜、球形甘蓝等品种，解决了抚远对俄蔬菜出口难题，现在抚远县每年有 4 000 万斤蔬菜打入俄罗斯市场。参与共建的科研人员都说："共不共建真是大不一样，通过科技合作共建转变了我们的理念和工作模式，原来注重获得实验数据、发表论文，现在考虑更多的是农民所需，市场所求，能不能给农业生产和农民带来实惠和效益了。"

二是通过农业科技合作共建，建起了科技与农民对接的直通车，提高了农民种地的科技含量。通过兴办农业科技专家大院，设置免费咨询台，开通农业"110"热线电话，专家网络在线等交流平台，各级专家在线全天候服务农民，怎么联系到专家，农民们都知道，有了问题，第一时间就能找到，农民和专家们联系非常紧密，实现了零距离指导和面对面服务。在绥滨专家大院，科技人员的手机响个不停，专家说，"都是咨询情况的农民，我的电话号码在电视上公布后，这电话少说一天得响上 50 次，农民有了问题随时可以向我咨询"。富锦市专家大院，免费为农民开展土样化验，三年累计化验土样 12 000 多份，并根据化验结果进行配方施肥，帮助农民进行科学选种、选肥，降低生产成本，提高种田效益。据不完全统计，通过专家们的技术指导，仅农业防病治病一项各地每年就减少损失 5 亿多元。在农业生产整地、播种、田间管理、作物生长发育和收获时节，专家们都主动走出大院，深入田间地头，亲自为农民们察苗情、做示范，解难题、配农药，把技术规程和增产措施，面对面、手把手地传授给农民，真正做到了“做给农民看、引导农民干、给农民做示范”。尤其是在出现严重病虫害的关键时期，深入到各村屯对农作物进行田间“诊断”，地头“开方”，所到之处一些疑难问题都得到解决。2009 年安达市组织 24 名专家分成 6 个小分队，深入到 14 个乡镇、112 个行政村的 747 个自然屯进行农业技术指导和服务，有力地提高了安达农民的科技素质和种田水平。肇东市专家大院专家们 3 年累计下基层 583 人次、665 天，农民的问题都得到解决。

三是通过农业科技合作共建，激活了农业科技推广体系，加快了成果推广转化速度。合作共建的一个最重要的，也是不可替代的收获就是，解决了由于体制机制原因，科技成果难以向现实生产力转化的问题。开展共建后，省农科院选派优秀科技人员担当科技副县长，他们带着科技项目、资金、专利、良种、科研成果以及组装配套的栽培模式到县里工作，既是县政府领导成员，又是科技服务团团长。充分利用双重身份的优势，发挥自己的懂技术专业特长，负责农业科技推广服务工作，进一步加强了县级政府对科技工作的领导，彻底打开了农业科技普及推广工作的新局面。在明水县的科技人员动情地说，“科技副县长来了，科技工作抓得更实了，而且还能抓到农民最需要的事情上”。专家学者、技术人员下基层与省、市、县（区）农技推广队伍共同进行科技推广服务工作，各地科技推广力量逐渐壮大起来，形成了一个新的、强大的科技服务团，农科院每年派出学科带头人和项目主持人 100 多名深入各县指导科技推广工作，有效解决了基层科技人员总量不足、素质不高等问题。共建中，通过帮助各县强化乡镇种植中心的业务职能，组建村级种植协会、培训科技示范户、种田能手等乡土人才，解决了农业科技推广在村屯“断线”的问题，提高了基层承接科技的能力，使科技新成果向乡镇、村屯延伸速度加快。如，在绥滨县本着“提升县一级，强化乡一级，健全村一级，培育户一级”的原则，形成以县农技推广中心为龙头、乡镇种植中心为支柱、村级协会为骨架、示范户为基础的推广体系，通过完善的县、乡、村、屯四级推广网络，有力地促进了科技成果的快速转化。实施农业科技合作共建以来，省农科院共推广农业新成果、新技术 2 450 项次，相当于农村改革以来新品种新技术总和的 1/3。

四是通过农业科技合作共建，提高了农民科技素质，留下了一支不走的技术队伍。在合作共建中，通过园区带动、先进适用技术推广以及科技培训等，让广大农民学习、掌握了众多农业科学技术，真正做到了参观一次田间博览，了解一个优良品种；接受一次面对面指导，解决一项技术难题；听一次科技讲座，掌握一门成熟技术。特别是，合作共建创新了农民科技培训，采取“农民点菜、专家下厨”的培训方式，按照农民的意愿选择培训课题，农民想学什么，就安排什么内容，农民想什么时间学，就安排什么时间培训，受到了广大农民的一致好评。培训地点遍及全省各地，专家足迹遍及田间地头，农忙时在身边，农闲在讲台，到处能听到专家们的声音。他们带着感情、热情、激情服务农民，蹲得住、沉得下，与农民面对面、手把手，针对性强、效果好。在农村，听专家讲科技、讲技术是最受农民欢迎的一件事，他们对待科技的热情就像领取国家的政策补贴一样高兴。农民经常是杀猪宰羊，像接财神一样请专家吃饭。农民群众带着致富中困惑、生产中的难题，到专家大院、培训现场，有的还跟到专家的住处请教；在各县市区的培训现场，走廊、楼道站满求知农民的场景经常可见，就像抢信息，抢技术一样，恐怕抢不到，农民讲得好：不学，钱就叫别人挣去了；不学，你就致不了富。通过共建，农民的科技知识得到快速充实，劳动技能全面提升，各地种田能手迅速增加，家家都有了种地明白人，1 万多农民成为种养业的行家里手。乡土人才数量也逐年增多，各类“土专家”、“田博士”和农民经纪人达到10万人，引带作用日益突出；绥化市北林区专家大院通过培训农民，有154人取得了国家农技推广员证书，169人取得了北林区农民技术员证书，为当地普及农业新技术打下了基础。科技共建不仅培养了一大批有文化、懂技术、会经营的新型农民，还通过对乡村干部和技术推广人员进行新成果、新技术和新品种的传授培训，在很大程度上提高涉农干部指挥农业生产、服务农民群众的能力，使县乡农技人员专业知识得到更新，业务素质得到提高，80%以上能够熟练进行科技培训和生产指导，为各县留下了一支“靠得住、留得下、永远不走”的科技服务队伍。

五是通过农业科技合作共建，推动了结构优化调整，促进了农民增收。在合作共建中，省农科院立足各县（市）农业产业特点，围绕经济发展和农民致富需要，发挥自身科研优势，投入较强科技力量，深入研究能够推动当地优势主导产业发展、能够培育特色新兴产业的科技致富项目，出现了“实施一个项目，推广一项技术，创立一个品牌，带动一批农户，致富一方农民”的可喜局面。水稻种植是五常县主导产业，共建后，省农科院五常水稻所结合自身优势成果，深入实施优质超级稻松粳9号栽培技术研究与示范项目，目前，该品种在五常市推广面积达50多万亩，占全市水稻种植的近1/3；按亩增产稻谷140斤，优质稻谷价格2元来计算，使用优质超级稻松粳9号，在五常市至少每年增加7 000多万元收入。省农科院在青冈县合作开发实施高淀粉专用玉米生产项目，现在种植面积已发展到近100万亩，使该县玉米深加工规模由25万吨猛增到100万吨，专用玉米加工已成为青冈加快县域经济发展、促进农民增收的新亮点。省农科院针对泰来县花生产业需要，在花生种植上，帮助引进了大垄双行种植的栽培模式，这种技术使用后比传统栽培方法增产35%～40%，目前在泰来县得到广泛应用，累计给农民带来1 020万元收益。

八、社会影响及发展前景

黑龙江省院县农业科技合作共建是以多项先进农业技术成果的示范、展示、推广为核心的集成创新，是黑龙江省农科院在全国率先提出来的创新性成果转化模式，与国内的其他农业科技成果转化成果研究相比，综合配套能力强，可操作性强，实施范围广，能够充分发挥科技在现代农业建设中的支撑引领作用。

院县农业科技合作共建在黑龙江省 67 个县（市、区）的实施，实现了农业大幅度增产，促进了农民持续增收，转变了农业增长方式，实现了院县共同发展，达到了农业标准化水平、农业产出水平、农民收入、农民科技素质“四个提高”的显著成效。受到中央、农业部和黑龙江省委省主要领导的充分肯定。各县纷纷打来报告，强烈要求延长合作共建的期限，院县共建作为长效机制，被写入省委省政府规范性文件，并被农业部作为十大农技推广新模式之一向全国推广。农业部将黑龙江省院县共建农业科技成果转化工程的做法概括为“1＋1”（院＋县）致富奔小康模式。新华社国内动态清样、《瞭望》周刊作了连续专题报道。全国各地纷纷前来学习，中央电视台以“农业科技成果应用新模式”为专题，向全国推广。

院县农业科技合作共建的成功实施，得到了社会各界的广泛关注与肯定，黑龙江省农科院先后被中宣部等 14 个部委和省委、省政府评为全国和全省文化科技卫生“三下乡”先进集体，荣获 2008 年度神农中华农业科技奖优秀创新团队一等奖。黑龙江省院县农业科技合作共建模式的建立与推广，彻底突破了传统的农业科技创新、成果转化、科技推广相脱节的瓶颈，走出一条依靠科技进步、实现农科教相结合、有效破解“三农”问题的新路子。院县共建农业科技成果转化工程的深入实施，必将为构建黑龙江省科技和社会化服务支撑体系，推进农业科技进步，加快农业科技成果转化，提高农业生产科技水平，增加粮食综合生产能力，全面推进千亿斤粮食产能工程提供强大科技支撑。

九、科技引领新农村建设的理论思考和重要启示

黑龙江省农科院在短短的5年时间里，通过开展农业科技合作共建，使科技很好地进入了农业经济主战场，取得了科技引领新农村建设的明显成效，其主要原因是我们的做法符合“三农”实际。同时，院县农业科技合作的实践，也给予了我们在今后的农业科技工作中多方面的重要启示。

（一）发挥科技的引领作用是加速新农村建设的有效途径

重视农业科技是我们党的一贯战略思想。邓小平同志提出：“农业的发展，一靠政策，二靠科技，三靠投入，但最终还是靠科技”；胡锦涛同志明确指出：“加快建设现代农业，提高农产品国际竞争力，必须把加快农业科技进步列入建设创新型国家规划，作为一项关键措施来落实，大力提高我国农业科技整体实力”。科技在新农村建设中的引领作用越来越突出。在国家对“三农”的投入不可能无限制增加、各级政府财力有限、农民收入水平和投入能力较低的情况下，新农村建设主要靠农业、农村和农民自身的发展。这就决定了现实情况下加速社会主义新农村建设的最有效途径和办法就是要充分发挥科技的引领作用。从黑龙江开展的农业科技合作共建实践看，农业科技是无偿的、低成本地为农村和农民提供服务，对农民来说既具有千家万户都能接受的现实可行性，又具有经济上的最广泛普惠性，能够使广大农民共享科研成果，实现农村最广泛的共同增收。黑龙江通过开展农业科技合作共建使全省大部分地区农业生产的科技成果普及率和到位率达到98%，农业综合生产能力显著提高。农业综合生产能力的提高

和农民收入水平的持续增长是新农村建设的基本条件和根本动力。因此，在新农村建设中必须进一步强化和突出科技的引领作用。这也是落实科学发展观和全面建设小康社会的现实选择。

（二）农业科技合作共建是科技引领新农村建设的最佳形式

农业科技合作共建是适应农村现有经营体制和农民素质状况的最有效的农业科技成果推广转化模式。农村实施分散经营、小规模化生产，农民素质较低、自我接受科技的意识和能力较差，必须进行有效引导，尤其要采取面对面、手把手、心贴心的科技成果推广方式，使农民与科技人员间建立起稳定的技术供需关系和良好信誉关系。黑龙江省开展的农业科技合作共建正好解决了这一问题。我们通过建立“农业科技示范园区”和“农业科技专家大院”，实施“农业科技致富项目”和“农民素质提高工程”，把最新农业科技成果直观展示给广大农民，使农民能够看得见、摸得着、用得上。同时使科技人员经常沉在生产第一线，在生产实践中不断匡正科研方向，获取科技创新灵感，促进科研成果达成。解决了科研与生产实际脱节的问题，使科研更加贴近农业生产实际、贴近农民需求。

（三）强化公共财政支持是科技引领新农村建设的根本保障

黑龙江省农业科技合作共建能够在较短时间内取得显著成效，主要因素是省委、省政府果断地明确了农业科研和农技推广部门的公益性质，并给予有力的公共财政支持，特别是省级财政的支持。从 2003 年起，黑龙江省委、省政府切实加大对农业科技设施建设、农业科技创新工程、农业科技合作共建、农业科技人才培养引进的投入力度，在财力紧张的情况下，几年来共投入资金近 10 亿元。因为有了公共财政的财力保障，农业科研院校和科研人员全身心地投入到科技创新和农业科技合作共建中，加速了科技创新和科研成果的转化，体现了“投入少、产出大”的乘数效应。以省农业科学院为例，自2003年省委、省政府加大对农科院的投入以来，省农科院在全国率先启动实施了农业科技创新工程，与全省十弱县及后续的24个县开展合作共建，加速了300多项科研成果的达成，其中获得国家科技进步一、二等奖6项，获奖成果占全省农业类重大奖项的85%以上，新品种、新技术应用面积占全省农作物种植面积的70%以上，每年为全省农民多创效益70多亿元。黑龙江省的实践有力说明了，加快新农村建设，必须首先加大对农业科技创新和农业科技合作共建的公共财政支持。

（四）加强领导、全社会重视是科技引领新农村建设的关键

几年来，黑龙江省委、省政府坚持把农业科技合作共建作为引领新农村建设和促进农业不断增效、农村加快发展、农民持续增收的重大战略措施来抓。省领导经常深入实际调查研究，不断研究和探索农业科技合作共建的新模式。省农科院科技帮扶十弱县取得重要成果时，省领导多次到省农科院和十弱县进行研究总结，作出了在全省普遍开展农业科技合作共建的重大决策。各级政府、各部门不断加大统筹、协调和推进力度，激励广大科技人员和农民共同搞好科技兴农，推动农业科技合作共建工作迅速在全省铺开，使科技在新农村建设中的引领作用得到充分发挥。

十、进一步推进科技引领新农村建设的几点建议

（一）全面总结推广黑龙江省开展农业科技合作共建的经验，进一步发挥科技在新农村建设中的引领作用

黑龙江省开展农业科技合作共建、发展现代农业、引领新农村建设的经验具有前瞻性、创新性、战略性和可操作性，在全国具有普遍指导意义，可以大面积推广。因此，建议中央责成有关部门对黑龙江开展农业科技合作共建的经验进行全面总结，并组

织中央级新闻媒体对黑龙江开展农业科技合作共建的典型进行全方位的深入宣传报道，在全国加以推广。

（二）建立长效投入支持机制

国家应把农业科技合作共建纳入国民经济和社会发展总体规划，加大对农业科研、农业技术推广部门和农业院校的支持力度，建立逐年增长的投入机制，进一步加强农业科技源头建设。同时，设立农业科技合作共建专项资金，支持各省市区开展农业科技合作共建，以加速科技成果转化，发展现代农业，推动新农村建设。

（三）组织引导社会各界广泛参与农业科技合作共建活动

总体上要围绕农业科技合作共建的模式和做法，并以其为核心载体，建立有利于政府部门、农业科研和教学部门、涉农龙头企业主动“下去”服务“三农”的引导机制、激励机制，推进农科教、产学研结合，以形成强大工作合力。

（四）构建新型农业科技成果转化和推广体系

我国的农业科技成果转化率仅为20%～30%，而发达国家的农业科技成果转化率高达70%～80%。我国每年审定大量科技成果，有的达到了世界领先水平。但论文发表了，成果评完了，荣誉到手了，职称晋完了，专家的历史使命也完成了。很多科研成果“锁在抽屉里”，不能转化为现实生产力。因此，我国应加速构建新型农业科技成果转化和推广体系。建议尽快出台《科技成果转化法》，并采取一系列政策措施，引导促使科研人员和专家学者沉入农村，紧紧围绕新农村建设问题开展农业应用创新，并拿出主要精力搞好“科普”教育，扩大农业科技入户工程实施范围，在全社会营造重视科技、学科技、用科技的良好氛围，让科技普照九亿农民，彻底斩断农村穷根。

第八章

吉林省农业科学院项目总结

一、项目背景

进入21世纪，国家开始着手进行事业单位改革。为了贯彻落实党中央、国务院有关支持和保障农技推广体系的政策精神，保证农技推广机构在事业单位改革中稳定发展，破解障碍因素，强化公益性职能，2001年吉林省起草制定《吉林省市县乡农业技术推广体系改革指导意见》。同时为了适应农村税费改革和小城镇建设的新形势，突出区域化特点，吉林省起草制定了《吉林省乡镇区域站建设指导意见》，明确了区域站建设规划、内容、规模、管理方式、建设方法和步骤，为体系建设和发展创造了有利的外部环境。2005年，全省在60个县（市、区）进行了乡镇机构改革，全省撤并乡镇291个。在总结试点经验的基础上，农业、农机等农业技术推广事业站所，除特大乡镇按乡镇设置外，一般都按区域建站设置，进一步完善和创新了农业科技推广体系，适应现代农业发展要求的、运转灵活、上下对应、服务高效的科技推广新体制框架已基本建立。目前，全省已形成了比较健全完善的农业技术推广服务网络。据2007年统计，全省共有省、市、县、乡四级独立的种植业农技推广机构762个，其中省级1

个，市（州）级 14 个，县级 75 个，乡级 671 个。乡镇站基本都恢复了县农业局和乡镇政府双重管理的体制。全省种植业农技推广系统共有推广人员 8 659 人，中级以上技术职称 2 962 人。

农技推广基础设施和仪器装备逐步得到加强和改善。从农技推广系统原有办公基础设施来看，国家在“六五”、“七五”和“八五”期间，通过商品粮基地建设、玉米生产基地建设等项目投资，建设了 5 个地级站、42 个县级农业技术推广中心和 626 个乡级农业技术推广站，使农业技术推广部门有了自己独立的办公场所和简单的仪器设备。近年来，随着国家对农技推广的重视和国家农业新技术推广项目的投入增加，农技推广的工作条件有了进一步提高和改善，主要表现在县一级，通过实施植保工程，建设和完善重大有害生物省级监控中心一个、县级预警与控制区域站 9 个；通过实施优质粮食工程和测土配方施肥工程，为 16 个县级推广机构配备了现代化的办公设备。目前，全省近 70% 的县级站都实现了现代化办公，工作条件得到明显改善，工作效率明显提高。洮南市实现了县乡联网办公，市农技推广中心建立了网站 ，将推广的重大农业技术及各农事季节关键措施及农产品市场信息发布在网上，指导乡村农业技术推广活动。

吉林省农业科学院作为地方性农业综合研究科研院所，为发展农业技术推广工作，服务“三农”，加快吉林省农业科学院科研成果转化，提高科技成果转化率，提高科技成果对农业增收的贡献率，促进社会主义新农村建设，于 2003 年成立了农技推广研究室，专门从事科技成果的示范、推广工作。几年来，全院上下一致，齐心协力，精诚合作，取得了可喜的成绩。

二、主要做法

（一）创新思想观念，扩大农技推广的深层内涵

进入 21 世纪，经过 20 多年的改革和发展，吉林省农业和农

村经济发生了巨大变化，进入了新的发展阶段，吉林省农业科学院的推广理念得到五个创新：

质量效益理念，即改变过去只注重产量、数量，忽视质量和效益的习惯思维，按照市场农业的要求研究并推广粮食作物、经济作物的高产优质、节本增效技术。

生态、安全理念，即在推广活动中，既注重产品的产量和数量，更要保证产品的质量安全，保护生态环境，为发展绿色无公害农产品提供技术支撑。

以人为本理念，即用科学发展观指导推广实践，重在引导、培训农业劳动者，通过提高劳动者的科技素质来提高农产品的科技含量，增强市场竞争力。

综合服务理念，即拓展推广服务领域，不但围绕农业生产开展技术指导，还为提高农民生活水平、改善农村生态环境，以及建设文明乡村提供优质服务；从以提供技术为主转变为提供技术、市场信息等系列化服务。

服务竞争理念，面对社会化服务组织多元化的形势，作为国家的农技推广体系要有强烈的竞争意识，要充分发挥自身优势，强化公益性职能，拓宽服务领域，提高服务能力和质量。

吉林省农业科学院推广机制实现了“五个转向”：从“以技术为本”的农技推广逐步转到“以人为本”的农业推广。从以服务农业生产为主的农技推广，逐步转向为农业生产、农民生活、保护生态提供综合服务的农技推广。从以技术为主线的农技推广，逐步转向以产品为主线的农技推广；变过去的单纯的产前和产中服务为信息、技术、物资、产前、前中、前后系列化配套服务，围绕产业布局组装配套技术，围绕核心产品组装高效化、标准化生产技术。从以提供生产技术服务为主的农技推广，逐步转向提供生产技术、优质农资、综合信息等系列服务的农技推广。

参与农业产业化，推广服务内涵。吉林省农业龙头企业较多，大部分分布在长春市周边，与吉林省农业科学院联系密切。

吉林省农业科学院在推进产业化经营过程中，把为龙头企业服务，在龙头企业与农户的中间发挥中介组织作用作为一项重要推广工作内容纳入议程。一是配合各级政府抓好订单农业，把龙头企业与广大农户连接起来，当好“红娘”，帮助解决产、供、销中的难题；二是以优质农产品生产基地建设为己任，与企业合作，通过有效标准化技术推广和服务，努力把基地建设成龙头企业第一生产车间；三是通过技术服务、技术承包、技术转让、技术入股等形式与龙头企业和农户开展多种形式的联合与合作，取得了可喜成绩，树立了推广部门在“三农”工作新时期的新形象。

（二）更新认识理念，创新农技推广方法

近年来，吉林省农业科学院加大了农业技术培训力度。在“培训就是推广”的新理念引导下，把教育农民、提高农民素质作为全部推广工作的核心任务和目标。据统计，吉林省农业科学院每年冬春季节培训基层党政领导、科技示范户、技术人员和农民等 3 万人次，其中农民占 90%。被培训地方达到了每个农户有一个技术明白人，每十户有一个科技带头人，每百户有一个科技示范户的培训目标；组织讲师团、小分队，深入基层讲课，现场解答农民提问；在广播、电视、报刊、计算机网络等媒体设立农业技术专栏，采取举办科技知识大赛，现场观摩等多种形式开展培训；组织专家编写切合实际、通俗易懂的技术小册子或宣传单，发放到基层干部和农民手中。据不完全统计，吉林省农业科学院推广工作每年发放各类技术资料 40 多万份。设置农业专家热线，随时为农民出主意，定措施，解答具体问题。吉林省农业科学院参加省级 12316 热线的农技推广专家达 20 名。利用吉林省农业科学院“农友网”等建立了农业专家系统，利用广播、电视、网络、电话、手机等媒体，开办农业专家联络、咨询平台，让农业专家走到农民身边，把技术送到农民手中。以科技入户工

程为先导，培育种田能手，辐射邻里，带动村屯。共有120多名农技推广人员通过参与科技入户活动为农民提供科技致富项目，进行技术指导和咨询，深受农民欢迎。

与此同时，吉林省农业科学院还为推进种植业结构调整，大力建设农业科技示范园区。一部分基层农技推广机构在省农委和吉林省农业科学院及当地政府的倡导和支持下，学习借鉴外地经验，积极争取国家和本省及当地的有关项目投资，率先建立了农业科技示范场，他们从建立科技示范场的实践中找到了农技推广部门参与农业结构调整的切入点，对于面临的“应对挑战，机制创新”等新课题作出了回答。

（三）农业技术推广实现增产、增收、增效

据统计，近几年来全省主要农作物病虫草鼠害发生面积均在1.2亿亩次，防治面积为1.05亿亩次，每年可挽回粮食产量约50亿斤。2004年以来，我省粮食生产出现了面积、投入和科技含量“三增加”的大好局面。吉林省农业科学院紧紧围绕粮食增产和农民增收目标，大力推广增产、保产技术，取得了显著成效。

在粮食作物栽培技术推广应用上，吉林省农业科学院以增粮增收为目标，每年都在全省范围重点推广3～5项高产优质、节本增效栽培技术，面积达1.3亿多亩次。这些技术的推广应用使全省每年增产粮食上千亿斤，增值几千亿元，取得了显著的经济、社会和生态效益。

（四）农技改革取得了四个创新

吉林省农业科学院几年的推广工作，集合多所多位专家的推广经验，总结出以下四个创新：

1. 推广理念创新

市场经济体制和农业发展新阶段对农技推广工作提出了新课

题和新任务，农技推广工作要树立以人为本理念，要把过去的以普及技术为核心转变为以提高农民素质为核心，把单纯的技术指导拓展到农民的组织、教育、咨询和服务等领域，引导农民行为的自动变革，通过行为的改变来促进农村经济社会发展。农技推广的目标也应由单纯的发展生产、提高产量拓展到提高农产品的质量与安全性，提高市场竞争力，提高农业生产效益和增加农民收入，改善农民生活质量，提高农民素质，实现农村经济社会的可持续发展。

2. 推广体制创新

建立新型的农技推广体系是加快农业科技应用转化的重要保障，是建设现代农业的客观要求。一要建设多元化的农技推广体系。要根据"有所为，有所不为"的原则，明确国办的农技推广机构的职能和任务，切实履行好公益性职能，逐步退出经营性服务领域。同时，大力培育与发展多种成分、多种形式的民营科技服务组织，并通过政策扶持和引导，鼓励涉农企业、中介组织和农民专业经济合作组织从事一般性或经营性服务，从而形成政府与市场互动发展、互为补充的农技推广新格局。二要积极构建国家农技推广创新体系。对于不能市场化的公益性服务职能必须由国办的推广机构承担。为此，必须着力构建国家农技推广创新体系，使之成为多元化推广的主体，成为重大技术推广的骨干。国家农技推广创新体系要按照"公益性、区域性、综合性、层次性"的原则进行构建。特别要加强基层农技推广创新体系的构建。乡镇区域站是当今农技推广体系创新的最大亮点，它的最大特点是经济和生态产业结构的区域性，并作为县级推广机构的派出单位，主要承担公益性推广服务职能。

3. 推广方式方法创新

一要农技推广与农业产业化紧密结合，彻底改变过去那种就技术抓技术、就推广抓推广的思维和做法，要使农技推广与产业化龙头企业、优质农产品生产基地和市场紧密地结合起来。二要加强农业科技示范场建设和管理，把示范场建成新技术引进、试验、示范基地，建成引导农民进行种植业结构调整的样板，建成农民实行产业化经营的田间课堂。三要实行农技推广网络信息化，实施农业技术信息入户工程，建立丰富的专家咨询等各种软件系统，搭建信息平台，构建省与地、县、乡技术和信息传递网络，真正实现信息进村入户。

4. 内部管理机制创新

在用人制度上，积极推行聘用制，按照公开、公正、公平和择优上岗的原则，按岗聘用，竞争上岗；积极推行农技推广执业资格制度，实行持证上岗；推行全员考核制度，以此作为续聘、解聘、付酬的依据。在分配机制上，建立灵活的分配制度，将贡献、绩效与收入挂钩，按岗定酬，按绩取酬，对有突出贡献的人员要实行重奖。尤其在经济实体中要拉开分配档次，真正体现多劳多得；积极推行股份制经营，有效调动和激发员工的积极性和创造性。同时要致力于提高职工队伍素质，努力创建学习型单位。

三、推广现状

按照年初项目会议的要求，项目组全体成员开会讨论，制订了全年的详细工作计划，并多次对实施方案开展讨论，加以完善，明确任务分工，开展调研和问卷调查，汇总相关数据，圆满地完成了全年工作任务。

（一）强化领导，明确分工，保证项目顺利完成

项目成立领导小组和项目办公室。领导小组组长由罗振峰副院长担任，领导小组由科研处、院办公室、党办相关处及室的负责人担任，以保证能有效调动全院科研力量参与到试点项目中来。项目办公室设在院农业经济与信息服务中心，办公室主任由

路立平主任担任，副主任由安国民书记担任，成员有农业科技管理编辑部的徐世艳、吕珂、侯倩倩，农业技术推广研究室刘志全、沈海波，《玉米科学》编辑部李万良等。办公室主任和副主任负责项目的总体规划，推广研究室负责示范、推广和调研，农业科技管理和玉米科学两个编辑部成员负责数据整理、分析和录入等。

为做好本次推广试点项目，农业经济与信息服务中心特别召开全中心会议，强调做好本项目的重要性，并将人员分派赴各地区农业科学院，调研科研人员从事推广工作情况及存在问题。特别指出，要做好本项目的调查问卷，做详做细，深入调查存在的问题，了解科研人员对推广工作的看法，了解科研人员对从事推广工作的意愿性，了解科研人员对院里要求做推广工作存在的意见等。通过调查研究分析，提出科研人员从事推广工作，应制定何种奖励措施，以充分调动科研人员从事推广工作的积极性，激励科研人员从事农技推广，将现有的科研成果尽快示范、转化，提高科研成果的贡献率，促进农业经济发展，为“三农”服务。

（二）基地建设、示范推广，有条不紊地开展工作

1. 建立科技成果转化示范推广基点，进行“直播式”成果转化服务

通过建立科技示范基地、科技示范户、科技联系户等方式，进行科技成果转化示范基地建设。

（1）科技示范基地建设。共建设了 5 个科技示范基地。双阳社会主义新农村示范基地，重点围绕优质稻米及良种扩繁基地建设；镇赉科技示范区，围绕提高水稻生产能力、提升吉林省增产百亿斤商品粮能力，带动吉林省玉米生产技术水平的提高和玉米产业的发展的需要，重点推广玉米高产稳产生产技术、保护性耕作技术、玉米高效精准施肥技术及水分高效利用等技术，进一步扩大超高产田示范推广面积；伊通县玉米良种繁育示范基地，重

点开展提高基地农户种植水平，推广玉米品种繁育高产栽培、病虫害生物防治和高产保健栽培等技术；公主岭示范区，围绕增产100亿斤粮食，推广玉米高产栽培技术。

梨树玉米机械化耕作示范区

该区主要以玉米为主，重点推广保护性耕作技术、玉米高效精准施肥技术及水分高效利用等技术，进一步扩大超高产田示范推广面积，带动吉林省玉米生产技术水平的提高和玉米产业的发展。

保护性耕作技术是通过玉米留高茬行间种植，实现了秸秆安全还田，结合追肥进行伏深松打破犁底层，创建耕层土壤水库，提高自然降水利用效率，实现高茬自然腐烂还田、增加土壤有机质、培肥地力，使土地资源永续利用。通过减少作业环节、采用精密播种，大幅度地降低生产成本，提高产出效益。在上年种植成垄的基础上，第二年春季不进行整地，行间直接播种。防止由于春旱造成土壤水分散失，实现苗全、苗齐、苗壮，玉米生产持续高产、优质、高效。与现行的耕作方法相比，土壤有机质呈上升趋势，0～40 厘米耕层土壤有机质年均提高 0.3～0.8 克/千克，春季土壤含水率提高 0.5～2.0 个百分点，保苗率提高 5%～10%，产量提高 5 %以上 。玉米灭高茬整地技术，实现了秸秆安全还田，结合追肥进行伏中耕打破犁底层，创建耕层土壤水库，做到了保“三水”：夏季贮水、秋季保水、春季节水，播种时不用坐水，大大提高了自然降水利用效率，实现碎茬自然腐烂还田、增加土壤有机质、培肥地力，使土地资源永续利用。通过减少整地次数，避免了土壤水分散失，做到一次播种保全苗，苗齐、苗壮，采用精密播种，大幅度降低了生产成本，提高了经济效益。

伊通县玉米良种繁育示范基地

重点开展提高基地农户种植水平，推广玉米品种繁育高产栽培、病虫害生物防治和高产保健栽培等技术。

伊通县为吉林省主要玉米种子生产基地，多年的玉米种子生产，使该区玉米病虫害加剧，制种产量连年降低，农户收益下降，制种单位制种产量也不能保证。为此，吉林省农业科学院集中全院的植物保护科研人员，为伊通县制种基地病虫防治研究联合攻关。多位专家常年在基点蹲点，同时将植物保护新技术、新成果进行宣传、推广，理论与实践相结合，边指导边示范，收到了良好的效果。

从该区专家蹲点实践中，吉林省农业科学院获得了宝贵的经验，即农民有意愿接受新技术新成果，而且学习能力强，接受能力强。有些适用的新技术新成果没有快速推广，原因还是推广的过程有问题，即推广工作做的不细，不体贴入微。如果能够花时间、有耐心地为农民讲解，新技术新成果会很快推广开来，关键是做细做精，往往是细节决定成败。

公主岭示范区建设。围绕增产 100 亿斤粮食，推广玉米高产栽培技术。建设核心区累计面积 1 500 亩。平均亩产 685 千克，增产幅度 7.7%，增加效益 102 900 元；示范区累计面积 17 万亩，落实在范家屯镇 3 万亩，朝阳坡镇 3 万亩，刘房子镇 4 万亩，杨大城子镇 4 万亩，怀德镇 3 万亩。平均亩产 628 千克，增产幅度 7.9%，增加效益 1 094.8 万元；辐射区建设面积 170 万亩，落实在范家屯镇 15 万亩，朝阳坡镇 12 万亩，刘房子镇 15 万亩，杨大城子镇（宝泉）15 万亩，陶家屯镇 15 万亩，毛城子乡 15 万亩，怀德镇（双榆树、四道岗）20 万亩，双城堡镇（育林、莲花山）15 万亩，玻璃城子镇 15 万亩，八屋镇 13 万亩，十屋镇 12 万亩，双龙镇 13 万亩。平均亩产 602 千克，增产幅度 10.7%，增加效益 1.38 亿元。

建设专业化生产基地 10 万亩，专业化基地生产，提高了玉米产量和品质，带动了玉米深加工产业的发展。以黄龙公司、中粮生化能源有限公司为代表的玉米深加工产业，年加工玉米能力达到 125 万吨，生产有玉米淀粉、蛋白饲料、麸质饲料等名牌产品；有玉米油、色拉油等产品被国家绿色食品发展中心认定的绿色食品；有低聚糖、麦芽糖、啤酒糖浆等淀粉糖系列产品和有机—无机复混肥系列产品。年实现产值 21.6 亿元，实现利税 3.4 亿元，实现玉米深加工增值，延长了玉米产业链条。

通过适宜品种筛选及密度、施肥技术等研究，建立雨养条件下亩产 700 千克以上的栽培技术模式，为整体提升本区玉米生产水平提供技术支撑。主要研究内容为高产优质玉米品种群的建立；不同类型玉米品种适宜种植模式；高效施肥技术；精密播种技术；病虫草害防控技术；化控技术及田间降水和庭院降水技术等，实施了玉米科技入户工程，旨在通过技术集成和科技示范带动，提高农民的科技文化素质和玉米生产的科技含量，增加农民收入，推动玉米产业发展，保障国家粮食安全。

（2）科技示范户、联系户建设。伊通县植物保护专家蹲点工作，充分证明只要有细心、有耐心、肯花时间，农业新成果、新技术会很快推广开来。全院独立项目主持人 164 名专家，每人在吉林省建立一个科技示范户，示范户可以是种植业大户、养殖业大户或农产品加工企业。每人将自己所学、所知、所长直接服务于示范户，每年至少带给示范户一项农业新技术。近几年吉林省农业科学院引进博士，每人在长春周边地区选定一个固定的、长期的联系户，定期深入农户，全面了解农业生产过程和生产需要，利用所掌握的技术为联系户提供服务。

巩固已有的项目示范基点、基地，实现自有成果快速转化。在现已建立的 79 个科技成果转化、示范区建设等项目基点、基地的基础上，继续推进“直播式”就地转化（即在项目的研究过程中边研究边推广），使全院示范推广基地达到 100 个，达到自有成果落地生根、开花结果快速转化的效果，并全面发挥项目所起到示范、辐射作用。

2. 以农科院三个自有网站为基础进行“外接式”科技成果转化服务

以“农友网”、“吉林省星火计划网”和“吉林玉米网”为基础，建成了科技成果管理、科技成果中介和科技信息服务3个子平台。集成科技成果信息、技术交易服务相关的信息资源，完善成果信息资源库，构建了基本覆盖全省主要行业和区域的科技成果转化信息共享服务网络，促进了科技成果转化和信息服务深入到基层中小企业和农村。

以吉林省星火计划网络为主体，建成了现代农业信息传输与服务基础框架，推进吉林省星火计划网络信息链向基层的延伸和发展。与吉林农业大学等科研院校合作建立了省12396专家服务团，建立示范试点，推广星火农村科技网、12396电话语音网、12396远程视频咨询诊断网、触摸屏综合信息服务体系“四位一体”的多信息多终端星火农村科技12396综合服务平台建设模式。

在全省7个地区建立信息化专家大院项目。结合社会主义新农村建设，利用前期星火农村信息化科研成果和基础条件，建立双阳区齐家镇星火科技信息化专家大院。通过各级农村科技信息网、智能信息技术服务中心、星火网络服务平台、公用电话网等多种形式，开展农村科技信息化及农民科技培训示范，在农村信息服务网络、农村生产信息化、农村经济信息化、农民远程培训等方面，利用信息化专家大院进行示范推广，以此来提高全区农村科技信息服务能力，在双阳区齐家镇建成通达农户的信息服务链。项目建成后，可开展农业信息化科技成果示范，解决当地农民市场信息获取和发布难的问题。创造了农民与市场沟通的途径，架起了农村与城市沟通的桥梁；建立农技“110”服务站，解决咨询农业技术难的问题。农民可以通过电话或者电脑，借助网络快速获得农业技术咨询。提高农业生产的科技含量和市场竞争能力，增加收入；建立实用的农民科技培训体系与运行机制，解决当地农民提高科技文化素质难的问题；通过快速信息传递，解决把握农业政策标准难，帮助农民学法、用法、维护农民权益。

3. 以服务企业、服务政府为目标的"嫁接式"科技成果转化服务

通过关联企业运作，推广玉米、水稻、大豆、杂粮优良新品种；与省推广部门合作，扩大赤眼蜂、白僵菌的推广；高效复合肥、复配农药、牧草、畜禽品种、果树苗木等推广力争有新的突破。

畜牧、加工等学科以为涉农企业服务为重点，为皓月、广泽奶业等企业提供技术支持，提高产品市场竞争力。鼓励科技人员深入企业，了解企业技术需求，帮助企业解决生产技术问题，不断提高为企业服务的能力和水平。

依托专家，在技术层面，为政府提供不同时期的农业生产建议；依托东北区域农业发展研究中心，为政府提供吉林省宏观农业经济发展、农业技术经济、农业科技与产业政策等方面的咨询建议，当好政府的参谋助手，提升为政府提供农业发展咨询建议的能力和水平。

采取多种形式进行科技培训与技术咨询服务。利用由院主办的"农友网"、"吉林星火计划网"、"吉林玉米网"等信息服务平台，通过网络平台互动方式，针对农民（企业）提出的问题开展网络农技咨询（推广）服务或专题培训；同时利用院农业多媒体制作中心，开展视频、音频农技咨询及农民培训活动。组织院专家参加农业科技评选活动，参与扩大农民学科技、用科技的良好氛围。利用农村集市，农民夜校、农民科技书屋等场所，集中展示科研成果，开展多种形式的科技服务，加大宣传力度，把科技下乡工作落实到实处，促进科技成果快速转化为现实生产力。

（三）重点开展技术培训，提高基层对农业技术成果的认识和应用水平，加快成果的推广步伐

培训突出重点。针对不同的地区，培训内容有所侧重；根据不同地区的生产特点，采取了不同的培训方式。吉林省最主要的作物是玉米，面积最大，产量最高。东部玉米面积比例较少，播种相对粗放；中部面积最大，播种精细；西部面积较大，采用催芽坐水种方式。根据这样的特点，培训时采取了不同的方式，培训内容各有不同，专家讲课内容也各有侧重，既满足了当地农民的需要，也为将来玉米生产发展做了技术储备；培训采取点面结合的方式。对于各县市的农技推广科研人员，重点培训，集中培训，培训后发放培训内容的音像材料。各县市的农技科研人员对本县市各乡镇的农技推广人员培训，由省农科院相关专业技术人员协助；各乡镇农技人员再对本乡镇各村的农民进行培训，重点是各村的种田能手、种地大户、示范户等。培训由各县市的农技推广人员协助。这样，就形成了新形势下的“直线三级互助”推广模式，各有分工，点面结合，任务明确，目标一致，加快了推广的进度，提高了推广的效率，促进了科技成果的市场化、社会化，大大提高了科技成果对当地农业、农民经济效益和社会效益提高的贡献率。

1. 榆树的富民强县计划——生猪无公害集约化养殖

近年来榆树市生猪生产快速发展，为此，榆树市将猪无公害集约化养殖作为富民强县计划的一部分。榆树市科技局与吉林省农业科学院组织实施猪无公害集约化养殖技术首期培训班于2009年4月份在榆树市举行，现已举办5期，榆树市各乡镇领导、科技工作者及养殖大户、专业户共计750人参加了会议培训。培训以生猪无公害集约化养殖为重点，从实际、实用、实效的原则出发，对国家出台的养猪扶持政策进行了解析，阐述了养猪业的发展趋势，针对养猪户所关心的种猪饲养管理、饲料配制等进行了详细的讲解，介绍了目前业内的研究热点——发酵床养猪的优缺点、技术要点。并对榆树市未来养猪业的发展提出了建议、预测和展望；培训围绕猪场的防疫、养猪疾病的控制、猪的人工授精技术等，为广大培训班成员进行了技术传授。通过本次培训，促进了项目的顺利实施，实现了科技知识与农户生产的有效对接，提高了科技对农业生产的贡献率，对畜牧业及地方经济的发展必将产生深远影响。报告结束后，各位专家与受培训人员现场互动、学员提出的问题进行了详尽的答疑解释。农民提问热烈，专家解答精彩，养殖户受益匪浅。同时，对所有学员进行了问卷调查。

2. 梨树县现代农业科技培训班

梨树作为吉林省玉米生产大县，在玉米生产、新品种引进、农业生产合作社方面一直走在全省前列。为了更好地促进梨树的玉米生产发展、提高玉米生产技术水平，吉林省农业科学院在梨树县举办了现代农业科技培训班，为基层干部和技术推广人员授课。在县政府会议室内，300 多名前来听课的县直农口部门、各乡镇主管农业工作的领导和农技推广工作人员，把会议室挤得满满的。培训班上，农科院专家作了《农业现代化及国内外发展趋势》的报告，结合吉林省实际，通俗易懂、深入浅出地介绍了国内外现代农业发展的概况和趋势，以及吉林省发展现代农业的措施和方向，开阔了广大基层干部和科技推广人员的视野；《吉林省玉米生产形势及预测》报告对吉林省玉米生产形势、存在问题和应采取的措施，以及科技在玉米生产中的作用等作了详尽的讲解。专家的报告受到了梨树县政府领导和农业技术推广人员的热烈欢迎。县农业局局长宋晓平说，省农业科学院这样高层次的专家给我们讲课，给我们送来了科技东风，是我们难得的学习机会，我们要起到“二传手”的作用，把实用的农业科技传授给广大农民，让农民得到实实在在的科技实惠。吉林电视台、吉林人民广播电台、吉林日报的记者对此次活动进行采访报道，为成果的宣传推广起到了很好的作用。

3. 通榆县果树成果推广试点建设

为了对吉林省农业科学院果树成果更好地转化，也为了更好地发展通榆果树产业，双方达成共识，吉林省农业科学院在通榆县第一机械林场开展科技示范户建设工作。现建有吉林省农业科学院专家示范户 3 个，拓展带动示范户 2 个，已发展会员 46 名。果树所在通榆县建立的科技示范户体现了三个特点：一是在谋划示范户的建立上，做到了“三结合”。即立足于当地农民增收，与发展西部果树产业相结合；立足于合作共赢，与当地果树协会加强协作相结合；立足于开发盐碱地果树新品种，与岗位项目的组织实施相结合。既有利于推动当地果树产业的发展，又有利于不断提升吉林省农业科学院果树栽培的科研实力。二是强化技术培训与服务，充分发挥示范带动作用。2009 年开春，果树所苹果、葡萄、李、杏等专家对该县 46 名果农进行了系统培训。经常性的、随时性的技术指导，当地果农对开发果树产业的信心越来越足。三是坚持各司其职，联合共建。立足于果农从事多品种果树栽培与果品开发的实际，果树所本着随叫随到的原则，无论是谁建的点，只要需要，各位专家都能及时进行技术指导，满足了果农对果树栽培技术的全面需求。得益于果树所各位专家的及时深入和精心指导，在当地政府的大力支持和果树协会地积极运作下，通榆果树产业迎来了一个全新的发展机遇。一是 2009 年果树栽培面积超过前 30 年总和，为历史最好时期；二是克服了果树品种的单一化，所栽培果树品种和品系日益多样化；三是果农从事果树开发的积极性越来越高，其辐射和示范作用也日益凸显，为通榆果树产业的大发展奠定了坚实的基础。

4. 大豆中心在省内开展农技师资和农户系列科技培训活动

为加速农业科技成果推广，大豆中心积极组织大豆科技培训活动，在继敦化、龙井农技师资培训之后，又到德惠、九台、榆树黑林镇、桦甸金沙镇、敦化的黑石镇、官地镇、雁鸣湖镇等地进行农技师资和农户科技培训。在各地农技推广中心的配合下，大豆中心专家对农技师资进行了大豆产业发展形势、吉林省大豆育种进展、大豆“双保促控”栽培技术、“垄三”栽培法、窄行密植技术、大豆行间覆膜等技术并对中熟大豆品种作了详细介绍，并对 2009 年种植大豆情况和生产中存在的问题进行了直接交流和解答。此次培训全市各乡（镇）农业站站长、科技入户技术指导员等580多人参加了培训，发放技术手册2 000余份。会后各县市及各乡镇科技人员说，培训后还走访了几个种豆大户，了解2009年农户种植大豆意向。

大豆中心2009年技术培训根据各地区特点，介绍不同区域新审定推广的大豆新品种，并根据区域特点有针对性地讲授了配套高产栽培技术。在吉林中部、北部主要讲授机械化垄上双行精量点播、高产施肥技术，在中东部山区讲授了扎眼种植和防止倒伏生育调控技术，在吉林省东部主要讲授大豆窄行密植技术和小粒豆高产生产技术规程。2009年系列培训对提高全省大豆生产水平有着非常重要的作用。

5. 举行绒毛用羊产业技术松原综合试验站技术培训班

为加快推广毛用羊养殖技术，畜牧分院在松原市查干花种畜场开展了绒毛用羊现代产业技术体系首期技术培训班。本期培训班学员共220名，主要由三部分人员组成，一是来自查干花种畜场的技术人员和养羊职工；二是来自查干花种畜场附近乡镇的养羊户；三是来自本体系示范基地前郭县、洮南市和乾安县的畜牧技术人员代表。培训班上，吉林省农业科学院的专家主讲了“养羊的几个关键技术环节”、“羊毛的基础知识”、“羊的疾病预防——消毒”等技术。讲课期间还对学员提出的关于养羊的各方面问题进行了解答。现场气氛热烈，收到了很好的效果。培训班结束后，岗位专家、试验站站长以及示范县代表还针对今后体系建设的工作进行了讨论，对讨论内容进行整理，并开展问卷调查。

6. 水稻所在九台市举行吉林省超级稻示范推广科技服务

吉林省农业科学院超级稻一号近年在吉林省推广面积超过水稻总面积的一半，为吉林省水稻生产作出了巨大的贡献。2009年4月，为做好水稻春播工作，吉林省农委在九台市龙嘉镇召开了吉林省超级稻示范推广科技服务现场会，由吉林省农业科学院水稻所所长专家主持并做现场技术指导。会上，院水稻所专家为稻农分析了2009年吉林省水稻发展趋势，为稻农讲解了超级稻配套栽培技术，针对近些年稻农在超级稻种植过程中出现的问题进行了现场答疑；同时，对龙嘉镇农户家中超级稻播种进行现场技术指导。这次活动，给稻农发放超级稻栽培技术光盘100余张、栽培技术手册1 000余份，超级稻宣传图谱500余份，水稻苗床药500余袋。省农科院水稻所专家已经在全省各地开展多次这样的技术服务，为保障2009年全省超级稻稳产高产奠定了技术保障，受到当地广大农民的欢迎和好评。

此外，吉林省农业科学院植物保护研究所、经济植物研究所、加工中心、环境资源研究所等就各自的科技成果，在各地举行了技术培训、成果推广等活动，加快了科技成果的转化，为当地经济发展作出了巨大贡献。

（四）开展问卷调查，深入基层细致了解农技推广中存在的问题并解决问题，建立长期合作关系

在吉林省选择吉林农业大学、吉林市农科院等10个科研单位，开展农业技术推广工作调研，了解各科研单位农技推广工作情况、模式及工作机制等。同时开展问卷调查，总结吉林省农技推广工作的机制和模式。

通过多地点、多样本调研和问卷调查整理，发现了存在多年而生产中非常需要解决的问题。这些问题看似虽小，但实实在在地对农业生产产生影响，不仅影响产量，还影响质量。通过这些问题，可以很好地总结现行农技推广模式存在的问题，并找出相关的方法加以解决。

调查过程中，与各地区院所建立了长期的信息互通关系，吉林省农业科学院与各地区所在成果推广领域全部信息完全共享，并且在各优势学科、优势专业方面达成共识，双方将在成果的示范初期、推广中期和扩大辐射后期进行全方位合作。根据各院所

在全省各地区力量分布，相互帮助，双方推广力量强的地区，采取强强联合方式，快速进行成果推广；一方力量强的地区，采取强帮弱的合作方式，共同进行成果推广。最终目标，是在尽可能短的时间里，将双方的科研成果推广开来，双方在经济效益、社会效益方面都取得进展，达到共赢。

四、主要经验

（一）双户共建经验

农技推广的对象主要是农民，而农民普遍存在教育层次较低、接受能力差的问题。面对这样的对象，想在短时间内将农业技术传授给他们不现实，只能从点上突破，以点带面，先以当地的科技户、示范户为重点进行新成果、新技术示范，通过带动作用，形成小的科技群体，然后带动大群体，进而将星星之火形成燎原之势。吉林省农业科学院进行科技户和示范户对接，由起初的一个研究员、博士对接一个科技户或示范户，进行到目前带多户，并且只要是有条件，在乡下有基点，副研究员和助理研究员也对接科技户和示范户，带动当地学科学、用科技、做示范、搞推广的热潮。事实证明，“双户”对接，是农技推广的有效方式，可以将农技推广工作做实。

（二）科技成果“直播式”转化经验

科技成果“直播式”转化，是简单有效的成果转化方式。转化的主力军应该是科技成果的完成者。因为成果的完成者最了解成果的优点，最了解成果的适宜推广地区及范围，最了解哪些对象是成果的需求者。在取得科技成果后，有些课题继续申请转化资金，但有些课题并没有申请或者没有申请成功转化资金。无论是申请还是没有申请，各科研单位都应督促成果的完成者，努力将成果转化。如何提高成果完成者成果转化的工作积极性，各单位需要制定相关的政策措施，以激励科研人员的热情。只要相关措施有利于科研人员的切身利益，推广工作就会又快又好。

吉林省农业科学院的实践证明，每一位成果的完成者都希望自己的科研成果能够大面积推广，那样才能体现自己的价值，同时，有益于农业增收，农民增效。

（三）科技成果“外接式”转化经验

科技成果的“外接式”转化主要通过网络形式。网络可以与其他终端连接，进而将传播的触角伸远。这种形式理论上可以将传播的触角伸向无限远，辐射的范围可以无限广，只要是有网络的地方，就可以推广。

吉林省农业科学院建有三个网站，建有多个远程培训站，这些终端与农科院网站连接，只要是吉林省农业科学院网站有的内容，终端都可以播放、下载。通过网站，吉林省农业科学院的人力资源可以为各地的推广服务。“农友”网站设有专门的专家咨询栏目，专家可以为各地的人员所用。各地只要能上网，就可以登录吉林省农业科学院农友网站，在特定的栏目将问题提出，网站工作人员将问题找相关学科的专家解答，然后登录到网站上特定的栏目，提出的问题与相关的解答就可以在网站上看到。专家的服务就可以无时不在，无处不在。

（四）科技成果“嫁接式”转化经验

科技成果的“嫁接式”转化相当于科技成果的市场化，只是吉林省农业科学院将本院的科研成果嫁接到院相关企业。“嫁接式”转化的主要是农科院相关的玉米品种、水稻品种和大豆品种。农科院完成科研成果，开发转化放到企业，企业根据市场需求做相应的市场开发，通过市场机制将成果示范、推广。企业做推广，专业化，制度化，推广速度快，推广范围广，有利于成果尽快转化，为“三农”服务。

五、存在的问题

(一) 经费不足

目前的成果推广，还没有做到“以推广养推广”的程度，在基层推广科技成果，只能是无偿的，还不能创造经济效益。因此，仅物质补助这一方面的费用，就占推广经费的一大部分。因此，目前条件下，推广经费的多少在某种程度上决定科技成果的推广速度。

(二) 成果推广工作没有纳入各单位的绩效考核

科研单位在职称评定、岗位考核中没有或很少将科研人员人事的推广工作纳入其中，量化的通常是成果、论文、课题等，缺少推广工作。久而久之，科研人员失去对推广工作的热情，没有了对推广工作的动力，造成的后果就是重科研、轻推广，阻碍了推广工作的有效进行。

科研单位、科研成果的原创者、转化科研成果的企业之间经常因为经济效益分配产生矛盾；购买科研成果的企业与科研单位、科研成果的原创者之间无利益纠纷，但科研单位和科研成果原创者之间又通常因为利益分成产生矛盾。这些方面的问题如果不解决，都会对农技推广产生阻碍或延缓作用。解决顺畅，科研成果可快速转化、快速创造社会经济效益，对个人（科研成果原创者）、集体（科研单位）和社会（企业、受益民众）都有益。

六、对策建议

第一，省级科研单位是新技术、新成果的完成者，可为农业推广提供原始技术，但省级农业科研单位如何在农业新成果新技术推广的初期、中期和后期更好地发挥作用值得探讨。没有省级农业科研单位的科研人员参与，成果不可能很好地推广，但需要制定相关的政策，鼓励科研人员放手农技推广，提高科研人员人事农技推广的积极性。

第二，省级农业科研单位如何与各地政府部门高效衔接，从而更好地进行推广服务。科研单位和推广单位是两个系统，分属两个架构，因此无法进行部门间无缝隙的合作。两个系统之间的合作，必须由上级部门制定相关的政策，给下级部门权力，扫除不同系统间合作的障碍。

第三，探讨省级科研单位与县市农业技术推广部门在农技推广中互赢合作新方式。省级科研单位和县市农业技术推广部门都是搞技术的，从这个层面看，两个部门之间有合作的方式，问题是以何种方式合作，才能使两个部门之间能够长远地、全方面地合作，并将这种合作长久地进行下去。

第四，农业科研人员在农技推广中所起作用的评估体系建立。目前各科研单位重科研轻推广，深层原因是各单位没有将推广工作与从事推广的科研人员利益相结合，没有制定相关的利益分配政策，无法充分调动起科研人员从事推广工作的积极性。2010 年将集中力量进行此方面体系的建立。

第九章

农业科研单位开展农技推广工作的机制及模式调查

——以石家庄市农业科学研究院为例

一、项目背景

农业技术推广体系和农业技术创新体系是支撑现代农业发展的两个重要组成部分，但农业技术推广体系的建设和发展滞后于农业技术创新体系的建设和发展，反过来又影响科学技术研究的进步，进而迟滞现代农业的快速发展。因此，尽快建立健全新型农技推广体系、不断创新农技推广新机制已成党中央国务院推动现代农业发展的重大决策，也是农业部工作的重中之重。《中共中央关于推进农村改革发展若干重大问题的决定》及中央 2009 年 1 号文件《中共中央国务院关于 2009 年促进农业稳定发展农民持续增收的若干意见》均要求强化现代农业服务体系，并按照 3 年内在全国普遍健全乡镇或区域性农业技术推广、动植物疫病防控、农产品质量监管等公共服务机构的要求，尽快明确职责、健全队伍、完善机制、保障经费，切实增强服务能力。据此，农业部在 2009 年《农技推广体系改革试点专项》中，设立了《组织科研单位开展农技推广工作，总结农技推广机制创新》项目。该项目要求通过开展科研单位技术推广试点示范和调研，总结出农业科研单位开展农技推广工作的机制和模式，并在今后农技推广工作中推广使用。

石家庄市农林科学研究院作为试点单位之一参加了本项目，在总项目组的指导下，在调研和全面分析有关材料的基础上，通过对农业科研单位的人才结构、成果储备、项目来源、软硬件环境、从事农业技术推广现状等进行总结分析；对农业科研单位进行农技推广的机制及模式进行分析等一系列调查研究，从而总结出石家庄市农业科学研究院在开展农业技术推广工作中的成功经验、存在的问题、保障措施等机制和模式，提出农业科研单位加强农技推广工作的对策建议。为此，我们选择赵县、辛集、灵寿等为试点县，开展了建立新品种示范田、组织技术培训会、新品种观摩会等一系列农业技术推广活动，并就农业科研单位开展农技推广工作的机制、模式、存在的问题等方面展开调研。

二、开展农技推广工作的历程

回顾石家庄市农林科学研究院自成立以来的农技推广工作，大致经历了三个阶段

第一阶段从 1974—1991 年起步阶段。早在石家庄地区农科所成立伊始，在搞好农业科研工作的同时，就十分重视农业技术的推广工作。1975 年就先后在辛集马兰村、正定县西兆通、南早现村以及市郊、藁城、栾城等地共建立相对稳定的科研示范基地 7 个。这些科研基地面向生产，靠近群众，是科研成果最早投入生产使用和进行示范推广的地方。1975 年开始举办农业技术员培训班，培训时间分半年短期班和 1 年长期班两个层次，开设了小麦、玉米、棉花栽培技术、植保、土肥等专业课程，为农村培养了一大批农民技术员。

第二阶段从 1991—1999 年开发经营阶段。1991 年河北省人民政府下发了《关于加速科研单位高等院校科技成果转化的通知》，要求“各科研单位和高等院校要高度重视科技成果的转化

工作，进一步树立科技工作为经济建设服务的思想，研究开发、引进创新、推广应用并重”，“科技、教育要向生产靠拢，同生产联合。科研单位可按学科专业联合起来，逐步形成行业或专业的研究开发中心，解决生产中的关键技术问题和重大新产品开发，使成果就地转化”。还特别强调“农业科研单位和高等院校，要结合农业试区开发、星火计划实施农业技术承包和农林牧副渔商品基地建设等，建立综合运用科技成果示范基地，同县、乡、村广泛发展多种形式的技术经济联合与协作”。并制定了相关鼓励政策，要求“实行有利于科技成果转化的优惠政策。对科研单位、高等院校长期从事科技成果推广的人员，在评聘专业技术职务时，重在考核推广工作实绩，放宽对科研、教学工作量和外语的要求”等。

为了贯彻省政府的指示精神，1992 年出台了《石家庄地区农科所关于继续深化科技体制改革的暂行规定》，提出“全所职工要解放思想，更新观念。农科所不仅要搞科研，出成果，而且要搞经营出效益，促进科技与生产的结合”，“鼓励与支持科技人员和其他职工大力开发科研成果，兴办各种实体，加强配套服务，加快科研成果商品化进程，逐步增强经济自立能力”的指导思想。先后兴办了粮棉油良种、瓜菜优种、植物医院、畜牧兽医等技术服务部。并把开发创收和职称聘任、奖金分配挂起钩来，极大地调动了科技人员的开发经营积极性。在不到一年的时间里，为社会提供小麦、玉米、棉花良种 75 万千克，瓜菜优种 3 550千克，农药 180 余种，兽药 270 余种，技术咨询 6 000 多人次，创经济效益 10 万元以上，弥补了事业费的不足，促进了科研工作的顺利进行。

在此阶段最成功的两个案例是“冀棉 8 号”和“冀麦 26”的推广。其中冀棉 8 号的育成，打破了河北省长期以来“鲁棉”当家的被动局面，累计推广面积 2 333 万亩，创社会效益 7.8 亿元，成为当时河北省当家棉花品种、国家级对照品种，并获得国家科技进步二等奖和省长特别奖。冀麦 26 是新中国成立以来河北省自育品种推广速度最快、应用面积最大，效益最多的早熟、高产、抗旱、耐病新品种。其累计推广面积 5 200 多万亩，创社会效益 9.33 亿元，成为当时全国种植面积较大的小麦品种之一，受到原国务院总理李鹏的高度评价，获得国家科技进步三等奖和省长特别奖。这些科研成果在农业上的推广应用，促进了石家庄市（区）农业的发展，创造了较高的经济效益和社会效益。但此阶段的开发经营不成规模，基本上处于零散经营阶段。

第三阶段从 1999 年至今的公司运营阶段。为进一步加大深化科技体制改革的力度，提出了“加快转换机制，形成科研、转化、推广、经营、服务“五位一体”的科研开发运行模式和以科研为基础，以开发为活力，以行政后勤为保障，以市场为导向，以经济效益为目的，以服务农业为宗旨”的建院方针，还提出了“通过改革，建立一支懂技术、善经营、能推广、会管理的科技开发和生产经营队伍，使科技成果的开发实现规模化、规范化、企业化”的目标要求。取消原有的良种经营部，以股份制的形式成立了石家庄大地种业有限公司。公司通过市场化运营加大对自研成果的推广力度，采取免费送货、免费提供栽培技术光盘、宣传画、条幅，召开现场会、销售会、培训、技术讲座，建设高产示范田、培养农业科技户等不同形式加强对农民的服务。公司成立 8 年来，共举行各类新品种观摩会 400 多场次，技术培训 30 多万人次，推广小麦、玉米、棉花等农作物新品种 1.5 亿多千克，推广面积计 1 700 多万亩，实现社会效益 10 亿多元。连续多年获得石家庄市政府、河北省质量检验协会“农业产业化先进龙头企业”、“河北省质量诚信示范企业”等荣誉称号。

在加快技术推广、促进科技成果转化工作方面，以河北省小麦首席专家郭进考同志为院长的领导班子不断在探索新的办法、新的模式。2008 年又出台了《石家庄市农科院科研成果转化若干问题的实施办法》，鼓励科研科室在完成科研任务的基础上开展成果转化、技术推广工作，并制定了相应的任务目标和奖励政策。相信在不久的将来，石家庄市农林科学研究院的农技推广工作又将跨入一个新的台阶。

三、农业科研单位开展技术推广的制约因素

农业科研单位开展农技推广虽具有很强的优势，在实际工作中也作出了很大的贡献，但由于政策导向、思想意识等多方面的原因还存在着很大的局限性。

第一，在现有农业推广体制中，国家鼓励农业科研单位从事农业技术服务，但没有赋予具体的推广职能，没有把农业科研单位的推广工作制度化，也就不能把农业科研单位的推广优势和推广潜能充分地发挥出来。

第二，科研单位职称评定、年终考核没有把技术推广列入考核指标，许多单位没有设立专业的推广部门，缺乏专职推广队伍，致使农业科研单位无法从事系统的农业推广工作。技术人员开展技术推广主要是根据所承担的项目要求或者是根据具体的成果转化需要进行的，从时间、经费等方面没有保障，长期性、稳定性不够，随意性大。缺乏必要的利益驱动激励机制，所以科研人员没有技术推广的积极性和主动性。

四、开展农业技术推广的经验及服务模式分析

各地农业科研单位结合自己的优势和区域农业发展特点，在开展农技推广工作的实践中，除采用传统的科技下乡、科技培训、技术承包、技术咨询等方式外，还积累了很丰富的推广经验，并探索出了很多行之有效的推广模式，如：“基地＋专家＋

农户”、“基地＋企业”、“专家＋中介组织＋农户”、“专家＋技术推广机构＋农户”、“专家＋龙头企业＋农户”等，并都取得了很好的效果。

石家庄市农林科学研究院在不断加强农业科研工作的同时，在农技推广工作方面也做了积极的探索，仅 2008 年就组织新技术、新品种现场会 25 次，技术讲座 29 次，授课培训 15 000 人次，发放科技资料 10 000 余份，在 60 多个县建立了科技传播站，农技示范户 6 000 余户，选拔确定农业信息员 6 000 余人，在全省 28 个县建立了“农业科技示范村”。全年累计组织科技人员下乡 150 人次，技术咨询人数达 50 000 余人次。推广各类新品种 5 225 万千克，累计推广面积 1 200 万余亩。还充分发挥新闻媒体和广告作用，利用电视、网络和报纸把新品种新技术传播到千家万户，把技术送到田间地头，送到农民手中。总结起来，主要采取了以下几种措施和推广模式。

（一）设立了耕作栽培与技术推广研究所

为了进一步深化科技体制改革，整合科技资源，使科技成果尽快转化为生产力，加大自研成果的推广、开发力度，石家庄市农科院于 2008 年抽调 21 名精干专业技术人员成立了耕作栽培与技术推广研究所。该所和大地种业相结合，明确任务目标：每年推广成果面积小麦不少于 300 万亩、玉米不少于 50 万亩、棉花不少于 40 万亩；每年科技培训不少于 5 万人次、科技下乡不少于 20 次；每年建设自研品种 1 000 亩以上的示范田 5 个，100 亩以上高产示范田 10 个，10 亩以上高产示范田不少于 100 个，且产量水平达到省内先进水平等。该机构的设立结束了石家庄市农科院没有专门从事农技推广部门的历史，为加速科技成果转化起到了积极的推动作用。

在设立专门的推广部门的同时，还为每个研究所、研究科室下达了推广任务，如科技培训人次、科技下乡人次、人均指导科技示范户、建立高产示范田面积等作为全年的工作任务，由科管科逐项监督落实，并制定了详细的考核办法和考核指标。使农业科研和农技推广更紧密地结合起来，并使农业科研人员更能深入到生产第一线，为农业科技成果更好更快的推广做新的尝试。

（二）“四个一”推广模式

为了充分调动广大科技人员的技术推广积极性，加强科技人员和农民、农村的联系，郭进考院长制定了鼓励技术人员开展农技推广的“四个一”推广模式，即：进一个农户、带动一个村、建一个示范方、带动一个县。要求每一个农业科技人员都要联系一个科技示范户，利用自己的专业技术指导农户的农业生产，把科技示范户的生产田建成科技示范田，用科技示范户科学种植的实际效果带动全村致富。要求每一个研究科室都要利用各自的优秀成果建立不同面积的示范田、样板田，然后组织农民举行现场观摩，让农民切实感受到新品种、新技术所带来的实际收益，从而加速了成果的推广速度。几年来，在辛集、赵县、藁城等许多地方，县委、县政府利用石家庄市农科院建设的高产示范田召开了全县农业科技现场会推广新技术、新品种。科研人员每年参与农技推广工作平均达到 57 天，每个科研科室都有高产示范田，每个科技人员都有科技联系村、科技联系户。建设高产样板田 140 多块，真正实现了“进一个农户、带动一个村、建一个示范方、带动一个县”的目的，并取得了实实在在的社会效益和经济效益。

在 15 县（市）建立了万亩节水高产示范田，通过良种配套、强化播种、管理技术措施、田间指导与技术培训相结合，现场观摩与媒体宣传相结合等多种途径和措施，促进了各地节水高产示范顺利开展。栾城示范区“石麦 15”百亩核心示范方（全生育期浇 1 水），农业部组织专家进行实打验收，平均亩产达 629.6 千克；全国小麦万亩高产创建赵县示范区，经农业部组织专家实收测产，11 721 亩平均亩产达 611.29 千克，受到了农业部的表彰；辛集示范区，经河北省农业厅组织各示范县首席专家验收，万亩配套展示田，平均亩产 548.27 千克。3 500 亩“石麦15”示范田平均亩产 596.88 千克，100 亩展示田平均亩产达到 625.7 千克。邯郸广平县双庙乡双庙村，1 000 亩“石麦 15”示范区，平均亩实产达 550 千克 。

国家粮食丰产工程辛集示范区，2008 年 10 月 1 日，经国家“粮食丰产科技工程”联合办公室批准，河北省科技厅、河北省农业厅组织有关专家组成专家组，对 5 亩玉米高产攻关田进行实收，亩产达到 788.45 千克，打破了河北省历史最高纪录。“石麦15”旱地示范田全生育期一水不浇实收亩产达 514.6 千克，创造了河北省旱地高产新纪录。

小麦新品种“石优 17”全生育期仅浇一水，经专家测产亩产达 603.92 千克，实现了优质与节水高产的结合，已引起了多方的关注。玉米：分别在鹿泉、藁城、赵县、赞皇、27 军农场建立“石彩糯 1 号”、“石玉 8”、“石玉 9”高产示范田；经测产完成了任务目标。棉花：在高邑西塔影建立“晋棉- 26”百亩示范田；分别在辛集、正定建立“石抗 278”、“石抗 126”、“石早98”高产示范田，经当地棉农及有关人员的观摩，影响范围逐渐扩大，起到了以点带面的作用。大豆：在宫家庄建立“化诱 5”百亩示范田；分别在藁城、隆尧建立“石豆 1”、“石豆 2”高产示范田，田间测产均达到 250 千克以上。蔬菜：在山东冠县建立500 亩“石家庄快圆茄”大面积示范田。通过高产示范田的建设，展示了优良的新品种和先进的管理技术，大大加快了新成果的转化速度。

（三）技术市场模式

为了疏通农业科技成果向现实生产力转化渠道，建立农业技术、品种、信息、物资交易的农业技术服务平台，依托科研单位的科技优势先后建设了石家庄农业技术市场和燕赵科技市场，总建筑面积 28 000 米^2，在市场设立了科技服务大厅，配置了触摸式农业技术查询系统、互联网、电视、电话、农家宝信息机、科技书籍、科技光盘以及专家咨询等服务手段。为农民提供免费的、开放式、智能化、综合性技术服务。技术市场始终坚持以促进农业科技成果转化、帮助农民实现科技致富为己任，坚持服务“三农”的办场宗旨，实现了农业科技市场的三大功能，即：农业新技术、新产品的展示展销功能；农业技术信息的聚散发布功能；农业技术咨询、技术培训、技术讲座、技术服务的“四技”服务功能。

技术市场还设立专家门诊，在植保、栽培、兽医等方面进行专家咨询，通过专家门诊进行技术咨询达 10 000 余人次，进行病理诊断病理解剖达 5 000 余例；与定州市于沿士村、藁城市丽阳村、晋州市常营村、鹿泉市西铜冶村等 10 余个乡村签订了农业科技示范村合同，建立新品种科技示范田 10 000 余亩。通过统一的科学管理、统一供种等技术手段，把示范村建成了农业科技展示村，示范田建成了农业科技展示田。根据不同季节还组织各示范村村干部、专业户到繁种田、原种田进行参观、考察，增强了农民对新品种、新成果的直观认识，为提高农民的科技意识、优化农业产业结构起到了极大的促进作用。

市场还在各县建立了 13 个科技服务站，230 个信息网络服务点，几年来，累计引进北京、山东、河南、四川等全国十几个省市的农业院校、科研单位以及知名农业企业 500 多家，组织农业技术专家进行“科技大篷车”下乡服务遍及 10 个县市的 100 余乡村，咨询人数达 10 万余人次，发放各类农业技术资料达 30 万余份，年实现交易额达 5 亿元。

为促进供需双方会员的技术交流，技术市场还组织举办了 3 次“石家庄农业新技术、新产品交易会”。交易会吸引了来自 10 多个省市的 100 余家单位参展，参展内容涉及农药、种子、化肥、兽药、饲料、农机、苗木、畜禽良种、特种养殖、农产品深加工等行业的 1 000 余个项目，签订意向合同、意向协议 500 余份，成交额达 2.7 亿多元，发布技术信息 4 000 余条，发放农业科技资料 32 万余份。参加交易会人员达 2 万余人次，为促进农业科技的转化和加快农业技术推广步伐起到了积极的推动作用。

（四）“农村大喇叭”模式

随着国家对农业生产的高度重视，一系列惠农政策的连续出台，极大地调动了农民种田积极性，农民对农业技术和知识的需求日益迫切。但由于农村的基础条件、农民的基本素质、我国的推广体制等诸多条件的限制，仍没有理想地解决新技术与农民之间存在的“最后一道坎”的瓶颈问题。

石家庄市农科院以大地传媒公司为依托，探索出了一条利用无线数字自动化通信技术与传统的农村大喇叭广播相结合的农业技术信息传播渠道。在不影响村委会正常使用的情况下，实现了村级广播站定时播放农业节目的目的。该方式由省级主控中心将音频信息通过网络传输到县级分控中心，再由县级分控中心无线发射到村级广播站，然后通过大喇叭把石家庄市农业科学研究院取得的最新成果、新技术广播出去。具有方法灵活、信息及时、范围广、重复性等特点。

目前已经在灵寿县 40 个村庄进行了试点，经对农民进行调查走访，结果表明，农民朋友对这种科技传播方式和节目内容十分感兴趣，赢得了当地政府和广大农民的热烈欢迎，在一定程度上满足了农民对科技信息的迫切需求。

（五）“科技＋专业合作社”模式

“石优 17”是 1996 年选育而成的优质高产冬小麦新品种。是生产水饺、面条和馒头的优质专用粉小麦品种，该品种 2007

年通过河北省品种审定。旱地示范田在全生育期一水不浇和晚播情况下，表现出极强的晚播高产和节水抗旱特点，亩产达516.49千克。节水高产样板田在全生育期仅浇一水（拔节水）的情况下，亩产达到603.92千克。是河北省多年优质区域试验中产量唯一稳定达到千斤的小麦品种。

辛集市乡友粮食专业合作社是一个民营的农民专业合作组织，它以土地入股的形式，积极吸引农户入社，现有社员户达到2 155户。合作社实行集中连片、分别品种种植，遍布辛集市11个乡镇，36个行政村，粮食种植面积达到10万余亩。并拥有瑞士布勒斯公司最先进的生产设备、日处理小麦300吨的加工厂一座，自有仓容达到5 000万千克的仓库等生产条件。

“石优17”小麦新品种的推广模式之一就是和乡友粮食专业合作社合作，石家庄市农科院提供品种资源和管理技术指导，由合作社以订单合同的方式组织社员进行种植生产，合作社对生产实行“五统一”管理，即统一供种、统一农资供应、统一管理技术、统一订单收购、统一加工销售。使得从种子开始直到面粉加工，全过程都按照标准化生产，实现了用同一品种、不使用添加剂生产专用粉的目的。2008年仅在辛集一县推广“石优17号”小麦品种20 000余亩，实现了农民、合作社、科研单位三方受益的良好效果。

（六）基地带动模式

石家庄市农林科学研究院现在建有“一场三站”（石家庄市农科院试验场、辛集试验站、赵县试验站、27军农场试验站）总面积55.3公顷的高标准试验基地。这些基地的建成不仅为更好地开展各项研究工作提供了科研平台，同时在基地建成的高标准试验示范田、新品种展示田、品种试验等基础上，通过组织观摩、考察参观等活动，起到了以点带面的示范带动作用，效果生动直观，加速了新品种的推广速度。实现了以实效打动人心，以科技带动效益的推广目的。

以辛集马兰试验基地为核心，在辛集市及周边各县分别设置了成方连片的千亩示范高产田 16 块，在马兰农场还设置了超高产攻关田。全部试验地用种由试验基地统一供给，种子清选后统一包衣，统一播种。并和辛集市农业局合作，由辛集市农业技术中心对示范区进行了测土配方施肥，配制了小麦专用肥供农民选择等。由该院科研人员对示范区农民技术培训，分发麦田管理明白纸。针对小麦播种后到春季干旱、冬季寒冷，小麦冻害重于常年的情况，技术人员春季及时调查苗情，提出麦田分类适时管理建议，并及时测报病虫害发生情况，提出防止措施，为小麦丰收提供了保证。每年基地接待农业技术观摩人员 2 000 多人次，对加速新品种推广起到了积极的作用 。

2008 年还建立了冬小麦品种“石家庄 8 号”、“石麦 15”节水高产品种 0 水、1 水、2 水试验田以及“石麦 15”110 亩的核心区高产示范田，生长期长势良好。组织 100 人以上的观摩会参观 3 次，与会人员对小麦的节水性、高产性给予了充分的肯定，给这些品种的推广奠定了一定基础。育成品种“石家庄 8 号”、“石麦 14”、“石麦 15”和“石 4185”在冀中南黑龙港流域、山东中南部、山西南部、河南西北部的水浇地和半干旱地区得到了大面积推广应用。据不完全统计，省内外年推广面积达 1 100 多万亩，增产小麦 2.2 亿千克，新增社会经济效益 3.3 亿元，同时由于“石家庄 8 号”、“石麦 15”的大面积应用，节约水资源 3.2 亿米^3，产生了较大的社会效益和生态效益。

（七）网络技术服务平台模式

随着网络信息技术的发展以及在农业生产中的广泛应用，农业信息化已成为实现传统农业向现代农业转变的重要途径，也是加速农业技术推广速度的必要条件。农业信息化能有效地拉动我国农业经济增长，促进农村科技进步，已成为解决“三农”问题的重大举措。

石家庄市农林科学研究院作为“国家科技成果推广信息平台”石家庄平台的建设单位，依托本院的科研成果、技术和人才优势，建立了“石家庄农业科技成果转化网”（http：//www.sjznykj.com)，设立了科技动态、科技成果、专家门诊、政策法规等20多个栏目，实行统一领导、统一管理、分级负责制。成立了石家庄农业科技成果转化网管理中心，负责网站的整体建设规划及组织实施，负责网站各项管理制度的制定和日常维护，解决运行管理中的技术问题。管理中心对网站的各个栏目进行具体分工，相应部门至少有一名兼职信息员，负责所分管栏目的日常维护和信息更新，丰富网站的信息资源，提升网站的服务水平，保证信息的真实性、有效性、实用性。

同时石家庄市农业科学研究院还与农业科研单位、大专院校建立信息员队伍，扩大网络信息来源，保障网站的管理、维护和信息的更新，并和石家庄市科技网、河北技术市场网、国家科技网等网站进行了资源共享，大大丰富了信息量和信息来源。每年发布各项技术信息22 000多条，通过网站解答农民提出的疑难

问题380多个。把最新的科研动态和农业新技术、新信息通过先进的网络技术第一时间传送到了农民手中。

五、农业科研单位从事农业技术推广的对策建议

（一）相关政策有待完善

《农业技术推广法》是1993年7月颁布实施的。近10年来，《农业技术推广法》的一些条款明显具有计划经济的色彩，已不能适应当前社会的需要，可操作性差。随着市场化程度的不断加深，科研单位、科技企业、群众性的科技组织越来越成为农业技术推广工作的主要力量。对于农业科研单位虽然也提出“国家鼓励和支持科技人员开发、推广应用先进的农业技术”、“农业科研单位和有关学校的科技人员从事农业技术推广工作的，在评定职称时，应当将他们从事农业技术推广工作的实绩作为考核的重要内容”等条款，但在实际工作中，往往科研单位职称评定、年终考核没有把技术推广列入考核指标，从时间、经费等方面也没有切实保障，科研人员缺乏推广的积极性和主动性。

应将农业科研单位纳入国家农业科技推广的制度化框架之中，明确农业科研单位在农业技术推广过程中的地位和作用，并从政策和资金方面给予支持。鼓励和要求专家、教授除了科研外，要保证有一定的时间从事农业推广工作，确定农业科研单位公益性的社会地位。

（二）在农业科研单位内部建立专门的农技推广部门和必要的督导和考评机制

为了充分利用农业科研单位的优势资源，充分发挥农业科研人员开展农技推广的主观能动性，有必要在单位内部设立专门的农技推广部门，结合自有专业人才和成果开展农技推广工作。并

建立一套规范合理有效的评价体系和督导、考评机制，定期检查推广工作的执行情况，对于技术精湛、积极进取、贡献较大的推广人员，应给以鼓励和奖励，并把农业推广的成绩列入年度考核指标，做到奖惩分明，才能彻底调动科研人员开展农技推广的积极性。

（三）建立农业科研单位、推广部门分工协作的推广机制

在我国现有的体制下，农业科研单位只注重于科研成果的研究。成果的多少、成果的等级往往是衡量科研单位好坏的最重要指标。成果完成后，往往由于栽培技术不配套而发挥不出成果的最大优势。农业推广部门推广的栽培技术一般是针对农业生产中普遍存在的问题，没有针对成果个体特点的具体的栽培技术，在农业科研单位和农业推广部门之间存在着技术脱节的现象。所以，农业科研单位和农业推广部门应该充分合作、明确分工，在推广一般性的农业技术的基础上，根据科研单位新成果的适应性、播期、抗病性等具体特点由推广部门研究出具有针对性的配套栽培措施，使科技成果创造出更大的社会价值和经济价值。

（四）实现多学科联合，加大适合于中低产田改造的实用技术推广力度

党中央、国务院全面分析我国人口、资源、环境等基本国情和长远发展目标后作出了确保 18 亿亩耕地的重大科学决策。在耕地不断减少的大环境下，如何提高耕地的使用效率，充分利用城市复耕田、山区丘陵地带的中低产田发展高效农业应该是农业科研单位的重要任务之一。科研单位应该和水利、电力、农机等部门充分合作，按照集中连片、规模开发的原则，加大中低产田综合改造力度，完善中低产田的农田灌溉、除涝、农电、农田道路、方田林网、环保等基础项目建设。选择推广一些适合中低产田种植的成果和技术，使我国在确保 18 亿亩耕地的基础上，更

要确保耕地所产出的经济效益不打折扣。

（五）加强对农机工作人员的技术培训，推进粮食作物生产全程机械化进程

随着农业生产机械化程度的不断加大，在农技推广中机械操作对农业生产的影响越来越大。纵然有好的成果、好的品种、好的栽培技术，但往往由于农机具操作人员在整地、翻耕、收获、播种等环节的不经意和小小的疏忽而功亏一篑。所以，加强农机具操作人员的技术培训，提高农机手的农业科技素质也是做好农技推广工作的一个重要环节。

第十章

科研单位开展农技推广的新探索

——以漯河市农业科学院为例

一、项目背景

农业技术推广体系和农业技术创新体系是支撑现代农业发展的两个重要组成部分，但农业技术推广体系的建设和发展滞后于农业技术创新体系的建设和发展，反过来又影响科学技术研究的进步，进而迟滞现代农业的快速发展。因此，尽快建立健全新型农技推广体系，不断创新农技推广新机制已成党中央国务院推动现代农业发展的重大决策，也是农业部工作的重中之重。

20 世纪 80 年代末、90 年代初，由于农业科技推广机构的“脱钩断奶”，农技推广体系“线断、网破、人散”致使科技成果在推广过程中一度出现很多问题，1993 年《农业技术推广法》出台，明确了农业科研单位是农业推广体系的一部分；在 20 世纪 90 年代末中央出台了关于科研单位转为企业单位或部分转入企业的政策后，漯河市农业科学院遵循法律和政策的要求把事业发展的一个重要内容定位在科技示范推广和科技服务上，成立科技开发处，不断强化科技示范推广服务工作。2008 年《中共中央关于推进农村改革发展若干重大问题的决定》及中央 2009 年 1 号文件《中共中央国务院关于 2009 年促进农业稳定发展农民持续增收的若干意见》均要求强化现代农业服务体系，并按照 3 年内在全国普遍健全乡镇或区域性农业技术推广、动植物疫病防控、农产品质量监管等公共服务机构的要求，尽快明确职责、健全队伍、完善机制、保障经费，切实增强服务能力。据此，农业部在 2009 年《农技推广体系改革试点专项》中，设立了《组织科研单位开展农技推广工作，总结农技推广机制创新》项目。该项目要求通过开展科研单位技术推广试点示范和调研，总结出农业科研单位开展农技推广工作的经验、机制和模式，并在今后农技推广工作中推广使用。

漯河市农业科学院基本情况

漯河市农业科学院作为漯河市唯一一所综合性农业科学研究机构，为漯河市乃至周边地市的农业发展，农民增收和社会主义新农村建设作出了积极贡献。常年承担国家和省、市、农科系统重点科研项目 40 余项。拥有地势平整、排灌方便、地力均匀、肥力水平较高的科研用地 425 亩；拥有科研、办公、实验楼房 6 座 10 900 米^2，工作室、仓库、春化室、网室、温室等 6 463 米^2，大型科研、加工实验仪器 30 余台套，建有局域网、农科院网站和远程教育信息平台。

1978 年以来共获各级各类科技成果 249 项，其中省级以上 108 项。“八五”以来有 32 个农作物新品种通过国家和省审（鉴）定，取得新品种保护 6 项，专利 3 项。特别是“十五”以来，发展势头更加迅猛，目前已审定品种 20 个，占建院 50 多年来审定品种总量的 60%，仅 2007—2008 年两年间通过省级以上品种审定 9 个，自主选育品种在河南、安徽、江苏、湖南、湖北、山东、河北、陕西等省市进行示范和大面积应用，累计推广面积达 2.6 亿亩，创社会效益 120 多亿元，在河南省地市级农业科研单位中居领先地位。

在农业部全国农业科研院所综合实力评估中，“七五”、“八五”均为全国百强，在“十五”评估中，位次有了新的提高，位居全国综合位次 85 名，行业位次 65 名，全国地市级农业科研院所第 9 名，河南第 2 名。自 1990 年以来，连年被评为“全省农科系统综合先进单位”或“科研先进单位”。是省级文明单位、省级园林式单位、省级卫生先进单位、河南省科技创新“十佳”单位、河南省科技体制改革先进单位。

1. 人员和课题情况

现有职工 126 人，其中科技人员 80 人，具有高级职称的 23 人；硕士、博士研究生 25 人。拥有国家有突出贡献的中青年专家、省管专家和政府津贴专家 9 人，省、市级科技创新、拔尖人才 20 人，省、市劳模 6 人。设有小麦、粮食作物、经济作物、园艺、植物保护和畜牧兽医等研究所、6 个行政处室，下属漯河市农业科技培训中心和两个股份制公司。是国家现代农业产业技术体系玉米、芝麻、甘薯 3 个作物综合试验站依托单位，是国家和省小麦、玉米、甘薯、芝麻、花生、大豆、西瓜等作物的中间试验基地和豫中农作物新品种展览中心，国家玉米改良分中心漯河试验站。

2. 科技服务载体情况

漯河市农业科学院十分重视农业科技示范推广工作，建有农业科技培训中心、农业科技网站，办有《农业科技与市场信息》、《科研信息》、《病虫情报》等内部刊物，与市属 11 个乡镇共建科技示范乡镇，建有各类农业科技示范推广网点 50 多个，拥有专门从事农业科技示范推广工作的乐农种业公司，农科院“贵谷”牌科技产品畅销河南、安徽、江苏、山东、陕西、湖北等省，为河南省及周边地区农业生产发挥了积极作用，在国家及河南省农业科研和科技示范推广开发中占有重要地位。

二、开展农技推广的利弊分析及成绩

（一）开展农技推广的优势

一是科技优势，农业科研单位不仅有源源不断的科研成果可供推广应用，而且还有比较齐全的多学科综合的科技优势，如：漯河农科院设有小麦研究所、粮食作物研究所、经济作物研究所、园艺研究所、植物保护研究所、畜牧兽医研究所和生物技术研究中心等，可为漯河及周边地市的农业发展、农技推广工作提供强有力的科技保障。

二是信息优势，农业科研单位掌握着国内、外最新农业科技信息和动向，有利于选择并推广最先进的实用农业技术。

三是人才优势，农业科研单位是全社会农业科技人才最集中的地方，具有各类高素质的农业专业技术人才，既有专业技术优势，又有明显的群体优势，如：漯河农科院现有职工 126 人，其中科技人员 80 人，具有高级职称的 23 人；硕士、博士研究生 25 人。拥有国家有突出贡献的中青年专家、省管专家和政府津贴专家 9 人，省、市级科技创新、拔尖人才 20 人，省、市劳模 6 人。

四是实践优势，农业科研大多数属于应用研究的范畴，具有极强的生产实践性，长期的农业科技创新经历，造就了高学术水平与丰富实践经验的结合，具有善于解决生产实际问题的能力优势。

（二）开展农技推广的不利因素

一是农业科研单位一直以来离市场较远，对市场需求、市场变化的反应敏感性不强。

二是农业科研单位传统的组织结构，是根据单纯的“农业科学研究”的需要而设置的，与农技推广工作不相适应。

三是农业科研单位均是单个存在，缺乏系统连接，更没有基层基础，面向全社会开展农业技术推广工作显得势单力薄。

农业科研单位要扬长避短、扬长补短，充分发挥自己的优势，在实践过程中继续创造优势，使农技推广工作做得越来越好。

（三）开展农技推广总体业绩

21世纪以来，漯河市农业科学院获得科技成果33项，具有自主知识产权的成果24项，占72.7%。先后推广新品种，新技术25项，主要服务范围为豫中南，安徽西北部、江苏西北部、湖北北部、山东西部、陕西关中地区等；2000年以来为推广服务地区示范区推广各种新品种，新技术实现粮食增产607.576万吨，创造直接经济效益125 314.4万元和社会效益145 423万元；自2000年至今漯河农业科学院建立和培养高标准示范户累计达11 846户，培训农民累计达26 930人次，带动示范区就业累计达42 992人次，为示范服务地区创造了巨大的经济效益、社会效益和带动示范区农民脱贫致富，深受农民朋友的赞誉。

三、开展农技推广经验模式分析

漯河农业科学院开展农业技术推广除了使用科技下乡、技术咨询、科技培训、技术转让和科技特派员等方式外，探索出了更加有效的推广模式："样板田＋高效示范户"模式、"样板田＋现场培训"模式和"网络工作服务"模式等，农作物样板田将集聚一支专家队伍，集聚一批科技项目，集聚几个主导品种，集聚一套主推技术，创新先进技术思路、先进管理经验、先进高产典型、先进示范样板，有利于在广大农民中开展新技术、新品种推广培训。通过举办现场观摩、田间指导、专家咨询等活动，最大限度发挥高产示范区的示范引导功能，实现高产示范区与周边农户及同类地区专业技术人员和种植大户的互动，起到"应用者尝到甜头、观望者看到希望、疑惑者转变观念"的示范辐射带动效应，促进作物生产水平快速提高。对科研单位农业技术的推广起到了事半功倍的效果。

“样板田＋高效示范户”模式

样板田是新技术、新成果的聚集地、开发源和扩散源，对推动漯河市农业产业化进程和农业技术推广，促进粮食增产、农业增效、农民增收发挥了重要作用。在样板田定期开展品种和技术观摩会，邀请相关的专家、领导、群众和经销商来到现场观摩，利用示范效应带动新品种和技术走进千家万户。

自 2000 年以来，漯河市农业科学院为了推广自己的科研成果和引进品种得以快速推广，经漯河市政府、郾城区政府、临颍县政府和舞阳县政府同意，并邀请专家座谈，分析论证漯河市农业发展情况后，分别在农业科学院示范区、源汇区大刘镇、郾城区商桥园艺场、源汇区阴阳赵乡、郾城区孟庙镇、舞阳县九街乡和临颍县窝城镇等乡镇分别建立了小麦样板田 3 000 亩、玉米样板田 2 000 亩、芝麻样板田 1 000 亩、甘薯样板田 1 000 亩和花生样板田 1 000 亩等农作物的样板田，其中小麦品种主要有 GS 漯麦 4 号、GS 漯麦 8 号和 GS 漯麦 9 号等；玉米高产示范品种主要有漯单 8 号、漯单 9 号和漯单 12 等；甘薯高产示范品种主要有漯薯 6 号和 GS 漯徐薯 8 号；芝麻高产示范品种有 GS 漯芝 18、GS 漯芝 16 和漯芝 12 等；花生高产示范品种漯花 6 号等一批漯河市农业科学院自主选育的品种。经过多年建设已经形成了展示和推广成果技术的核心基地，并取得了较好的成绩。

四、农技推广的一些经验和创新点

（一）确立以服务促转化，以转化强化服务的理念

自 2000 年漯河市农业科学院设立科技服务开发处和漯河市农业科技培训中心，组织漯河市农业科学院专家带品种、技术深入到漯河市源汇区大刘镇、郾城区商桥园艺场、源汇区阴阳赵乡、郾城区孟庙镇、舞阳县九街乡和临颍县窝城镇等示范区、示

范户和农业专业合作社中开展全方位技术服务工作，倾力打造作物高产样板田，这既促进了成果转化，又加强了科技服务，现已形成以品种为主导的成果转化工作经验。2000—2005 年漯河市农业科学院的成果转化率达到 75.8%，2006 年至今成果转化率达到 100%；科技服务从 2000 年初的单一植保技术服务拓展到现在的农作物高产栽培技术、无公害蔬菜种植技术、食用菌栽培技术和畜牧养殖技术等多个方面。

（二）整合资源打造一流高产样板田

漯河市农业科学院科技开发处把各科室人才，项目、成果和技术整合集成，利用科技开发服务公司的人才，资金、技术和服务网络优势在漯河市源汇区大刘镇、郾城区商桥园艺场、源汇区阴阳赵乡、郾城区孟庙镇、舞阳县九街乡和临颍县窝城镇等示范区、示范户和农业专业合作社把各课题培育的新品种做样板田，如 2005 年在源汇区阴阳赵乡做漯麦 4 号样板田，经项目组实打验收亩产 614.3 千克，2007 年在临颍县窝城镇做优质麦漯麦 8 号高产样板田，经项目组实打验收亩产达 621.52 千克，2008 年在郾城区商桥镇园艺场，面积 120 亩，经国家项目组实打验收，亩产 627.71 千克，这些样板田的示范效应得到了漯河市政府、漯河市农业局和郾城区政府的认可和资金支持，每年都是政府部门召开农业工作会议的现场，各级扶持资金已累计 210 万元。另外漯麦 4 号、漯麦 8 号等得到国家成果转化开发项目 140 万的支持，同时得到广大群众的认可，连续 5 年小麦品种销售突破4 000万千克。实行“成果＋技术＋服务＋开发”模式打造一流示范样板田，不仅加快了成果转化，而且有效地服务了广大群众。

（三）科研单位农技推广的形式

建立健全组织，专人专职负责本单位的推广开发工作处→建立本单位新品种新技术新成果展示基地→建立本单位科技推广开发实体，物化科技产品，以产品促进推广→建立本单位新品种新技术新成果科技示范基地，靠示范、靠基地推广新品种新技术新成果，靠基地支撑科技推广开发实体→建立本单位农业科技信息服务网，依靠先进的网络手段，促进本单位科技推广与服务工作→完善科技大篷车，经常开展科技下乡活动，使本单位科技推广服务工作规范化、制度化。

（四）开拓思路，注意创新

1. 建立“风险机制”，设立公开电话

为调动技术指导员的积极性，漯河市农科院实行风险金抵押制度，规定参加农技推广的全体人员每月从研究员工资中扣120元、副研究员扣80元、助理研究员扣60元作为风险抵押金，所扣风险抵押金与示范区责任目标挂钩。把示范户对技术指导员服务的满意与否作为评判标准，同时考虑量化指标的完成情况，于年终兑现奖励及风险金。

2. 对技术指导员分层管理

将不同专业技术指导员进行搭配和分组，较好地解决了农户对技术多元化的需求。同时，在每个乡镇设一名负责人，技术指导员实行包户责任制，各技术指导小组开展技术服务竞赛，领导小组办公室负责对指导小组进行考核，考核成绩与指导小组的技术指导费挂钩。

3. 编制了《科学种养殖手册》

制定一对一技术指导方案，发放到示范户手中。郾城区孟庙镇加强一对一技术指导方案的制订，重点解决示范户在农业生产关键环节遇到的实际问题。如品种选择、种子包衣，施肥卡使用，化肥选用，使用植物生长调节剂促早熟，农田统一灭鼠等关键环节都能结合农户的实际情况手把手、面对面的进行分户指导，直到教会农户为止。

4. 公选种子、化肥销售单位，探索物化补贴方式，解除农民后顾之忧

为了大力支持漯河市农业科学院顺利完成农业部2009年度农业科研单位参与农技推广试点工作，漯河市政府对此项工作高度重视，主管副市长亲自过问试点工作准备情况，指示市农业局、科技局、科协等单位密切配合农科院，协调漯河市农科院与试点示范区所在县（区）、乡（镇）政府、开发办的关系。县（区）政府整合国家良种补贴项目、配方施肥项目和农机补贴项目，向试点示范区倾斜，确保示范区内秸秆还田、统一良种、配方施肥等措施落实到位。

试点所在的乡（镇）政府积极采取措施，做好配合工作。首先是配合漯河市农业科学院实地考察，综合分析，选择生产条件较好，群众科学种田基础较好，村干部管理水平较高的村作为示范项目实施地点；其次是利用乡（镇）农技站、种子站、乡（镇）政府培训教室等人力、物力的有利条件，配合漯河市农科院专家，组织农业科技人员和农民群众进行农业技术培训工作；第三是在漯河市农科院进行良种、农药等农业生产资料补贴时，做好宣传发动、发放、领取等各个环节的组织协调工作。既保证了质量，又解除了困扰农民选种、选肥的各种问题，并得到了示范户和辐射户农民的广泛认可。

五、科研单位开展农技推广中存在的问题及对策

（一）工作进展不平衡现象突出

各示范区之间、乡镇之间、村与村、户与户之间进展不平衡，在工作中集中表现出以下不足：

1. 认识不到位

把科研农技推广工作当作一个一般的科技推广项目和以往的

“科技下乡”看待，偏重于具体品种和技术推广，没有将农业科研优势发挥，工作中缺乏长期考虑。

2. 重视不够

有些乡镇领导和专家重视不够，时间和精力投入明显偏少，个别首席专家和专家组成员到示范区次数过少，作用发挥不够。少数技术人员对所承担的工作，完成的时限及标准不高，被动应付的现象依然存在，致使工作进展缓慢、效率不高。

3. 技术指导缺乏针对性

有些技术人员仍然习惯于采用大会培训为主的推广方式，制订示范户技术方案千篇一律，不能很好的切合农户的实际细化技术指导方案和开展针对性指导。有些技术人员的指导就玉米抓玉米，小麦抓小麦，技术指导服务层面单一，工作缺乏全面性。

4. 整合带动作用不够

个别示范区在如何整合现有各类农业资源，充分发挥各类组织、项目、资金、人才、技术优势，动员社会各方面的力量积极参与科研农技推广工作方面考虑不足。

5. 监管不力

表现在制度不完善，特别是项目实施的绩效评价与管理办法，各级人员的任务指标未能很好明确，工作考核、激励与奖惩办法未制定，一些县即使制定了各级人员工作考核办法也多停留在纸上。

建议今后应加强对各级主管领导、专家、技术人员和示范户的培训，进一步提高对科研农技推广工作的认识。

（二）示范户文化水平普遍偏低劳动力素质不高

随着市场经济的发展，农村中青壮年和文化素质相对较高的人员大量外出务工，调查的县区中40名核心示范户中，初中文化程度者占到了近80%，高中以上文化程度人数很少，有的示范户甚至不能顺利填写调查表。因此土地耕种粗放，客观上就大大增加了当地农技推广工作的难度，更谈不上科学种田了。今后，需进一步加强对核心示范户培训，漯河市以主要农作物小麦玉米培训为突破口，针对当地农户主要生产及增产增收方式，开展综合技术培训，并将分户指导意见做细做实。同时对农户不仅要培训和指导农作物生产技术，而是要注重培养农民的综合科技素质，提高农民自我学习的能力、自我发展能力和辐射带动能力。

（三）农业科研农技推广试点项目时间短

由于农业生产是一个周期性的工作，安排农业科技推广工作应该遵循季节变化规律和农作物耕作制度等进行调研。建议延长科研农技推广项目的调研时间，分批、分作物调研。

第十一章

绵阳市农业科学研究所开展农技推广试点工作项目总结报告

一、项目背景

农业技术推广体系和农业技术创新体系是支撑现代农业发展的两个重要组成部分，但农业技术推广体系的建设和发展滞后于农业技术创新体系的建设和发展，反过来又影响科学技术研究的进步，进而迟滞现代农业的快速发展。因此，尽快建立健全新型农技推广体系，不断创新农技推广新机制已成党中央国务院推动现代农业发展的重大决策，也是为农业部工作的重中之重。《中共中央关于推进农村改革发展若干重大问题的决定》及中央2009年1号文件《中共中央国务院关于2009年促进农业稳定发展农民持续增收的若干意见》均要求强化现代农业服务体系，并按照3年内在全国普遍健全乡镇或区域性农业技术推广、动植物疫病防控、农产品质量监管等公共服务机构的要求，尽快明确职责、健全队伍、完善机制、保障经费，切实增强服务能力。据此，农业部在2009年《农技推广体系改革试点专项》中，设立了《组织科研单位开展农技推广工作，总结农技推广机制创新》项目。该项目要求通过开展科研单位技术推广试点示范和调研，总结出农业科研单位开展农技推广工作的机制和模式，并在今后农技推广工作中推广使用。

绵阳市农业科学研究所作为此次项目的试点单位，主要负责总结在本市开展农技推广工作的机制和模式。所领导高度重视，职工从上到下踊跃参加，绵阳市农科所按照农业部科技发展中心有关文件的精神和要求，结合自身的优势和现代农业科技示范县建设的实际，认真调研、总结，分析了绵阳市农科所开展农技推广工作的机制和模式。

二、农业科研单位开展农技推广工作的必要性

地市级农业科研机构与当地的农村经济发展具有密切的联系，地市农业科研机构在促进区域经济发展中具有不可替代的作用，地市农业科研机构在农业科研和技术推广中发挥了桥梁作用。这些机构在当地农业生产中发挥了新品种选育、新技术研发、引进和试验示范作用，并在应用研究领域取得了许多重大科研成果。因此农业科学研究所开展农技推广工作，是科研单位实现技术成果转化，农业科技要素向农村流动的重要方式之一。

作为公益性的农业科研单位，尤其是基层的农业科研机构，目前普遍没有稳定，持续的农业推广经费，通过开展农技推广工作，可以把一些实用价值很高，经济效益好的技术成果及时流动到农村中去，不但让科研成果尽快转化为现实生产力，而且还能充分利用推广收入为科技创新工作保驾护航。

科研单位开展农技推广工作，科技人员不但可以把科技成果推广到生产中去，实现科技成果的社会价值和经济价值，而且能够在推广使用过程中了解农村生产现状，掌握农业生产的实际需求，把科技创新与生产实际相结合，以市场为导向，面向生产找课题，市场需要什么品种，科研人员就研究什么品种、需要什么

技术，科研人员就研究什么技术，只要市场需求，科技人员不懂什么就学什么。从而推动农业科技贡献率明显提高，科学种田水平明显提高，农民科技文化素质明显提高，农产品的市场竞争力明显提高，农业科研单位自身也得到了进一步发展。

三、实施单位和实施区域的有利优势

绵阳市农业科学研究所开展农技推广工作，具有很强的优势。具体表现在以下几个方面：

（一）区位优势独特

四川省绵阳市地处四川盆地西北部；北纬 30°42′～33°26′，东经 103°45′～104°43′。南北过渡带，因此绵阳所培育的品种具有很好的适应性。亚热带湿润季风气候显著。具春早、秋短、夏热、冬冷、阴天多、日照少的特征。年均温 15.4～17.8℃；四季分明。年降水 800～900 毫米；年日照 868～1 403 小时；冬季寡日照。冬干旱、夏伏旱发生频率很高；幅员 20 249 平方公里；耕地 611.15 万亩，其中水田 259.57 万亩，地 352.08 万亩。平阶地占总耕地的 9.14%，丘区地（相对高度 1 000 米以下）占总耕地的 59.16%；山地占总耕地的 37.1%。小春（小麦、油菜）、大春（水稻、玉米）、晚秋一年三季耕种制度，复种指数为 200%。粮食单产水平较高。这些独特的气候资源十分有利于各类农作物种子的繁育与生产，尤其是利于杂交水稻，杂交油菜等农作物种子的生产，作为四川盆地的低光值区之一，对技术需求也具有明显的多样性和复杂性。

（二）技术力量雄厚

绵阳市农业科学研究所是专业从事农作物新品种选育和新技术研究与开发的综合性农业科研单位，位于绵阳市农科区（原松垭镇），占地 1 200 亩，拥有综合科研楼 11 000 米^2，各类科研用房和种子仓库 10 500 米^2，现有职工 217 人，其中，127 名为在职职工中，有科技人员 73 名，其中高中级专家 51 人，占干部总数的 70%，享受国家政府特殊津贴专家 8 人、省优专家 1 人、市级拔尖人才 2 人，博士、硕士研究生 18 人。现有小麦、水稻、玉米、油菜、红苕、棉花、西瓜和甜瓜新品种选育、生物技术、作物栽培、推广应用等 12 个专业。是国家小麦改良分中心，国家、省小麦、水稻原种繁殖基地，国家、省、市农业科技攻关项目的重点承担单位。常年承担国家“863”计划、跨越计划、农业科技成果转化资金项目、四川省“六大”作物育种攻关、四川省青年基金项目等一系列国家、省重大科研项目，是川西北地区区域农业科技创新中心，作为公益性农业科研事业单位，承担着为本地区农业生产提供技术支撑和技术服务的重要职能。

（三）成果优势显著

作为专业的农业科研机构，长期以来致力于农业科技创新工作，在农作物新品种选育、栽培技术研究以及科技成果转化、推进农业产业化等方面取得了显著的成绩：

2000—2008 年共育成并审定小麦、水稻、油菜、红薯、棉花五大作物新品种 62 个（92 个次），申请植物新品种权保护 55 个，获得品种权证书 32 个，发表科研论文 200 多篇，获科技进步成果奖励 37 项。育成的水稻新品种约占全国杂交水稻推广面积的 10%，在全国推广面积最大的前 20 个品种中，绵阳市农业科学研究所育成的品种占 4 个。育成的小麦品种占全国小麦推广面积的 5%，占西南麦区的 45%。2000 年以来，全所各类新成果、新技术在全国近 20 个省市推广 4.0 亿亩，新增社会经济效益 140 亿元，为促进我国现代农业发展、推动农业产业化、助推农民增收和保障国家粮食安全作出了积极的贡献。

育成的杂交水稻恢复系绵恢 725 已是我国南方稻区的骨干恢复系，育成品种累计推广近 1 亿亩，2004 年获得四川省科技进步一等奖，2007 年获得中华神龙科技进步一等奖，2008 年获得国家科技进步二等奖。

小麦育种继续保持全国先进水平。后育成了一批高抗条锈病、兼抗白粉病、综合性状优良的新品种，特别是在杂种优势利用方面，2003 年育成了我国第一个通过国家审定的温光敏两系杂交小麦品种绵阳 32 号，2007 年育成了我国第二个通过国家审定的温光敏两系杂交小麦品种绵杂麦 168，使绵阳市农业科学研究所在该领域的研究处于全国领先水平，在推进小麦杂交化方面具有行业引领作用。

育成的油菜品种绵油 11 号是截至目前四川省育成的产量最高、适应性最好的油菜品种。2002 年育成了全国第一个芥酸含量高达 58%的特高芥酸油菜品种“绵油 13”，2004 年育成了全国第一个芥酸含量高达 52%以上、产量较对照增产 25%的特高芥酸杂交油菜品种“绵油 15”，两品种的育成为推动绵阳市以芥酸为核心的油菜产业化、把绵阳打造成世界芥酸研发基地发挥了重要作用。

作为全国知名的地市级农科所，连续三个“五年计划”被评为全国农业科研单位综合科研实力“百强研究所”，连续多年被授予四川省育种攻关先进单位，2006 年获四川省最佳文明单位称号，2008 年荣获全国精神文明建设工作先进单位。

四、开展农技推广工作的主要模式探索

科研单位的主业是创新研究。对于科技推广不是主体，而是重要的辅助组成力量。经过多年的实践，在探索农业科技要素向农村流动的新方式，加快推进农业增长方式向依靠科技进步和

提高农民素质转变，努力实现粮食增产、农业增效、农民增收，依靠科研单位的科技成果，推动区域优势农业产业发展，带动农民致富，促进社会主义新农村的建设的过程中，总结出了绵阳市农科所多年来在开展农技推广工作过程中所取得的一些主要经验：

在探索和研究农业科技要素向农村流动的方式，围绕国家土地流转和支农惠农新政策，坚持科学发展观为统领，以粮食增产、农业增效、农民增收为核心，以提高农业生产科技含量为目标，以优势农产品和优势产区为重点，摸索出了科研单位与龙头企业相结合，科研单位与专合组织相结合，科研单位与产业发展相结合的“三结合”的农技推广新模式，以整合资源与创新农技推广和服务机制为突破口，以科研技术和成果为技术支撑和保障，通过行政推动，市场拉动，项目带动农民致富，建立了“科研人员直接到户、良种良法直接到田、技术要领直接到人”的农业科技推广新机制，从农业标准化建设入手，切实强化农业科技示范片建设，着力培训高素质的新型农民，积极推进农业多元化服务，加快农业增产增效新技术的推广应用，提高农业技术普及率和技术标准。

“三结合”的农技推广模式如图 11－1 所示，它是把来自最基层的科研单位自己研究创新的适用实用技术成果，或者是基层科研单位引进，学习国内外其他科研机构的先进技术并在此基础上进行集成创新后的适用技术，通过开展培训，示范等一系列农技推广活动，使科技要素直接流向农村，面对农民，并在推广使用过程中及时把信息反馈于技术创新部门，最终实现农业增收、增产、农民致富。

“三结合”的农技推广模式需要许多外界动力的推动，才能实现其良性循环、健康发展。最主要的一是政策推动，比如国家粮食安全问题；二是市场拉动；三是结合项目带动产业发展，加快科技成果转化的速度。

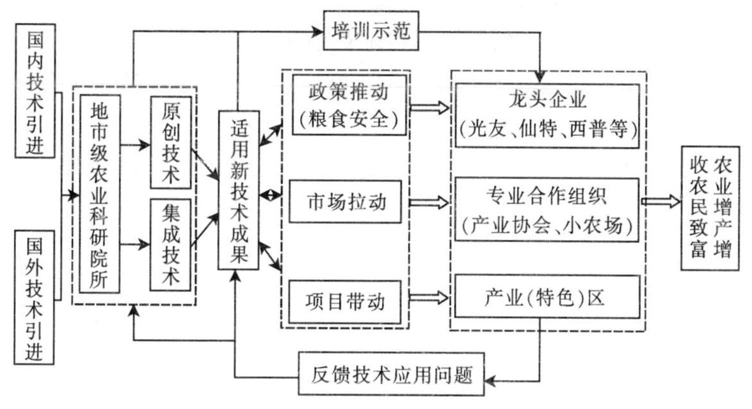

图 11－1　“三结合”模式的动力及反馈

“三结合”的农技推广模式最突出的特点，就是建立技术应用反馈机制。专家、技术人员在把自身的科研成果推向农村的过程中能及时发现新问题，进一步了解农村生产的实际，了解农业生产的实际需求，不断发现生产中的难点和关键性的技术问题，并把此信息及时反馈于技术创新部门，以便科研人员迅速修改，及时调整，不断推进农业科技的再创新，促进农业科研单位自身的发展。

（一）特色产业区域性技术研究与推广

项目辐射带动是科研单位开展农技推广工作最主要的方式之一，尤其是在推广经费短缺的科研单位，或者是科研单位因有“项目”而必须去推广某技术，该技术对现实农业生产又有较大的促进作用，而且农民也有积极性，这种状况下，通过项目带动开展实用技术推广就会取得成功。数十年来，每年都有数十名各学科的专家参与项目实施，他们通过调查研究，摸清了农村生产实际和具体情况，他们将最新的适用技术、优良的品种和优质的农药、肥料无偿的提供给项目区，确保了科技致富项目的顺利实施。

案例 1：四川省农业厅科技攻关项目：低光值区杂交水稻 700 千克栽培技术研究。四川盆地是全国著名的低光值区，水稻生长期太阳辐射总量仅 217.7kJ/cm^2 左右，低光值成为制约四川水稻单产的重要因素。绵阳市农业科学研究所对杂交水稻在低光值条件下单产 10.5t/hm^2 的高产栽培技术进行联合研究。经过连续 4 年的试验研究，首次提出了利用优势分蘖，以高成穗率和高光充实度实现杂交水稻超高产的理论，创造了“优势分蘖利用、扩行稀植、平稳促进调氮法、控苗技术和增加粒重技术”体系。该成果技术比常规栽培增产 11.64%，创造了全国最低光值区亩产 742 千克的高产新纪录，在四川及重庆 8 地市 14 县示范推广 198.14 万亩，亩产 605 千克，增产 11.02%，成果具有突出的新颖性、先进性和实用性。此技术在生产上大大降低了用种量，到目前为止在我国低光值区四川省，以及南方稻区已普遍推广应用。

案例 2：“隐性核不育 7MB－1 新组合的选育和应用”绵阳市农科所组织全所油菜育种专家，生产栽培技术专家经过几年的研究和实践应用，彻底解决了过去在良种生产过程中拔出50%～70%的可育株的技术难题，把可育株降低到 10%～20%。隐性核不育母本具有少量黄化蕾、花蕾瘦小、花瓣窄小、雄蕊退缩、花药空瘪、黄褐色以及黄化蕾脱落后遗迹等明显形态特征，可育株在抽薹 20 厘米左右即可识别，花蕾肥大，通过拇指与十指挤压，有较深的黄色液体溢出，此时为去杂最佳时期，可去除大部分母本行里的可育株，此技术简单易行，大大降低了劳动强度，农户易于接受，其新品种的优势突出，累计推广 2 235 万亩，创社会效益 6.85 亿元。2009 年被四川省科技厅评为科技进步二等奖。

（二）“科技＋协会＋基地农户”大力发展种子产业的实践

种子产业化是三农问题中较重要的问题，也是政府最关心的

“农业、农村、农民”的问题。纵观种子产业化的说法从中央到地方，从政府的角度来说，做了大量的工作，也给种子产业化龙头企业带来巨大的支持。种子产业的发展直接关系到国家粮食安全。四川是全国良种繁育大省，尤其是杂交水稻和杂交油菜种子，而绵阳生产的杂交水稻种子占四川的1/3以上。绵阳市农科所人通过几十年来的摸索和实践，以科技为支撑，以协会为纽带，以基地为载体，在政府、农户、市场及科研单位之间搭起了新型科技转化平台，促进了全市种子产业迅速发展。目前，依托绵阳市农科所而成立的种子产业协会多达数十个，分布于涪城区、三台县、梓潼县、江油市、安县等大多数乡镇。

案例3：绵阳市农科所选育的杂交水稻恢复性绵恢725，其配合力高，配出的品种具有产量高，抗性好，适应性广等特点，种子需求量大，在水稻生产县老百姓点名要种725系列品种，而当时水稻异交栽培技术难点多，产量低。鉴于此，农科所组织大量水稻育种专家，栽培专家，植保专家对水稻异交栽培技术进行联合研究攻关，解决了水稻异交栽培技术关键点。尤其是在药剂“九二〇”的用量和用药时期上作了大量的研究和实验，同时结合当地产业协会，通过专家培训技术指导员，技术指导员指导村社农户，最终让广大制种农户完全熟悉关键技术，并在大田操作在完全掌握技术要领。通过该技术的大面积推广应用，使杂交水稻生产从最早的几十斤发展到现在的400～500斤。通过技术的普及，协会的带动，前期不愿加入协会的老百姓现在自愿加入协会。老百姓认识到：只有采取科技＋协会＋基地农户这种模式，才能直接掌握农业科技，才能增收致富。也使育成的杂交水稻恢复系绵恢725成为我国南方稻区的骨干恢复系，育成品种累计推广近1亿亩，为我国粮食安全作出了重要贡献。

（三）与龙头企业结合，培养特色产业

农业科技推广中一个不容忽视的问题就是为推广而推广，如

果因为推广所生产的产品出现滞销，出现增产不增收，就会挫伤农民积极性，反而对农技推广带来负面影响。为此，我们引入龙头企业参与推广，把生产与市场直接对接，实现“为卖而产，为赚而卖”。结合特色产业，让科研单位与龙头企业相结合，不但能加快科研单位科技成果的转化速度，使科技成果快速转化为现实生产力，促进科研单位自身健康发展，还能为龙头企业带来丰厚的利润，促进企业快速发展壮大，同时，由于特色产业区的形成，能快速带动周边老百姓增收致富。而农技推广的目的，也正是如此。总之，引入企业进行农技推广的关键在于：为需求而推广。

五、主要做法和成效

（一）打造推广团队，面向经济主战场，为农技推广作保障

人才是一切事业发展的根本，科技创新更需要一支高素质的、优秀的人才队伍，在引进留住优秀人才、调动科技人员积极性方面，我们主要采取了以下政策措施：一是建立科技成果奖励制度。绵阳市农科所先后制定了《绵阳市农业科学研究所科技创新奖励暂行办法》、《绵阳市农业科学研究所知识产权保护暂行办法》等，对科技人员在科研成果、发表论文、知识产权保护等方面做出的成绩给予嘉奖，鼓励科研人员科技创新的积极性。二是精神奖励与物质奖励相结合。在所内外，利用各种渠道大张旗鼓地宣传科技人员取得的成绩，使科研人员得到全所，乃至全社会的承认与尊重。单位内更是营造了尊重知识、尊重人才、鼓励创新的良好氛围，使科研人员造福于社会的心理得到满足，使科研人员感到自己的事业有干头，有奔头，事业的前途远大。这些政策措施极大地激励了科技人员的科技创新热情。

科技创新的目的是要研发社会发展需要的新产品、新技术，推动经济社会的发展。因此，面向经济发展的主战场开展科技创

新活动，既是科研课题的来源，也是科技成果的归宿。绵阳市农科所十分重视科技创新与生产实际的结合，提出了以市场为导向，面向生产找课题的科研工作新模式。在计划经济时代的“育、繁、推一体化”的模式下，科研人员育出什么品种，单位就生产什么品种，单位生产什么品种，就向老百姓推广什么品种。在新的模式下，要求市场需要什么品种我们就研究什么品种、需要什么技术我们就研究什么技术，只要市场需求，科技人员不懂什么就学什么，评价科技人员贡献大小的，除了成果、论文的水平、数量外，还增加了科研成果满足市场需求、创造社会经济效益的多少来衡量。在这种导向下，使绵阳市农科所研发的科研成果能更好地满足市场需求，满足农业生产发展的需要，解决农业生产过程中的实际问题，使成果更容易得到转化应用，较好地解决了科研、经济“两张皮”的问题。

（二）农技推广应用强调“三个直接”，提高转化效果

1. 建立示范基地，把科研成果直接送到田间地头

农业科研单位如何更好、更有效地推广自己的科研成果？在我国目前的农技推广体制下，一个最有效的做法就是建立示范基地，通过基地把最新的科研成果直接展示给广大农民，从而带动科研成果在当地的推广应用。

绵阳市农业科学研究所多年来，通过在本服务区域内选择有代表性的区县建立示范基地，研究示范了水稻三维强化栽培技术，旱育秧嫩秧早栽技术，不仅使科研成果得到了有效的推广应用，而且直接带动示范基地农户的增收致富，取得了显著效果。

绵阳市农业科学研究所与农业局合作，在绵阳市涪城区杨家镇建立万亩优质香稻示范基地，常年提供最新的水稻品种和高产栽培技术在该区示范展示，已使该区成为绵阳市闻名的无公害优质稻生产基地，每年生产的优质稻供不应求，仅此一项，示范区平均每亩增产粮食 30 千克以上，增加效益 60 元以上，取得了显

著的社会经济效益。

2008 年 9 月 12 日四川省农业厅组织有关专家组成验收组，优质杂交稻宜香 3728 在绵阳市涪城区杨家镇柏林湾村 1 组的示范片进行了现场实打实收。该品种在绵阳市涪城区种植 1 万亩，核心区面积 1 200 亩，万亩平均亩产 767.7 千克，最高单产 833 千克，创造了绵阳水稻生产历史最高纪录。采用强化栽培技术，该品种通过与强化栽培技术的集成，充分发挥了宜香 3728 的高产潜力，加速了高产优质新品种及配套栽培技术的推广应用，促进了农民增产增收、起到了很好的示范效果。

2008 年 5 月 12 日，这个让全国人民刻骨铭心的日子，四川省农业厅组织国内同行专家对绵阳市农科所在什邡小麦示范基地实施的杂交小麦新品种绵杂麦 168 高产示范进行了现场验收，小麦平均亩产达到 571.0 千克，比普通小麦亩增 150 千克以上，创造了四川盆地小麦高产新纪录。

此外，绵阳市农科所还在绵阳市游仙区新桥镇建立了千亩产业技术提升基地、在三台建立了高芥酸油菜示范基地、高淀粉甘薯示范基地等不同内容的示范基地，通过这些基地，一方面推广了新品种、新技术，另一方面直接带动了基地农户的致富，同时促进了农业产业化发展。

2. 通过技术培训，把先进技术直接交到农民手中

建设社会主义新农村、发展现代农业、推进城乡一体化，解决新技术推广与农民结构老化之间的矛盾，其中最重要的一项工作就是农民教育，培养新型农民。作为基层农业科研单位，直接承担着用新技术、新理念、新思想教育培养农民的任务。多年来，我们依托科技富民强县专项行动计划、科技入户工程、新型农民培训等项目，通过对示范户、带动户、专业户等进行现场培训、观摩的形式，手把手地把先进的技术直接交到农民手中；通过有系统地集中培训、异地培训、外出参观学习考察等形式对重点种植养殖大户、示范户、基层农技推广人员等进行培训，把新技术、新理念、新思想直接传授给他们，使他们真正成为懂技术、会经营、有理想的新型农民。仅 2008 年，我们就依托科技富民强县专项行动计划、科技入户工程、新型农民培训和高产创建活动等项目，派出高级专家 100 多人次在绵阳市的 9 个区县开展新品种、新技术的示范展示和农民培训活动，培训农户 9 000 多户，培训人员 17 000 多人，使新品种、新技术直接进村入户，惠泽百姓，用最新的农业科研成果支持了绵阳市现代农业的发展。

尤其是在 2007—2008 年实施科技入户的工作中，通过专家培训技术指导员，技术指导员指导科技示范户，科技示范户辐射带动户，带动户再进一步传播普通农户的形式，把松散的农民联系在一起，形成一条系的科技传播渠道。新的农业科技通过这种渠道及时传递到示范户手中转化为现实生产力，彻底解决了农技推广“最后一公里”和科研成果转化“最后一道坎”的问题，为新时期的农业技术推广探索出一条新的有效的方法。

3. 引入企业参与，把生产与市场直接对接

一是与国豪种业合作，建立万亩良种繁育基地。绵阳市农业科学研究所拥有强大的新品种研发实力，国豪种业是中国种业 50 强企业，双方强强联合，在绵阳市各地建立了上万亩的良种繁育基地，这些基地不但为当地农户带来了客观的经济收入，而且还成为农技推广的前沿阵地，不但基地农户掌握了大量先进农业生产技术，而且带动周边农户提高了农业科技水平，起到了辐射源的作用。

二是与西普油脂企业合作，把绵阳市建成世界“高芥酸”中心。芥酸用途十分广泛，可以用于铸造、机械化工、航空航天等诸多领域，被列为 21 世纪化工原料之首。芥酸产品在国际、国内市场十分走俏。西普油脂化工是绵阳市重要的农业产业化龙头企业，以从菜子油中提取芥酸出口为其主要产业。

然而，20 世纪末，随着双低油菜种植面积逐年扩大，大部分地区商品菜油的芥酸含量在20%以下，远远低于45%的经济原料标准，西普面临严重的原料危机，原料短缺成了制约企业发展的“瓶颈”。因此，加大科技创新力度，选育优质专用特高芥酸油菜新品种就显得十分迫切。绵阳市农业科学研究所与西普密切合作，在“十五”成功选育出我国第一个特高芥酸油菜新品种绵油13号和绵油15号，芥酸含量分别达到58%和52.5%，大大超过了企业生产所要求的指标，同时，绵阳市农业科学研究所迅速完成高芥酸油菜的高产配套栽培技术的集成组装，并以该品种为依托，在绵阳市及周边地区建立了50万亩高芥酸油菜基地，不仅为企业的生存提供了原料保证，还带动了基地20多万户农民增收。目前，西普油脂化工有限公司已是我国最大的芥酸生产企业，其产品份额占国内市场80%，国际市场20%，绵阳市也由此成为世界高芥酸生产基地。

三是与光友企业合作，建立10万亩高淀粉红薯生产基地。绵阳市农业科学研究所高淀粉甘薯品种选育全国有名，育成了我国第一个高淀粉甘薯品种绵粉一号，以后又陆续育成了绵薯5号、绵薯6号等高淀粉甘薯品种。

“光友”是绵阳市著名的薯类加工龙头企业，以加工甘薯粉丝闻名全国。为了支持光友公司的发展，推动绵阳市农业产业化，在市农办支持下，绵阳市农业科学研究所与光友公司、三台县合作，实施了《10万亩高淀粉红薯生产基地建设》项目，由绵阳市农科所选育提供高淀粉甘薯品种以及栽培技术，光友公司与农户达成收购协议，确保产品收购，三台县组织基地建设，在三台县的12个乡镇为光友公司建立起了10万亩高淀粉红薯生产基地，既保证了光友公司的原料供应，又有效地推动了绵阳市薯类产业化的发展。不但提高了薯类生产农户的效益，同时，也对绵阳市农科所薯类育种指出了方向。

四是与仙特米业合作，建立优质香型杂交稻生产基地。提高杂交稻的稻米品质是20世纪90年代中期以后，我国社会经济发

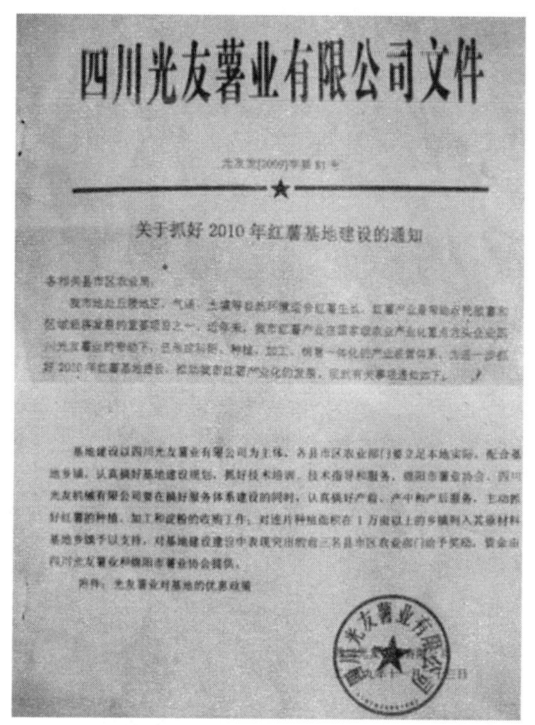

四川光友薯业有限公司文件

关于抓好2010年红薯基地建设的通知

展到一定水平后的必然要求，也是提高我国农业生产国际竞争力的重要方面。20世纪90年代以来，绵阳市农业科学研究所优质高产杂交水稻新品种的选育研究取得了显著成效，先后育成一批香型、优质、高产杂交水稻新品种。绵阳市农业科学研究所与仙特米业密切合作，在绵阳市游仙、涪城、三台等地建立优质香稻生产基地上万亩，绵阳市农业科学研究所派出技术专家，蹲点进行技术指导，给农民示范，引导农民采用先进技术。由仙特米业采取订单农业的方式，用比一般稻谷高出10%～15%的价格收购，仅此一项，农民每亩稻谷增收50元以上，同时企业也因优质稻米售价高而获益，取得了显著的农民增收、企业增效的效果。

4. 与科技示范县相结合，为示范县建设提供技术支撑

三台县是四川省丘陵地区经济建设示范县和扩权强县试点县，是全国产粮大县和全省瘦肉型生猪发展基地县，2007 年获得“全国 10 大粮食生产先进县标兵”。根据四川省财政厅《关于做好 2008 年现代农业生产发展资金项目工作的通知》（川财农[2008] 193 号）要求，农科所领导十分重视，于 2009 年 4 月初组织所内部分科技人员以实地考察和座谈会的方式调研分析了三台县、游仙区、涪城区等县区农业的基本情况，确定了各县区的农业主导产业和发展方式、方向。筛选出了实施村和示范基地的主导产业。在三台县结合科技示范县建设的规划，通过认真分析三台现代农业生产实际，确定玉米为现代农业主导产业。

多年的实践证明，三台县粮食增产的途径在旱地，关键在玉米，玉米是该县粮食稳产增产的核心。只要玉米一增产，全年粮食就大丰收，玉米一减产，实现全年粮食稳产的压力就十分巨大。近 10 年来，三台县粮食总产量受玉米总产量增减影响最大。粮食总产量最高的是 1999 年达到 76.25 万吨，其中玉米种植面积 37.68 万亩，亩产 473 千克，总产 17.84 万吨；粮食总产量最低的是 2001 年仅有 48.77 万吨，其中玉米种植面积 36.66 万亩，亩产 187 千克，总产 6.84 万吨。玉米总产量最高年与最低年相差 11 万吨，全年粮食总产量最高年与最低年粮食总产相差 27.48 万吨。根据这一实际，农科所结合玉米产业技术体系的工作要求，积极开展玉米减灾避旱抗逆轻简化栽培技术研究和试验。在全县推广玉米节本、节水、高产栽培技术，重点开展了以下工作：

选好一个区域：针对生产技术和产量水平要求很高的情况，我们认真研究选择交通较为便利、土壤及灌溉条件较好、当地干部（特别是农技干部）能力强，并积极支持配合，农民生产积极性高示范带动辐射效果显著的石安镇红光村 7 个经济合作社，实施农户 251 户，实施面积 351 亩。

狠抓两个增加：针对大面积普遍密度不够，施肥不足导致产量不高的问题，项目区狠抓了增密、增肥措施的落实到位；一是大面积种植密度都保证在每亩 3 500～4 500 株，较全县平均种植密度增加 1 000 株以上，高产攻关田达到亩植 5 000～6 000 株；二是在播栽时每亩施足玉米专用肥 35 千克，攻苞时亩施尿素 30～40 千克，施肥水平较全县大面积增加 40%以上，为玉米高产夯实了基础。

做好三个结合：在实施百亩方玉米高产示范的同时，一是结合进行玉米新品种试验示范及展示，为全县玉米品种的更新换代选择更具优势的品种；二是结合进行玉米生产的定点定期调查研究并及时上报了调查情况；三是结合抓好以点带面工作。通过项目区的样板为该镇和全县提供了学习现场及看点，对大面积玉米生产起到了明显的带动作用。

突出四栽技术：一是单育单栽显著降低了弱苗弱株及空株小苞；二是宽窄行套栽有利通风透光；三是深沟（铲沟定距）深栽有利防倒抗旱；四是侧膜覆盖栽培为 2009 年长达 39 天的夏旱发挥了显著的防旱保湿作用。

落实五个统一：一是统一选择耐密、高产、生产反映突出的先玉 508、绵单 581、成单 30、正红 6 号等品种；二是统一育播时间，针对三台县常年夏伏旱严重的问题，2009 年育播期都集中在 4 月中旬至 5 月上旬，使玉米抽雄扬花灌浆期都处在夏旱之后，伏旱来临之前；三是统一栽播规格，全部牵绳定距播栽，确保种植密度；四是统一施肥管理，做到统一施肥时间及数量，在施提苗壮秆肥和施攻苞肥时都结合上厢、垒蔸起到了显著的防旱抗倒作用；五是统一治虫除草，2009 年地下和苗期虫害发生重，玉米螟发生早，都进行了统一防治，把虫害损失降到了最低程度。

突出高产攻关，带动全面增产：为完成百亩方高产技术集成及实现项目区玉米的全面增产，我们将玉米高产集成技术印发到各户，并多次召开技术培训会、育苗、移栽及田管现场会。同时为使示范片学有榜样，我们又亲自突出狠抓了李勇军、李泽安、李光培等10户农户的10块高产攻关田，有效地带动了大面积的规范种植及全面增产。7月下旬，组织有关专家对该项目区进行测产调查表明，项目区7个社连片300余亩玉米平均单产达到602千克，较全县大面积平均增产200千克以上，其中10块攻关田平均单产大到650千克以上，李泽安的1.2亩单产达到722千克。8月3日，国家玉米岗位专家及绵阳市农业科学研究所玉米项目组亲临现场考察验收，给予了充分肯定；8月4日，项目组在三台召开现场交流会。

认真进行玉米新品种试验示范：在进行百亩方高产集成技术攻关的同时，我们选择近年审定，本身在三台县表现较突出的绵单581、成单30、先玉508、正红6号、夹单13、资玉1号、蜀龙3号、东单80等进行新品种展示及同田对比研究。

该项目的实施使农业专家、农业科研成果与生产农户紧密结合，所集成的玉米高产技术将通过政技结合尽快推广到全县，所筛选的更突出品种将引导全县玉米品种的更新换代。通过项目实施，将大力提高三台县玉米生产的技术和产量水平并产生巨大的社会经济效益。

5. 服务灾区，支援灾区生产重建，加强技术研究与推广

“5.12”特大地震对四川玉米生产造成了较大影响，与此同时由于稻田破损和缺乏灌溉用水，使部分水稻改种旱作。正常播种时间已过，灾区老百姓急需该种技术，为了进一步提高地震灾害后玉米应急救灾指导水平，加强技术储备，结合产业技术体系建设，在灾区开展了地震灾害后改种玉米品种筛选和播期应急试验及集成技术示范。农科所组织行业相关专家先后多次奔赴地震极重灾区北川，安县开展恢复玉米生产工作，并多次深入乡镇、村社对广大农户进行现场培训和田间指导。项目组在地震受损非常严重的稻田，示范水稻改种玉米，开展分期播种、品种筛选等基础研究，集成“抗逆高产品种、争早抓苗、增密调肥、厢沟宽窄行种植、高效综合防治病虫、一次性施肥、化控防倒”等高产、规范化玉米种植技术，实现了减灾增产，为地震灾区生产自救、恢复重建提供了技术模式。现在一边还在开展基础研究和完善核心技术，同时进行该项技术模式的示范推广。

2008 年 9 月 17 日四川省科技厅和四川省农业厅组织并邀请有关专家对绵阳市农科所和安县农业局在安县睢水镇共同建设的地震灾后应急试验示范片进行了田间现场验收。示范片 1 521亩，高中低三种类型田块比例分别为 10%、70%、20%，示范片平均亩产 578.21 千克，较对照田亩增收粮食 286.51 千克。

六、存在的问题和建议

（一）存在的主要问题

1. 开展农技推广工作的深度不够、广度不宽

虽然地市级农业科研机构与当地的农村经济发展具有密切的联系，地市农业科研机构在促进区域经济发展中具有不可替代的作用，地市农业科研机构在农业科研和技术推广中发挥了桥梁作用。这些机构在当地农业生产中发挥了新品种选育、新技术研发、引进和试验示范作用，并在应用研究领域取得了许多重大科研成果。但由于地市级农科所自身的规模有限，内部学科设置不全、不齐，人员配置和数量有限，在农技推广中很难涉及每一个县的每一个乡镇，更难覆盖到每一个村。即使到每一个村，开展和推广服务的内容也较单一。

2. 开展农技推广的资金无法保障

虽然明确了地市级农业科研单位的公益性质，但并未实行全额拨款，在开展农技推广中大多数是结合一些科研项目和富民项目实施，年度间很难保证工作的连续性、稳定性。

3. 没有完善的考评，考核办法

由于科研单位在职称评定，职务晋升上没有把农业技术推广列入考核指标，单位内缺乏专职的推广队伍，大多数农技推广活动都是项目的要求或者是根据具体的成果转化进行的，因此科研人员缺乏开展农技推广工作的积极性和主动性。

（二）相关建议

1. 建立推广人员评价机制

将农技推广工作作为科研人员评价体系的一个重要指标，提高农业科研单位科研人员从事农业示范推广服务工作的地位。在推广人员绩效考核中，将推广成果数量、推广规模、效益、服务质量等作为主要考核指标，调动科研人员从事推广工作的积极性和主动性。

2. 设置专项经费

作为公益性的科研单位，政府应加大对农业科研单位开展农技推广工作的经费支持，实现科研单位开展农技推广工作的连续性和稳定性。

实施单位：
绵阳市农业科学研究所：敬甫松

第三篇

实 践 案 例

北京市农林科学院开展农技推广工作的典型案例分析

——“京郊百村蔬菜品种更新示范工程”

“京郊百村蔬菜品种更新示范工程”以带动北京郊区农民增收与蔬菜种植产业优质高效发展为目标，以优良的蔬菜品种为载体，在北京形成蔬菜品种更新的30个示范基地和108个示范村网络，辐射北京1/3以上的蔬菜生产面积，全面带动北京新一轮的蔬菜品种更新。

项目实施期间，北京市农林科学院探索了新形势下农业技术推广的新思路，是对市场经济条件下建立以农科院为主体的新型农业技术推广体系的一个有益尝试，为科技成果的快速转化积累了经验。

一、强有力的领导与严密的组织管理体系是项目实施的组织保证

项目一开始启动就成立了由北京市科委、北京市农科院、蔬菜中心主要领导参加的项目领导小组，给予高度重视，并全面统筹实施。项目成立了专家指导小组、技术指导员队伍，集成北京市农科院与北京市主要蔬菜科研推广与管理的专家，包括有栽培专家、育种专家和开发公司的骨干力量，以及各郊区县种植业中心、农科所的技术人员，形成一支精干的专家队伍，联合京郊11个区县的农业推广服务中心及科委、农科所等部门，形成便捷畅通的项目实施组织体系。

二、更新观念，构建市场经济条件下的以农科院为主体的新型农技推广体系

项目的开展，抓住政府平台与市场引导两个支点，深入与农民专业合作组织的联系，完善院区一体、研发一体、良种良法一体的推广网络。将市场引导下的商业利益驱动与政府行政指导下的科研利益驱动相结合，建立在当前市场经济条件下，以政府职能部门为主导，北京市农林科学院技术拥有单位为主体的新型农业科技推广体系。通过与区县种植业服务中心、农民经济合作组织、良种开发企业、种子经销商、代理商等组建起一个蔬菜品种与技术推广网络联盟，从而打造出适合新形势下的农业技术推广新体系，探索出适合市场经济的成果转化新路子。

三、上下沟通，广泛合作，形成“三维一体”推广网络

利用政府服务平台，与11个区县建立广泛合作。项目联合北京顺义区等11个区县的种植业服务中心、科委、农科所及蔬菜办等部门成立了子课题执行单位，就项目的具体实施、任务、考核指标、组织管理和保障体系等签订了执行合同，并向每一个区县授予牌。各区县积极响应，制定措施，全面落实，有的区县还拨出专款提供配套经费，对示范工程给予了大力支持。

与农民专业合作组织紧密结合，利益共享，风险共担。直接与农民专业合作组织或产销协会以及农产品销售的龙头企业合作，建立科研院所与农民合作组织紧密结合，利益共享，风险共担的推广机制和模式，以市场引导为纽带，探索适合市场经济条件下的成果转化新路子。在顺义与北务经纪人协会、顺鑫农业公司，在大兴与庞各庄西瓜产销协会，在通州区与大运河蔬菜配送中心等的合作，都取得了很好的效果。在良种销售上，政府服务与市场营销同时推进，利用北京市农林科学院蔬菜中心下属京研

益农科技发展中心已有的市场网络体系和制定的相应优惠政策，做到哪里有新品种的试种，哪里就有良种的销售与服务。

四、科技入户、培训到田与展示观摩相结合，让农民看得见、学得到

广泛开展下乡进村、科技入户、培训到人等活动，编印与发放《科技示范户手册》5 000 册。通过课堂讲座、现场指导，言传身教带出一批近百人的蔬菜技术指导员。共组织品种推介会、现场交流会、技术培训与咨询、田间技术指导等 200 多次，其中大型活动 20 多次，累计培训技术员与菜农 8 000 人次。成功在蔬菜中心四季青展示园、延庆奥运蔬菜基地及大兴、顺义、朝阳、通州等示范基地展示了蔬菜优良品种 200 余个，累计观摩人数 2 000 余人次。

五、树立典型，表扬先进，带动全面工作

项目及时召开交流总结大会，表扬与鼓励先进，向优秀示范基地负责人、优秀技术指导员颁发了荣誉证书，给予奖励，促进了百村蔬菜品种更新示范工作的深入开展。

江苏省农业科学院开展农技推广工作典型案例

——以在盐都区开展农业科技推广工作为例

盐都区是盐城市所在地，人口 74.8 万，面积 1 044.6 平方公里，现辖 13 个镇，新都、张庄两个街道办事处和盐都新区、西区、职教园区，环盐城市区西、南部。2008 年，农民人均纯收入达 7 485 元，比 2007 年增长 12.8%。

沿海地区农科所是江苏省农业科学院下属的研究所之一，是面向沿海农区、服务盐城市的区域性农业科研、技术服务、成果转化中心。该所现有职工 111 人，其中 32 人具有高级专业技术职称（研究员 4 人，副研究员 28 人）；全所有博士 1 人、硕士 12 人，江苏省注册咨询专家 5 人。

沿海农科所科技服务中心是负责农业科技服务的职能机构，主任徐文华副研究员专职负责科技服务，参与人员根据服务专业的调整而调整。目前沿海农科所科技服务人员挂钩村情况如下表和图，农技推广情况如下：

科技特派员	性别	年龄	专业	学历	职称	挂钩村	承担工作
徐文华	男	50	植保	大专	副研	潘黄新民	苗木草莓
吴忠义	男	56	农学	大专	副研	郭猛三湾	应时果蔬
陈应江	男	41	畜牧	本科	副研	秦南河夹	科学养猪
杨智青	男	30	畜牧	硕士	副科	大冈光明	蛋鸡养殖
陈长宽	男	42	畜牧	大专	助研	龙冈曲东	蛋鸡生产

（续）

科技特派员	性别	年龄	专业	学历	职称	挂钩村	承担工作
周步海	男	49	农学	本科	副研	潘黄仰徐村	示范基地
杨　华	男	28	农学	本科	副研	潘黄仰徐村	示范基地
商中水	男	48	统计	本科	副高	潘黄仰徐村	示范基地

图示：
①潘黄镇仰徐村——葡萄避雨栽培农业科技示范基地；
②潘黄镇新民村——苗木与草莓设施栽培特色村；
③郭猛镇三湾村——应时果蔬无公害种植特色村；
④秦南镇河夹村——生猪规模特色村；
⑤大冈镇光明村——蛋鸡规模生产特色村；
⑥龙冈镇曲东村——蛋鸡规模养殖特色村。

2009 年沿海农科所挂钩村地理位置

1. 潘黄镇仰徐村——葡萄避雨设施栽培农业科技示范基地

潘黄镇仰徐村位于盐城西郊，获“全国文明村”、“江苏省生态村”、“盐城市新农村建设重点示范村”等称号。仰徐葡萄避雨设施栽培农业科技示范基地规划面积 1 000 亩，用于发展优质果品设施栽培。已建成以 C 形钢、热镀锌钢管和水泥柱为主要结构的 200 亩高质量葡萄连栋避雨大棚。四周围以高速公路栅栏。在连栋避雨大棚内构筑鸡舍，种植牧草，引进土种草鸡，并在葡萄连栋避雨大棚四周披挂渔网，发展葡萄连栋大棚内的生态养殖。

沿海农科所探索农业科技示范基地运作模式，以求发挥各方资源优势。在沿海农科所的指导下，由其所属科技型企业、仰徐村村属企业和沿海农科所科研人员共同投资 200 万元，注册成立了“盐城市仰徐现代农业科技有限公司”。基地科研人员既是公司股东，也是公司管理人员，能够实现科技成果转化效率和经济效益最大化。

科技特派员周步海、杨华、商中水 3 位是副研究员，他们长期工作在科技示范园区。科技特派员杨智青为畜牧专业硕士，负责棚架下生态鸡、鹅的养殖。

仰徐科技示范园的项目资金主要来源于两个方面，一方面是企业投资，主要用于基础设施建设；另一方面是江苏省农业科学院下拨的整村推进项目资金和高效农业示范项目资金。

科技示范园区的技术推广分园区内的技术传播和园区对周围的辐射效应。技术传播主要是专家讲座和技术人员现场指导。园区的辐射作用主要是现场示范和讲解。

主要技术：①葡萄避雨栽培技术引进苏北地区；②引进筛选国内外优质的葡萄新品种；③将葡萄传统篱架栽培模式改变为水平棚架栽培模式；④发展生态养殖；⑤走精品、礼品市场道路；⑥在避雨设施葡萄园及棚下建禽舍，生态养殖优质土种草鸡 10 000只、鹅 10 000 只。

经营理念：以优质、适产、无公害和食品安全的经营生产新理念替代片面追求高产的传统理念。将园区建成一个集科技示范、休闲观光游览、青少年社会实践、名特优葡萄种植与养殖相结合的现代生态旅游观光农业科技示范基地。

2. 潘黄镇新民村——苗木与草莓设施栽培

新民村位于盐城市市级现代农业示范园区内，全村总人口3 230人，其中劳动力1 885人，耕地面积4 166亩，常年粮食产量3 663吨左右。近年来，该村在科技特派员的帮助下，大棚草莓、大棚葡萄和苗木花卉产业发展迅猛。

在科技特派员进村以前，该村主要生产粮食作物，只有零星种植草莓。全村农民纯收入在4 000元左右。

科技特派员徐文华副研究员从2006年进驻该村后，长期蹲村指导草莓种植。在施肥、灌溉和草莓种植的关键技术上给予全方位的技术支持。

项目资金主要来源于江苏省农业科学院下拨的高效农业资金。

技术传播路径一方面是科技特派员长期驻村面对面指导农户种植，对不同种植水平的农户进行分类指导；另一方面是邀请镇江农科所的专家现场授课和指导，传播新技术和信息。

通过科技特派员的帮扶，目前，新民村已种植草莓1 000多亩，葡萄350多亩，花卉苗木400多亩。目前该村农民人均收入超过8 500元，其中110户草莓种植大户人均收入超过20 000元。

3. 郭猛镇三湾村——应时果蔬无公害种植

郭猛镇三湾村位于盐城省级现代农业示范园区规划范围内，全村总人口3 129人，其中，劳动力1 656人；耕地面积4 695亩，设施种植面积600多亩，常年粮食产量3 600吨左右。目前的主要特色产业为设施果蔬。

在科技特派员进村以前，盐城省级现代农业科技示范园建设速度缓慢，品种结构单一。园区投资者不知道种植什么，以及如何种植。

科技特派员吴忠义副研究员2009年初进驻该示范园，全方位指导投资者发展应时果蔬。帮助园区引进2个设施栽培项目，引进筛选国内外新育成的果蔬新品种，构建无公害设施果蔬种植技术体系。指导园区投资者禁用含氯肥。

目前种植品种有西瓜、草莓、苗木、季节性蔬菜等，指导投资者发展畜禽生态养殖，园区从业人员400多人，其中大部分是三湾村的农民。

4. 秦南镇河夹村——生猪规模生产

河夹村位于盐都区秦南镇中兴社区南侧，全村总人口1 835人，其中，劳动力396人；耕地面积1 800亩，设施养殖面积40多亩，常年出栏生猪3 000多头、存栏蛋鸡1.5万只。生猪养殖规模超过50头的有10户，其中一户养殖规模达到年出栏1 000多头，该户还承担了苏太猪的扩繁任务。主要特色产业为生猪养殖（建有江苏省苏太猪扩繁场1座）。

科技特派员进村以前，养殖大户猪病发生率高。在建猪舍期间，死亡了500多头猪。

科技特派员陈应江，沿海农科所畜牧兽医组主任，畜牧专业副研究员，2009年年初到河夹村指导生猪生产。能够解决养猪业遇到的主要技术问题。陈应江不是长期驻村，而是经常到河夹村养殖户家，同时应农户邀请随叫随到。

陈应江到河夹村的经费支出主要是差旅费，这部分费用由所科技服务中心支付。

技术推广路径是授课和现场指导，但以现场分类指导为主，即对养殖户养殖过程中遇到的技术问题直接到现场解决。

项目实施的主要内容是严禁非本场养殖人员特别是其他养猪户进入猪舍，以防猪病传播；使用定位栏；提供饲料配方让农户自己加工饲料；对猪病先诊断后用药，严禁盲目用药。

通过大半年的技术指导，养殖户都禁止其他人员进入自己的养猪场，基本做到了防猪病传播的技术要求，生猪发病率和死亡率都大大降低。另外，农户自己加工饲料，每吨成本降低了200多元。

5. 大冈镇光明村——蛋鸡规模生产

光明村位于大冈镇西，紧靠盐宁路。全村总人口 1 691 人，其中，劳动力 730 人；耕地面积 3 130 亩，常年粮食产量 2 500 吨左右，生猪饲养量为 0.6 万头，蛋鸡饲养量为 20 万只以上，养殖户 60 多户。2008 年，大部分农户人均纯收入为 6 000 元以上。主要特色产业为蛋鸡养殖。

科技特派员进村之前，养殖户自己或请其他养殖户到鸡舍对鸡病进行经验性诊断和防治。鸡粪基本不处理，鸡舍氨气含量高，气味刺鼻，空气中颗粒物含量高，易导致鸡呼吸道疾病。光明村鸡蛋由经纪人上门收购，价格由经纪人控制。蛋鸡常因特殊天气，汽车、拖拉机的轰鸣声等刺激而减少进食量和产蛋量，甚至死亡。

科技特派员杨智青，畜牧专业硕士，能够解决蛋鸡养殖过程中遇到的主要技术问题。

杨智青到光明村的经费支出主要是差旅费，这部分费用由所科技服务中心支付。

技术推广路径是授课和现场指导，但以现场分类指导为主，即对养殖户养殖过程中遇到的技术问题直接到现场解决。

项目实施的主要内容是严禁非本场养殖人员进入鸡舍，严禁养殖户之间串访，降低鸡病的传播；采用生物发酵剂处理鸡粪，减少鸡舍空气中氨气和固体颗粒物含量，降低鸡呼吸道疾病；对病死鸡要就地无害化处理，防止疾病传播；增加维生素喂养量，提高蛋鸡的应激反应能力。指导成立禽蛋专业合作社，提高鸡蛋销售的话语权。

就在科技特派员进入该村之前，有一养殖户发现鸡有病，按喉炎进行治疗，已经花费 8 000 多元的药费，20％的蛋鸡死去。杨智青到该村后，诊断该病为鸡瘟，并指导养殖户用中成药，对症治疗，治愈了鸡病。

6. 龙冈镇曲东村——蛋鸡规模养殖

曲东村地处洪学线北侧、盐宝河南侧，水陆交通十分便利。

全村总人口 2 285 人，680 户，总面积 3 812 亩，耕地面积 3 462 亩。2008 年农户人均纯收入超过 7 500 元，其中蛋禽养殖户人均收入超过 15 000 元。全村蛋鸡养殖户 60 到 70 户，全村常年存栏量 15 万只以上；生猪饲养 100 头以上的规模大户 11 户，全村常年存栏量超过 2 500 头。

科技特派员进村以前，该村与大冈镇光明村一样，养殖户自己或请其他养殖户到鸡舍对鸡病进行诊断和防治。鸡粪基本不处理，鸡舍氨气含量和空气中颗粒含量高，易导致鸡呼吸道疾病。鸡蛋由经纪人上门收购。鸡舍分布在村庄农户居住区之间，或在宅基地上，或在承包地上，鸡舍大多敞开式养殖。饲料外购，成本较高。蛋鸡经常因特殊天气、汽车或拖拉机的轰鸣声等刺激而减少进食量和产蛋量，甚至死亡。

科技特派员陈长宽畜牧专业大专毕业，助理研究员，能够解决蛋鸡养殖过程中遇到的主要技术问题。

陈长宽到曲东村的经费支出主要是差旅费，这部分费用由所科技服务中心支付。

技术推广路径是授课和现场指导，但以现场分类指导为主，即对养殖户养殖过程中遇到的技术问题直接到现场解决。

项目实施的主要内容与大冈镇光明村类似，严禁非本场养殖人员进入鸡舍，严禁养殖户之间串访，降低鸡病的传播；采用生物发酵剂处理鸡粪，减少鸡舍空气中氨气和固体颗粒含量，降低鸡呼吸道疾病；对病死鸡就地无害化处理，防止疾病传播。指导成立曲东禽蛋专业合作社，提高鸡蛋销售的话语权。指导农民用小麦取代玉米作为饲料，加入酶制剂，使每吨饲料成本降低 100 元，每 1 万羽蛋鸡降低饲料成本 4 万元。增加维生素喂养量，提高蛋鸡的应激反应能力。

7. 扶持大学生村官颜旻创业

2008 年颜旻毕业于江苏工业学院，成为盐都区潘黄镇新民村一名“大学生村官”。由于她是非农专业，加之生长在城市，由于这些客观原因甚至闹出过要背诵“圆葱扁蒜”的口诀，才能识别葱蒜的笑话。为了尽快帮助她进入角色以胜任农村工作，盐城市农科院驻村驻点专家徐文华对她进行关心和培养。盐城市农科院在开展科技服务的过程中，不仅给对接服务对象带来了实实在在的实惠，而且也给这些“大学生村官”的锻炼成长提供了难得的机遇。

在盐城市农科院项目驻村专家徐文华主任的指导下，2009年颜旻申报了以“大棚草莓新品种的引进筛选与示范推广”为题的“江苏省农业科学院科技助推大学生村官创业项目”，并获得江苏省农业科学院的支持。

因为颜旻以前对草莓品种、生物学特性、大棚温湿度控制、蜜蜂授粉、病虫的识别与防治以及草莓脱毒育苗等许多专业知识是一窍不通。在指导专家的帮助下，目前颜旻对大棚草莓栽培技术的一般要领已基本掌握，真正从“门外汉”转变为“基本通”。为使创业项目高起点，颜旻随驻村专家先后到江苏省农科院园艺所、镇江市农科所及江苏省农业科学院宿迁种苗基地等地引进丰香、红颊、章姬等草莓新品种，帮助新增的种植户筹措资金发展设施农业，组织科技示范户到连云港、山东寿光、东台、张家港等地的高效农业科技示范园区学习考察。村民们赞扬我“增知增智增本领”，而我则认为是市农科院驻村驻点专家们“尽心尽力更尽情”的结果。

目前，通过颜旻的示范带动，新民村的草莓品种进行了更新，面积扩大到 2 000 多亩，每亩增产 300 多斤，成立了草莓生产合作社。草莓已成为新民村的支柱产业，农民增收的主要来源。

通过科技人员进村入户，改变了长期以来农民传统的种植养殖习惯，将先进技术在农户中推广和示范，解决了农户长期种植养殖中遇到的问题。一年多的实践证明，农业科研单位从事农业技术推广，科技人员进村入户受到地方政府和农民的欢迎，传播现代农业生产技术所创造的经济和社会效益是巨大的。

漯河市农业科学院开展农技推广工作典型案例

（一）总体情况

以 2009 年为例，核心示范区的粮食增产效果显著，经科技示范户自我估产、漯河市农业科学院专家测产和现场实打测产三个层次对全部示范户进行测产工作的结果表明，漯河市农业科学院示范基地和 6 个示范乡（镇），2 230 户示范户共种植小麦、玉米、芝麻、甘薯和花生 6 600 亩，平均亩产分别是 553.6 千克、638.00 千克、114.8 千克、3 500 千克和 380.7 千克；1 000 户种植小麦漯麦 8 号和漯麦 9 号辐射带动户共种植小麦 20 000 亩，平均亩产 501.5 千克；750 户种植玉米辐射带动户共种植玉米 12 000亩，平均亩产 581.72 千克；150 户种植芝麻辐射带动户共种植芝麻 1 000 亩，平均亩产 95.0 千克；180 户种植甘薯辐射带动户共种植甘薯 5 000 亩，平均亩产 3 200 千克和 100 户种植花生辐射带动户共种植花生 3 000 亩，平均亩产 341 千克。小麦、玉米、芝麻、甘薯和花生示范户比辐射带动户亩分别增产 52.1 千克（增幅 10.39%）、56.28 千克（增幅 9.67%）；19.8 千克（增幅 20.84%）、300 千克（增幅 9.38%）和 39.7 千克（增幅 11.64%），比非示范区普通农户小麦（476.8 千克）增产 76.8 千克（增幅 16.11%）、玉米（554.72 千克）增产 83.6 千克（增幅 15.08%）、芝麻（71.2 千克）增产 43.6 千克（增幅 61.24%）、甘薯（2 640 千克）增产 560 千克（增幅 21.21%）和花生（301.5 千克）增产 79.2 千克（增幅 26.27%）（见表 1）。通过推广应用新品种、种子包衣、配方施肥、病虫草害综合防治、地膜技术等主推技术，2 230 个示范户 6 600 亩平均每亩纯利润 431.29 元，比辐射带动户（318.04 元）节支增收 113.25 元，增幅 35.61%；比普通农户（285.02 元）节支增收 146.27 元，增幅 51.32%。2009 年在漯河市源汇区建设 1 000 头生猪科学防疫快速育肥示范场，辐射带动 3 个千头猪场，1 个万头猪场，扶持科技养猪示范户 1 000 户。以上数据表明农业科研与农技推广相结合是解决我国粮食安全、农民增收的有效途径。

表 1　2009 年度农业示范户试点测产汇总表

单产：千克/亩

作物	地　点	示范户平均亩产	辐射户平均亩产	普通户平均亩产	示范户比辐射户增产	示范户比辐射户增产（%）	示范户比普通户增产	示范户比普通户增产（%）	辐射户比普通户增产	辐射户比普通户增产（%）
小麦	农科院示范基地 源汇区大刘镇 郾城区商桥园艺场	553.6	501.5	476.8	52.1	10.39	76.8	16.11	24.7	5.18
玉米	农科院示范基地 源汇区阴阳赵乡	638.0	581.72	554.4	56.28	9.67	83.6	15.08	27.32	4.93
芝麻	郾城区孟庙镇	114.8	95.0	71.2	19.8	20.84	43.6	61.24	23.8	33.43
甘薯	舞阳县九街乡	3 500	3 200	2 640	300	9.38	860	32.58	560	21.21
花生	临颍县窝城镇	380.7	341	301.5	39.7	11.64	79.2	26.27	39.5	13.1

农作物样板田是集成的技术和品种打包送给农民朋友，科研人员发挥自己的技术优势、成果优势和实践优势，并且通过样板田直观形象的把新品种、新技术手把手的教给示范户，通过样板田这个纽带把科技成果和广大农民紧密的连在一起，对农业增产，农民增收起到引擎作用。

（二）“样板田＋现场培训”模式

漯河市农业科学院科技开发处把新品种和新技术通过样板田向广大农民朋友展示，并利用科研优势对农民进行现场技术培训，从而扭转了新成果推广慢、转化率低的局面，加速了科技成果的转化。

2008 年漯河市农业科学院开展了新品种漯单 12 和漯麦 9 号高产示范，建立了 12 000 亩漯单 12 高产示范，实打验收亩产 782.41 千克。漯麦 9 号高产示范核心区位于漯河市郾城区商桥镇园艺场，面积 120 亩，在 2009 年春遇到新中国成立以来最严重干旱的情况下，漯麦 9 号仍表现突出，被选为全国小麦春管和抗旱现场的观摩田，受到农业部等各级领导好评。经国家项目组实打验收，亩产 627.71 千克。为漯河市 10 个万亩示范田的产量之冠，小麦品种观摩期间先后有 1 200 名专家、领导、群众和经销商到现场观摩，为漯麦 9 号大面积的应用推广起到了良好的宣传作用，2009 年漯河市乐农种业有限公司就小麦良种一项销售 4 000多万千克，服务于漯河、周口、驻马店、平顶山、许昌和湖北省、安徽省、江苏省等地。

漯河市农业科学院以样板田为阵营开展农作物生产技术服务，通过 1 500 人次的下乡服务，完成了对 35 个乡镇，125 个行政村，250.5 万亩以上小麦、玉米、芝麻、红薯和花生等的技术服务。同时对农民进行农业技术培训，培训方式采取集中与分散相结合、理论与实践相结合、田间与室内相结合的“三结合”方式，不拘形式，力求效果。高产示范是农民学习农村实用技术的“田间学校”，利用样板田现场培训农民 20 000 人次，发放小麦新品种生产技术资料 25 000 份，玉米新品种生产技术资料 10 000份、芝麻新品种生产技术资料 5 000 份、甘薯新品种生产技术资料 5 000 份，花生新品种生产技术资料 5 000 份，生猪科学防疫快速育肥技术资料 10 000 份。培训不拘形式，力求效果，让示范区群众能够真正认识和掌握小麦、玉米等农作物新品种的特征特性和相关高产优质栽培新技术。在现场培训的基础上建立长效的技术培训机制，长期为示范区群众开新品种、新技术培训班（新技术和新品种见表 2）。2007 年至 2009 年共组织培训 34 场次，合计培训 143 个学时，培训农民共计 3 000 多人次。

表 2　示范推广的新品种和新技术

名　　称	内　　容
1. 优良新品种	漯麦 4 号、漯麦 8 号、漯麦 9 号、漯单 12 号、漯芝 16 号、漯徐薯 8 号、漯花 6 号等新品种
2. 秸秆还田有机培肥技术	全量小麦、玉米秸秆粉碎还田和增施有机肥培肥地力
3. 培育壮苗技术	种子包衣（药剂拌种）、土壤处理和精量匀播
4. 合理肥水运筹技术	测土配方施肥、氮肥后移和节水灌溉技术
5. 化除与化控技术	化学除草技术、化学控旺防倒技术和一喷三防技术
6. 病虫害综合防治技术	预测预报基础上选用高效低毒低残留农药实现病虫兼治技术

（三）“网络工作服务”模式

通过实施农技推广，搭建起了两条全新的技术传播的工作网络和一条行政保障体系，保证了技术人员和示范户获取技术的无障碍。

（1）农技推广在技术方面实行专家负责制，通过建立“首席专家—技术指导员—核心示范户—辐射带动户—广大农户”的工作网络，包括各级专家 25 名，技术指导员 20 名，科技示范户 2 530户，辐射带动户 50 000 余户。该网络以作物为主线，打破了以往部门、体制和地域条块分割的界限，根据目标和任务择优选择合适的专家，技术指导员，组建精干技术队伍，激活了科技人员投身生产、推广先进技术的热情，同时也拓展了技术来源渠道，减少了技术传播的中间环节。

(2) 充分利用现代信息、网络技术，加速农业技术推广，建立了漯河市农科院信息网、漯河市农科院160（168）专家声讯台；目前漯河市农科院信息网拥有与农业相关的11个专业的25名专家，可以为农户提供服务，扩展了技术服务的空间，加速了科技服务的有效实施。

(3) 漯河市农科院积极联合源汇区大刘镇政府、郾城区政府、源汇区阴阳赵乡政府、郾城区孟庙镇政府、舞阳县九街乡政府和临颍县窝城镇政府共同建设作物高产样板田。

通过两个网络和一个保障体系的构建，使科技成果的推广和高产示范户的建立得到了有效的保证。

(四) 多元化技术培训

我国2004年以来，中央连续六年将1号文件锁定于“三农”，服务“三农”、支持新农村建设的步伐在漯河市农科院得到了充分的体现。现简略介绍近几年的科技服务：

各示范乡镇（村）2000年6月份已陆续全面铺开了技术培训和指导工作。在培训中充分利用各类媒体和宣传工具，如电视、互联网、电话、广播、报刊、板报、宣传车等，开展快捷高效的培训。在培训形式上还注重抓了以下几点：一是实施多元化的培训。围绕当地主导产业、针对当地农户主要生产与增收方式，以漯河市农科院科研优势（新品种、新技术等）为突破口，不断提高农民的科普意识和对农业科技的认知度。二是播放技术讲座光盘与印发技术资料相结合。采取直观、具体和通俗易懂的方式，将技术指导讲座和配方施肥、病虫害防治技术和生猪科学养殖等关键技术刻制成光盘，在示范户中播放。同时，为便于示范户及时掌握小麦、玉米、芝麻、甘薯等高产管理技术，并结合农业生产，编印了小麦、玉米、芝麻、甘薯和花生等的高产栽培、购种指南、新品种介绍、肥料使用、配方施肥及病虫害防治等系列技术资料，发放到每个科技示范户，收到了很好的效果。三是集中培训与分散培训相结合。培训期间，组织技术专家深入部分示范乡镇，对科技示范户进行集中培训。为了确保培训效果，使培训工作更贴近实际、贴近农民，部分试点乡镇针对农村主要劳动力白天农忙和进城务工的实际，技术指导员利用晚上时间，进村入户开展培训，确保了每个示范户和带动户都能接受技术培训，提高了技术培训的实效性。

近 10 年来，漯河市农科院利用现有的技术、人才资源，开通服务专线，成立畜牧、实用技术、蔬菜专业合作社，吸收养殖户社员 4 300 余户，为农民创业提供了强有力的技术支撑。一是调集了 20 多名专业骨干人员，分赴到 10 多个县区，100 多个行政村，深入到田间地头对农民进行技术指导，举办不同形式的培训 300 多次。二是组织和参加科技下乡和调查活动 1 000 多次，出动宣传车辆 235 次，宣传版面 80 块，发放技术资料 370 000 余份，培训农民 71 000 多人次。三是与县乡政府和农业推广部门，深入农村开展技术培训 142 场；与电视台合作，举办讲座 36 次；与漯河市农业科技 110 合作到养殖基地指导 137 次；与漯河电台合作进行现场农技服务和讲座 63 次。四是采取多种方式提供技术信息服务；利用电台“和专家面对面”、“金土地”等栏目和漯河市农科院院的《病虫情报》、漯河农科院信息网站、漯河市农业科学院还开通了“160（168）专家咨询服务热线”，累计接受热线电话咨询 3 437 次。每个示范户都有具体为他们服务的技术指导员联系电话，实现了技术问题能得到技术指导员的随时指导。通过培训，广大示范户较好地掌握了主要农作物的种植和生猪科学养殖技术，为农业增产奠定了基础。

案例 1：与“国豪种业”合作，建立良种繁育基地“国豪种业”是中国种业 50 强排名前十的大型企业，绵阳市农业科学所与“国豪种业”的合作已有多年的历史，“国豪种业”经营的大部分品种都由绵阳市农科所选育，农科所每年组织育种、栽培、

土肥、植保等方面的专家对国豪种业技术员进行培训，并进行长期蹲点指导，在双方的协作下，绵阳市涪城区、三台县、安县等地均建立了万亩良种繁育基地，涵盖水稻、油菜、小麦、玉米等粮油作物。这些基地为当地农户带来了较高的经济收入，平均每亩制种的收入是传统种植的2～3倍。同时，良种繁育需要大量先进的农业生产技术，农科所科技人员和国豪种业技术员在指导农民制种的同时，也将这些粮种繁育基地变成了农技推广的前沿阵地，不但基地农户掌握了先进技术，而且辐射带动周边农户提升了农技水平。这种科研单位加种子企业的农技推广方式，变农民被动接受为主动需求，让农技推广真正变成了一种现实需要，达到了农民技术提高、收入提高、企业效益提高、农科所技术推广水平提高等多赢的效果。

案例2：与“仙特米业”合作，建立优质香型杂交稻生产基地

提高杂交稻的稻米品质是20世纪90年代中期以后，我国社会经济发展到一定水平后的必然要求，随着人民生活水平的提

高，对主粮品质的要求也越来越高，因此，农户种植水稻不再只关注产量，而更多关注大米的口感、外观。20 世纪 90 年代以来，绵阳市农业科学研究所优质高产杂交水稻新品种的选育研究取得了显著成效，先后育成一批香型、优质、高产杂交水稻新品种。长期以来，绵阳市农科所与仙特米业密切合作，在游仙区、涪城区、三台县等地建立优质香稻生产基地上万亩，绵阳市农业科学所派出技术专家，蹲点进行技术指导，给农民示范，引导农民采用先进技术。由仙特米业采取订单农业的方式，用比一般稻谷高出 10%～15%的价格收购，仅此一项，农民每亩稻谷增收 50 元以上，因此农民种田积极性显著提高，对先进农业技术也非常渴求。以往，绵阳市大部分农民种植水稻仅仅为提供自家口粮，如今，由于龙头企业的引入，口粮变成了商品粮，实实在在的经济利益摆在面前，对高产高回报的期望自然变成了对技术的期望，因此农技推广进行顺利且效果良好。

附　　件

附件 1：调研问卷

附件 2：试点工作会议

附件 3：农技推广法

中华人民共和国农业技术推广法

第一章　总　　则

第一条　为了加强农业技术推广工作，促使农业科研成果和实用技术尽快应用于农业生产，保障农业的发展，实现农业现代化，制定本法。

第二条　本法所称农业技术，是指应用于种植业、林业、畜牧业、渔业的科研成果和实用技术，包括良种繁育、施用肥料、病虫害防治、栽培和养殖技术，农副产品加工、保鲜、贮运技术，农业机械技术和农用航空技术，农田水利、土壤改良与水土保持技术，农村供水、农村能源利用和农业环境保护技术，农业气象技术以及农业经营管理技术等。

本法所称农业技术推广，是指通过试验、示范、培训、指导以及咨询服务等，把农业技术普及应用于农业生产产前、产中、产后全过程的活动。

第三条　国家依靠科学技术进步和发展教育，振兴农村经济，加快农业技术的普及应用，发展高产、优质、高效益的农业。

第四条　农业技术推广应当遵循下列原则：

（一）有利于农业的发展；

（二）尊重农业劳动者的意愿；

（三）因地制宜，经过试验、示范；

（四）国家、农村集体经济组织扶持；

（五）实行科研单位、有关学校、推广机构与群众性科技组织、科技人员、农业劳动者相结合；

（六）讲求农业生产的经济效益、社会效益和生态效益。

第五条　国家鼓励和支持科技人员开发、推广应用先进的农业技术，鼓励和支持农业劳动者和农业生产经营组织应用先进的农业技术。

第六条　国家鼓励和支持引进国外先进的农业技术，促进农业技术推广的国际合作与交流。

第七条　各级人民政府应当加强对农业技术推广工作的领导，组织有关部门和单位采取措施，促进农业技术推广事业的发展。

第八条　对在农业技术推广工作中作出贡献的单位和个人，给予奖励。

第九条　国务院农业、林业、畜牧、渔业、水利等行政部门（以下统称农业技术推广行政部门）按照各自的职责，负责全国范围内有关的农业技术推广工作。县级以上地方各级人民政府农业技术推广行政部门在同级人民政府的领导下，按照各自的职责，负责本行政区域内有关的农业技术推广工作。同级人民政府科学技术行政部门对农业技术推广工作进行指导。

第二章　农业技术推广体系

第十条　农业技术推广，实行农业技术推广机构与农业科研单位、有关学校以及群众性科技组织、农民技术人员相结合的推广体系。

国家鼓励和支持供销合作社、其他企业事业单位、社会团体以及社会各界的科技人员，到农村开展农业技术推广服务活动。

第十一条 乡、民族乡及镇以上各级国家农业技术推广机构的职责是：

（一）参与制订农业技术推广计划并组织实施；

（二）组织农业技术的专业培训；

（三）提供农业技术、信息服务；

（四）对确定推广的农业技术进行试验、示范；

（五）指导下级农业技术推广机构、群众性科技组织和农民技术人员的农业技术推广活动。

第十二条 农业技术推广机构的专业科技人员，应当具有中等以上有关专业学历，或者经县级以上人民政府有关部门主持的专业考核培训，达到相应的专业技术水平。

第十三条 村农业技术推广服务组织和农民技术人员，在农业技术推广机构的指导下，宣传农业技术知识，落实农业技术推广措施，为农业劳动者提供技术服务。

推广农业技术应当选择有条件的农户，进行应用示范。

国家采取措施，培训农民技术人员。农民技术人员经考核符合条件的，可以按照有关规定授予相应的技术职称，并发给证书。

村民委员会和村集体经济组织，应当推动、帮助村农业技术推广服务组织和农民技术人员开展工作。

第十四条 农场、林场、牧场、渔场除做好该场的农业技术推广工作外，还应当向社会开展农业技术推广服务活动。

第十五条 农业科研单位和有关学校应当适应农村经济建设发展的需要，开展农业技术开发和推广工作，加快先进技术在农业生产中的普及应用。

教育部门应当在农村开展有关农业技术推广的职业技术教育和农业技术培训，提高农业技术推广人员和农业劳动者的技术素质。国家鼓励农业集体经济组织、企业事业单位和其他社会力量在农村开展农业技术教育。

农业科研单位和有关学校的科技人员从事农业技术推广工作的，在评定职称时，应当将他们从事农业技术推广工作的实绩作为考核的重要内容。

第十六条 国家鼓励和支持发展农村中的群众性科技组织，发挥它们在推广农业技术中的作用。

第三章 农业技术的推广与应用

第十七条 推广农业技术应当制定农业技术推广项目。重点农业技术推广项目应当列入国家和地方有关科技发展的计划，由农业技术推广行政部门和科学技术行政部门按照各自的职责，相互配合，组织实施。

第十八条 农业科研单位和有关学校应当把农业生产中需要解决的技术问题列为研究课题，其科研成果可以通过农业技术推广机构推广，也可以由该农业科研单位、该学校直接向农业劳动者和农业生产经营组织推广。

第十九条 向农业劳动者推广的农业技术，必须在推广地区经过试验证明其具有先进性和适用性。

向农业劳动者推广未在推广地区经过试验证明其具有先进性和适用性的农业技术，给农业劳动者造成损失的，应当承担民事赔偿责任，直接负责的主管人员和其他直接责任人员可以由其所在单位或者上级机关给予行政处分。

第二十条 农业劳动者根据自愿的原则应用农业技术。

任何组织和个人不得强制农业劳动者应用农业技术。强制农业劳动者应用农业技术，给农业劳动者造成损失的，应当承担民事赔偿责任，直接负责的主管人员和其他直接责任人员可以由其所在单位或者上级机关给予行政处分。

第二十一条 县、乡农业技术推广机构应当组织农业劳动者学习农业科学技术知识，提高他们应用农业技术的能力。

农业劳动者在生产中应用先进的农业技术，有关部门和单位应当在技术培训、资金、物资和销售等方面给予扶持。

国家鼓励和支持农业劳动者参与农业技术推广活动。

第二十二条 国家农业技术推广机构向农业劳动者推广农业技术，除本条第二款另有规定外，实行无偿服务。

农业技术推广机构、农业科研单位、有关学校以及科技人员，以技术转让、技术服务和技术承包等形式提供农业技术的，可以实行有偿服务，其合法收入受法律保护。进行农业技术转让、技术服务和技术承包，当事人各方应当订立合同，约定各自的权利和义务。

国家农业技术推广机构推广农业技术所需的经费，由政府财政拨给。

第四章 农业技术推广的保障措施

第二十三条 国家逐步提高对农业技术推广的投入。各级人民政府在财政预算内应当保障用于农业技术推广的资金，并应当使该资金逐年增长。

各级人民政府通过财政拨款以及从农业发展基金中提取一定比例的资金的渠道，筹集农业技术推广专项资金，用于实施农业技术推广项目。

任何机关或者单位不得截留或者挪用用于农业技术推广的资金。

第二十四条 各级人民政府应当采取措施，保障和改善从事农业技术推广工作的专业科技人员的工作条件和生活条件，改善他们的待遇，依照国家规定给予补贴，保持农业技术推广机构和专业科技人员的稳定。对于乡、村从事农业技术推广工作的专业科技人员的职称评定应当以考核其推广工作的业务技术水平和实绩为主。

第二十五条　乡、村集体经济组织从其举办的企业的以工补农、建农的资金中提取一定数额，用于本乡、本村农业技术推广的投入。

第二十六条　农业技术推广机构、农业科研单位和有关学校根据农村经济发展的需要，可以开展技术指导与物资供应相结合等多种形式的经营服务。对农业技术推广机构、农业科研单位和有关学校举办的为农业服务的企业，国家在税收、信贷等方面给予优惠。

第二十七条　农业技术推广行政部门和县以上农业技术推广机构，应当有计划地对农业技术推广人员进行技术培训，组织专业进修，使其不断更新知识、提高业务水平。

第二十八条　地方各级人民政府应当采取措施，保障农业技术推广机构获得必需的试验基地和生产资料，进行农业技术的试验、示范。

地方各级人民政府应当保障农业技术推广机构有开展农业推广工作的必要的条件。

地方各级人民政府应当保障农业技术推广机构的试验基地、生产资料和其他财产不受侵占。

第五章　附则

第二十九条　国务院根据本法制定实施条例。

省、自治区、直辖市人民代表大会常务委员会可以根据本法和本地区的实际情况制定实施办法。

第三十条　本法自公布之日起施行。

附件 4：农业科研单位农技推广管理办法

北京市农林科学院开展农技推广工作管理办法

为了激励科研人员积极投身农业科技成果示范与推广工作，北京市农林科学院制定了相关鼓励政策措施。1997 年制定了《北京市农林科学院科技开发管理规定》，其中第八条规定，为鼓励职工在科技开发工作中作出贡献，对作出突出贡献的，给予一定的精神和物质奖励，并记入考绩档案。第九条规定，为支持科技开发工作，院设立科技开发周转基金，优先借贷给效益好的科技开发项目。

"十五"以来，北京市农林科学院将科技示范推广工作摆到了单位事业发展过程中的重要位置，于 2008 年制定了《北京市农林科学院对各所（中心）科技示范推广服务工作考核办法》，院组织有关专家、领导每年对下属单位进行科技示范推广工作考核。2009 年出台了《北京市农林科学院科技示范推广服务工作管理规定（试行）》，从科研单位开展推广服务工作的重要意义、建立组织保障、推广工作形式、成效、建立推广服务基金、考核、奖励、职称评定等方面给予了明确规定。

为推动科研成果迅速转化为生产力，2006 年北京市农林科学院特设立科技服务个人奖（特等、先进、优秀）和集体奖，对从事科技示范推广服务工作的个人和单位给予奖励。同时，在职称评定过程中给予推广人员政策倾斜。2010 年，北京市农林科学院通过积极争取，成为北京市职称评定改革试点单位，依法可以设立推广研究员岗位，岗位名额为研究员岗位数量的 20%，岗位水平、待遇与研究员相当。这一政策的出台，极大地激发了科技人员从事农业技术推广工作的积极性，农业科研单位在农技推广工作中的作用将更加突出，成效将更加显著。

黑龙江省农业科学院的农技推广工作管理办法

黑龙江省农业科学院专业技术人员晋升职称业绩考核办法

为深入贯彻落实科学发展观，进一步发挥职称评定在我院科技创新、成果转化与推广、科研管理工作中的激励作用，结合我院实际，制定本考核办法。

第一条　适用范围

本办法适用于黑龙江省农业科学院科技创新、成果转化与推广、科研管理等专业技术人员晋升职称业绩考核。

第二条　考核内容

本考核办法分四部分内容：第一部分为获奖成果量化考核；第二部分为服务“三农”与成果转化业绩量化考核；第三部分为岗位评估量化考核；第四部分为发表论文、论著量化考核。

第三条　考核标准

一、成果量化考核标准

1. 各类成果的得分值

国家发明奖　一等　800 分　　二等　400 分

国家自然科学奖　一等　800 分　　二等　400 分

国家科技进步奖　一等　600 分　　二等　300 分

省部级科技进步奖　一等　　200 分　　二等　120 分　三等　80 分

省农业科技进步奖（省部级行业奖、哈尔滨市科技奖等同）

一等　80 分　　二等　40 分　　三等　20 分

省农科院优秀成果奖（地区奖等同）

一等　30 分　　二等　20 分　　三等　10 分

省长特别奖（省重大效益奖）　200 分

哈尔滨市重大效益奖　120 分

专利　国家发明专利　50 分

实用新型专利　30 分

外观设计专利　20 分

植物新品种权　30 分

标准：国家标准（GB）40 分　地方标准　20 分

取得品种审定证书　20 分

取得农药、肥料、农机、饲料等产品登记证书　20 分

2. 各类人员评分比例

单位独立完成的成果，按获奖证书上的排序确定得分比例。第一名占 50%，第二名占 30%，第三名占 20%，获得一级证书的一般执行人占 10%。获二级证书的一般执行人，参与该项成果研制三年以上者，占获奖成果得分的 5%，三年以下者，占 2%。

多个单位共同主持获得的成果，每个主持单位按成果分数的 80%计算，然后按获奖证书上的排序确定得分；

多个单位共同参加获得的成果，曾获分项成果奖的参加单位按成果分数的 30%计算，未获分项成果的参加单位按成果分数的 10%计算，然后再按获奖证书上的排序确定得分；

凡纳入国家和省计划的品种志、品种目录和区划一类的成果，除主编人员外均获成果分数的 5%。

受奖人员和顺序的确认以报奖时的申报顺序为准。

同一成果多次受奖，以最高受奖等级评分，但晋升上次职称用过的成果只能计高低成果之差分。

二、服务“三农”与成果转化业绩考核量化标准

1. 服务“三农”

①为省、市、县提供合理化建议被采纳　每篇主笔计 20 分。

②下乡技术指导、培训农民　60 天以上/年，计 30 分；60～40 天/年，计 20 分；30～40 天/年，计 10 分；30 天以下不计分。

③在省、市、县电视台、广播电台、报纸开展科普讲座，每期计 2 分。

④获合作共建院先进工作者　一次计 10 分；连续二次计 20 分，连续三次计 30 分。

2. 成果转化

由院、分院、所、中心兴办的科技企业，通过科技成果转化与技术推广开发创收获得的纯盈利，每 1 万元人民币计 1 分，按照职称申报者本人评定职称年度之前连续四年（包括评定职称年度）累加计算，其中：

①企业法人或主要负责人占得分的 50%；

②部门负责人或科技开发骨干占得分的 30%；

③一般开发人员占得分的 10%；

④纯盈利额以本单位上报院财务处决算数据为准。

三、岗位评估量化标准

1. 科技创新

以科研人员任现职期内承担的科技创新项目、课题（不包括中心、分中心、原种基地等基础设施建设项目）的级别与获得经费额度为主要量化指标，以签订的项目、课题合同和到位经费为考核依据，按照以下办法量化。

①项目、课题的级别与权重

国家级：项目（经费额度 50 万元人民币以上）2.0

课题（经费额度为 20 万～50 万元人民币）1.5

子课题 1.0

省级（包括院县共建项目）

重大（经费额度 20 万元人民币以上）1.5

课题 1.0

子课题 0.8

哈尔滨市：

重大（经费额度 20 万元人民币以上）1.0

课题 0.8

地厅级：课题 0.8

②获得经费与分值换算

年度实际到位经费（不含合作费），每万元人民币计 0.5 分

③项目或课题得分为：项目或课题权重×经费额度×0.5

④各类人员得分比例：课题主持人 50％、副主持人 20％、执行人 10％

2. 科技成果的转化与推广

①在科技成果转化推广工作中，院县合作共建负责人每负责一个县，计 60 分；挂职科技副县长，计 40 分；承担主要帮扶任务人员（园区、专家大院等分项建设负责人）每承担一个县，计 30 分；院县共建一般参加人员每参与一个县帮扶，计 10 分；

②院、所（分院、中心）创办的企业或实体，通过科研成果转化年均创收 50 万元人民币以上的领办人或主要负责人，计 60 分；不足 50 万元者得分按比例递减，各部门负责人或经营骨干得分为其领办人的 50％，一般参加人员为领办人的 15％。各企业或实体经营产品均要求无质量责任事故。

3. 科研管理

按照岗位职责要求，能够胜任院、处（所）在科研管理、课题申请、科技成果转化与推广等各项岗位职责任务，为科研发展提供较好的管理与服务

院、所（分院、处、中心）负责人，计 60 分；部门、科室（不含研究室）负责人或管理骨干，计 40 分；一般工作人员，计 20 分。

四、论文、论著量化标准

1. 各级别论文、著作的评分标准

发表的论文被四大检索工具收录，每篇计 100 分

国家一级刊物发表的论文每篇计 30 分

国家二级刊物发表的论文每篇计 10 分

省级刊物发表的论文每篇计 4 分（《黑龙江省农业科学》、《北方园艺》每篇计 6 分）

科普类刊物或报纸发表的文章，属新成果和新技术类且在 1 000字以上的每篇计 4 分，其他每篇计 2 分

正式出版的专著每万字计 6 分

正式出版的编著每万字计 4 分

正式出版的论文集每万字计 2 分

由出版社给书号而非正式出版的印刷书籍不在此列。品种目录、品种志不按编著对待。

国外正式刊物发表的论文，可比照国内相应刊物级别打分。

2. 各类人员评分比例

论文、专著的主笔人（通讯作者视为主笔人）占分数的 70%，参加人占 10%，独笔人占论文、专著分数的 100%。

编著的主编人得著作分数的 20%，副主编得 10%，主编、副主编人如参加编著的部分编写工作，可另按标准计分。

第四条　以上四类考核标准为申报职称人员共同考核内容，要求申报人员按各部分量化标准计分后，分别累计得分，填入考核表（见表 1）。

第五条　外语与计算机水平测试要求

按省人事厅黑人发［2007］49 号和黑人发［2007］50 号文件及《黑龙江省人事厅关于职称外语、计算机考试有关政策说明的函》中相关规定执行。

第六条　本办法解释权为黑龙江省农业科学院专业技术职务聘任委员会。

漯河市农业科学院开展农技推广工作管理办法

漯河农科院印发漯农科［2009］5号文件（漯河市农业科学院关于农技推广工作会议）中提出：认真组织实施“科研单位农技推广工作”，做到技术到户、科技成果到户、技术要领到户，积极扶持科技示范户，提高科技示范户的辐射带动能力。

漯河农科院印发漯农科［2004］9号文件：建立“风险机制”，设立公开电话。为调动技术指导员的积极性，漯河市农科院实行风险金抵押制度，规定从任科技服务技术员开始至科技服务任务结束每月从研究员工资中扣120元、副研究员扣80元、助理研究员扣60元作为风险抵押金，所扣风险抵押金与示范区责任目标挂钩。把示范户对技术指导员服务的满意与否作为评判标准，同时考虑量化指标的完成情况，于年终兑现奖励及风险金。

参 考 文 献

[1] 中华人民共和国农业技术推广法 . 1993.

[2] 佟屏亚 . 剖析农业科技领域的“评奖活动”[J] . 农业科研经济管理，2008 (2)：2-6.

[3] 陶文达 . 发展经济学 [M] . 成都：四川人民出版社，1992.

[4] 许无俱等 . 农业推广学 [M] . 北京：北京农业大学出版社，1989.

[5] 郝建平等 . 农业推广原理与实践 [M] . 北京：中国农业科技出版社，1998.

[6] 汤锦如等 . 农业推广学 [M] . 东南大学出版社，1993.

[7] 高启杰 . 农业推广学 [M] . 北京：中国农业大学出版社，2003.

[8] 杨士谋 . 农业推广教育概论 [M] . 北京：北京农业大学出版社，1987.

[9] 张仲威等 . 农业推广学 [M] . 北京：中国农业科技出版社，1996.

[10] 马占元，王慧军 . 农业科技成果转化概论 [M] . 北京：中国农业出版社，1994.

[11] 王慧军 . 中国农业推广理论与实践发展研究 [D] . 东北农业大学管理学博士学位论文，2003.

[12] 叶良均 . 农业科技成果转化问题研究 [D] . 中国科技大学博士学位论文，2008.

[13] 扈映 . 我国基层农技推广体制研究：一个历史与理论的考察 [D] . 浙江大学博士学位论文，2006.

[14] 聂闯等 . 国外农业推广试验及其对中国的借鉴 [M] . 北京：农业出版社，1993.

[15] 聂闯 . 世界农业推广体系现状 [J] . 世界农业，2000 (1)：50-51.

[16] 权昌会 . 美国农业立法 [M] . 北京：经济科学出版社，1997.

[17] 罗伟雄，丁振京等 . 发达国家农业技术推广制度 [M] . 北京：时事出版社，2001.

[18] 樊纲．渐进改革的政治经济学分析［M］．上海：上海远东出版社，1996.

[19] 道格拉斯·诺斯．制度变迁理论纲要［A］．北京大学中国经济研究中心．经济学与中国经济改革［C］．上海：上海人民出版社，1995.

[20] 宗禾．农技推广体系在改革中发展［J］．中国农技推广，1999（1）：10－11.

[21] 陈宗源，陈良玉，薛润英．农业技术推广工作［M］．中国科学技术出版社，1989.

[22] 全国农业技术推广服务中心．国外农业技术推广［M］．中国农业出版社，2001.

[23] 宋洪远．中国农村改革30年［M］．北京：中国农业出版社，2008.

[24] 黄季焜，胡瑞法，智华勇．基层农业技术推广体系30年发展与改革：政策评估和建议［J］．农业技术经济，2009（1）：4－11.

[25] 胡瑞法，黄季焜，李立秋．中国农技推广：现状、问题及解决对策［M］．管理世界，2004（5）：50－57.

[26] 孔祥智，徐珍源，史冰清．当前我国农业社会化服务体系的现状、问题和对策研究［J］．江汉论坛，2009（5）：13－18.

[27] 农业部农村经济研究中心课题组．我国农业技术推广体系调查与改革思路［J］．《中国农村经济》，2005（2）：47－54.

[28] 李立秋，张真和．中国必须要有一个国家农技推广体系［J］．中国农技推广，2005（9）：4－6，12.

[29] 李维生等．构建我国多元化农业技术推广体系研究［M］．北京：中国农业科学技术出版社，2007.

[30] 李立秋，李芹．关于农技推广运行机制创新的思考［J］.2009，28（1）：7－9.

[31] 朱希刚，高启杰．我国农业科技成果的转化率问题［J］．农业科技管理，1997（4）：1－2.

[32]《中国农业技术推广体制改革研究》课题组．中国农技推广：现状、问题及解决对策［J］．管理世界，2004（5）：50－57，75.

[33] 郭亚梅．省级农业科研单位在农技推广中的作用——以吉林省农科院为例［J］．农业科技管理，2010（1）．

[34] 石明权．目前农业科技成果转化中存在的问题及其解决的对策［J］．

农业科技管理，2009（2）.
[35] 金胜荣．农业科研单位要在农技推广中发挥引领和骨干作用［J］．浙江农业科学，2007（4）.
[36] 何兆美．现代农业技术推广的改革与发展［J］．现代农业科技，2009（8）.
[37] 郑淑玲．农业技术推广工作存在的问题及对策分析［J］．现代农业科技，2010（6）.
[38] 李秉蔚，穆昕卓，李筱媛．农业科技成果产业化的内涵与相关主体分析［J］．农业科技管理，2008（3）.
[39] 王秀果，白雪艳，张玉兰．农业科技成果转化率低的原因分析［J］．现代农业科学，2008（9）.
[40] 于水．中国农业科技推广模式与实践［J］．经济研究导刊，2009（16）.
[41] 李维生．我国多元化农业技术推广体系的构建［J］．中国科技论坛，2007（3）.
[42] 丁中文等．现阶段中国农业科技推广模式选择［J］．中国农业科技导报，2003（5）.

图书在版编目（CIP）数据

科研单位开展农技推广探索与实践 / 郭瑞华主编. —北京：中国农业出版社，2010.11
ISBN 978-7-109-15113-0

Ⅰ.①科…　Ⅱ.①郭…　Ⅲ.①农业技术-技术推广-研究-中国　Ⅳ.①F324.3

中国版本图书馆 CIP 数据核字（2010）第 208873 号

中国农业出版社出版
（北京市朝阳区农展馆北路 2 号）
（邮政编码 100125）
责任编辑　杨桂华

中国农业出版社印刷厂印刷　　新华书店北京发行所发行
2010 年 11 月第 1 版　　2010 年 11 月北京第 1 次印刷

开本：850mm×1168mm　1/32　　印张：9.125
字数：227 千字　　印数：1～1 000 册
定价：60.00 元